Legenden von morgen

KATHARINA WEISS & PHILIPP ZUMHASCH

Legenden von morgen

35 Porträts von jungen Menschen mit Visionen

Max Prosa, Regula Mühlemann, Anouk Jans, Simon Desue, Robert Böhme, Matti Steinmann, Etnik Zarari, Jakob Krüger, Sören Anders, Anna-Maria Nemetz, Julia Schramm, Marc Huth, Liv Lisa Fries, Vincent Sahin, Jenny-Mai Nuyen, John Braasch, Max Hegewald, Michi von Fintel, Felix Finkbeiner, Mathias Lempart, Johanna Jacob, Elisa Schmidt, Jonas Meyer, Yannick Dekeyser, Ismael Duá, Finn Jäger, Lennart Wronkowitz, Karsten Becker, Eike von Stuckenbrok, Mia Diekow, Christopher Sitzler, Tronje Thole van Ellen, Julian Heun, Daniel Buczkowski, Dustin Boris Janko

SCHWARZKOPF & SCHWARZKOPF

INHALT

VORWORT

GROSSE KÖPFE, GROSSE IDEEN

Eine Spurensuche

»Think like a man of action,
act like a man of thought«
Henri-Louis Bergson

Alle reden immer über die Legenden von gestern und heute, aber was ist mit denen von morgen?

Auch Die Ärzte haben bestimmt mal die popeligen JuZes in ihrer Heimat bespielt, Angela Merkel hat sich vielleicht ein ganzes Physikstudium über in Vorlesungen gelangweilt und Thomas Gottschalk musste als Jugendbetreuer seine Ministrantengruppe bespaßen. Große Namen, große Biografien, große Legenden, ganz klar – aber wer aus unserer Generation wird später mal von sich behaupten können, popkulturelle Phänomene, das politische Klima oder die persönlichen Lebensumstände der Deutschen mitbeeinflusst zu haben?

Während der eine (Phil) aufgrund akuter Planlosigkeit die Welt bereiste und seine Freunde via Skype an seinem Au-pair-Alltag in Neuseeland oder seinem Spaziergang über den Walk of Fame teilhaben ließ, pendelte die andere (Kathi) nach dem Abi ein wenig orientierungslos von Party zu Party. Als die erste Euphorie über die neu gewonnene Freiheit des Nichtstuns verebbt war, hatten wir Tausende Ideen. Wir wollten Menschen treffen, die uns inspirieren, uns Mut machen und vielleicht erzählen, wie das Leben und die Sache mit der Berufung eigentlich funktionieren. Denn wie man einen Job findet, für den man kein akademisches Pflichtprogramm durchlaufen kann, um im Anschluss erfolgreich und erfüllt zu sein, ist für Studien- und auch Berufsanfänger meistens undurchsichtig.

Wie schafft man es zum Beispiel, als Hacker der Bundesregierung angestellt zu sein und nebenbei als Teamleiter eine private Mondmission zu planen wie Robert Böhme? Welche Hindernisse muss man überwinden, um sich wie Schmidt, Mia Diekow oder Max Prosa vom musikalischen Einheitsbrei der Popbranche abzuheben? Wir fühlt sich jemand, der mit 17 den ersten Fantasy-Bestseller veröffentlichte, wie Jenny-Mai Nuyen?

Aber uns, die wir dieses Buch geschrieben haben, verbindet nicht nur die Leidenschaft für das Schreiben, sondern auch der Hang zum Wagnis. Schlichte Porträts waren uns als Rechercheerlebnis zu wenig. Deshalb besuchten wir unsere Gesprächspartner in ihren Studios und Galerien, verbrachten Stunden um Stunden beim Kaffeekränzchen oder betranken uns bis zur glückseligen Unprofessionalität.

Unsere Gesprächspartner verdienen ihr Geld beispielsweise via Youtube-Videos, streiten für eine neue Art der Politik, begeistern als Hochleistungssportler oder genießen die Exzesse der ersten eigenen

Tour im Nightliner … Kurz gesagt, interessierten wir uns für Menschen, die für ihr junges Alter überproportional viel erreicht haben. Uns trieben viele Fragen um: Wie wird man zum Idol, und inwiefern verändert das die eigene Weltsicht? Wie beeinflussen Herkunft und Familienstatus Ehrgeiz, Selbstständigkeit oder das eigene soziale Netzwerk?

In unseren Porträts begleiten und interviewen wir, stecken aber immer auch selbst drin und zeichnen in unseren ganz subjektiven Eindrücken die Gesprächspartner so eindringlich und leidenschaftlich nach, wie sie uns begegnet sind. Im Journalismus werden Ideale und Vorbilder so oft in Grund und Boden geschrieben, man sucht eher nach Schmuddeleien und Dreck denn nach Inspiration. Wir wollen diese ganz speziellen, wunderbaren, polarisierenden Künstlerseelen mit der Liebe von Fans darstellen. Und wir wollen damit gegen den allgemeinen Medienpessimismus anschreiben und ein bisschen dabei mithelfen, die Legenden von morgen zu erschaffen.

Dieses Buch ist für alle, die – wie wir – noch auf der Suche nach der eigenen Bestimmung sind, mit Beispielen, die Mut machen sollen, die eigene Biografie anzupacken. Wenn ihr mit uns auf diese literarische Reise durch rasende Dialoge und hellwache Nächte geht, dann werdet selbst zum Kind, zum Clown, zum Sänger, zum Forscher, zum Maler oder Dichter!

Katharina Weiß & Philipp Zumhasch

1. PORTRÄT: MAX PROSA

ZU GAST IM CAFÉ NOIR

Katharina über Max Prosa, Musiker,
Jahrgang 1990, Berlin

Die ältesten Lieder, jene, die Jahrhunderte, Kriege, Revolutionen überdauert haben, sind nicht nur reine Unterhaltungsmusik. Sie sind uns erhalten geblieben, weil sie Geschichten erzählen. Panegyriker und reisende Barden verdichteten Legenden und Ideologien und verwoben die Motive ihrer Zeit so eindringlich, dass die Bauern auf dem Feld und die Mütter an der Kinderwiege diese Lieder nicht mehr aus dem Kopf bekamen. Sie sangen die Geschichte immer weiter, bis das Liedgut zum identitätsstiftenden Charakter einer Kultur zählte. Heute haben wir – zumindest in Mitteleuropa – eine reiche, manche würden fast sagen überfüllte Kunst- und Musikszene. Melodien zur schlichten Unterhaltung sind genauso gefragt wie komplexe Klanggebilde. Die dazugehörigen Texte ergänzen die

Stimmung des Songs oder dienen als Konstrukt, um die Stimme zu rechtfertigen. Das Prinzip des einsamen Mannes, der in seinem Koffer nicht nur die Gitarre, sondern auch einen Haufen Geschichten vom Leben, besonders vom Lieben und Leiden, mit sich rumschleppt, ist trotzdem nicht aus der Mode gekommen.

Weil wir eben immer noch gern von den Abenteuern anderer hören.

Wer keine Geschichten und Lieder mehr hat, ist verloren. Gegen die Verlorenheit des Daseins generell singt momentan in deutscher Sprache keiner so schön an wie Max Prosa. Den jungen Berliner umweht ganz natürlich jenes Flair, das sich verzweifelte Szeneschnösel mit Opas Klamotten, selbstgedrehten Zigaretten und White-Trash-Ironie zu erkaufen versuchen: der hin- und hergerissene Chic der zeitlosen Bohemiens, die verqualmte Kaffeehausphilosophie der Zwanziger und ein bisschen vom trotzig-sehnsuchtsvollen Blick der Seefahrer.

Ein paar Wochen, nachdem wir ihn zum Abschluss der Festivalsaison in den Fliegenden Bauten in Hamburg live gesehen haben, besuchen wir Max bei den Aufnahmen zu seinem zweiten Album. Ganz nah an der Spree liegt das legendäre Funkhaus, in dem er sich mit seinem Team für eine Woche einquartiert hat. Die auf dem Gelände befindliche Milchbar sieht noch aus wie zu besten DDR-Zeiten. Und auch wenn wir drei gerade ganz allein unser Bier bestellen, kann man sich gut vorstellen, wie Generationen von Musikern hier nach Feierabend mit ihren Bandkollegen angestoßen haben.

Phil bestellt sich dazu noch einen Riesenteller fettiger Kartoffelpuffer mit Apfelmus, und das Ganze fühlt sich jetzt ein bisschen nach Plaudern im Gemeinschaftsraum eines Schullandheims an.

»Aber das eigentliche Klassenfahrtgefühl ist ja eher das Auf-Tour-Gehen. Beim Aufnehmen ist ja mittlerweile nicht nur die Band dabei, sondern ein unheimliches Kollektiv. Das entwickelt mit der Zeit so seine Eigendynamik, und das ist auch eine der tollsten Sachen an dem, was ich mache: die Begegnung mit verschiedenen Leuten, die was können und das dann gemeinsam entstehen lassen. Es ist natürlich auch ungeheuer chaotisch, sich zu überlegen: Welche Vorzüge oder welche Energie von wem kann jetzt dazu beitragen? Und du weißt halt nie, was gewesen wäre, wenn der eine Vorschlag nicht gekommen wäre oder der andere nicht zufällig an dem Punkt der Produktion zur Tür reingeplatzt wäre.«

Mittlerweile besteht seine Band aus sechs Musikern. Angefangen hat er aber ganz allein in seinem Kinderzimmer in Charlottenburg. Wie es ist, nur von Luft und Liedern zu leben, erfuhr er, als er nach dem Abi durch Irland reiste und auf der Straße spielte.

»Ich habe zunächst nur die Songs nachgespielt, die ich so kannte – Strokes, Libertines und so weiter, aber das kam bei den Leuten nicht so gut an, und ich musste viele Stunden stehen und singen, um das nötige Geld für den Tag zusammenzuhaben. Ich wollte also meinen Gewinn optimieren, und dann habe ich mir 'ne Mundharmonika gekauft und mit Bob Dylan angefangen.«

Max und Phil tauschen sich kurz über ihre Auslandserfahrungen aus, aber Max erzählt, dass er von Reisen immer ziemlich schnell wieder nach Hause will. Weil auch in Irland der innere Druck, Musik machen zu müssen, zu groß war. »Ich hätte sonst keine Ruhe gehabt.«

Auch wenn »Musiker« heutzutage keine so zwielichtig anmutende Berufsbezeichnung wie noch zu Opas Zeiten ist, ist das Streben nach Erfolg auf lange Sicht, gerade in Zeiten der saisonal verglühenden Popsternchen, oft ein aussichtsloses Unterfangen. »Wenn man mit dem Abitur fertig ist und sich entscheidet, Künstler zu werden, fällt man natürlich aus diesem üblichen Schema raus, wo es von selbst immer weitergeht und man weiß, was kommt. Und die Familie steht auch da und fragt: ›Was passiert denn jetzt mit dir?‹ Man spürt eine gewisse Bringschuld und versucht dann, alles nach vorne zu bringen, um aus dieser Klemme rauszukommen, um zu zeigen, dass das nicht alles für die Katz ist, was man macht. Es gab so viele Diskussionen mit meinen Eltern. Aber das gab mir meistens noch mehr trotzige Energie. Jetzt ist der Drang, es wieder zu schaffen, immer noch da, aber eben ein anderer, ein künstlerischer: sich selber immer neu zu erfinden und diese Welt in Worten auszudrücken. Diese Prozesse, von der Idee zum Song auf der Bühne, dauern aber immer ewig.«

Als kleiner Junge wollte er immer eher die ordentlichen Berufe machen, während die anderen davon träumten, Meisterdetektiv, Schatzsucher oder Zirkuskind zu sein. Der Vater seines besten Freundes war Physikprofessor. Und wohl aus dieser Faszination und einer gewissen Unentschlossenheit heraus begann er, in Berlin Physik zu studieren. Nach zwei Semestern im Vorlesungssaal war er dann exmatrikuliert und sich seiner Bestimmung plötzlich sicher. In seinen Augen hat die Physik etwas ganz Existenzielles mit Musik gemeinsam: Strukturen.

»Da trifft es sich ja. Im Songwriting geht es auch um Strukturen, ob bewusst oder unterbewusst, jeder Songwriter arbeitet damit. Texte sind Strukturen der Wirklichkeit, stark vereinfacht abgebildet und miteinander verknüpft. Es lässt sich nichts sagen, was nicht schon gesagt wurde – nur Komposition und Methode sind unser Handwerk. In der Physik ist es ähnlich, nur ist die Sprache der Mathematik viel abstrakter auf die eine Art und realer auf die andere Art. Ich habe aber schnell gemerkt, dass es mir mehr liegt, Zusammenhänge durch Worte und Metaphern auszudrücken.«

»Fühlst du dich absolut frei?«, frage ich und weiß selbst nicht genau, was ich damit meine. Freiheit, ein großes, vielleicht überbewertetes, wahrscheinlich in Mitleidenschaft gezogenes Wort.

»Nein, das nicht. Je bekannter man wird, desto unfreier wird man. Ich glaube, es geht vor allem immer darum, wie frei man sich fühlt. Die Namenlosigkeit ist ein hohes Gut, was man erst zu schätzen lernt, wenn man es nicht mehr hat. Es hat etwas Wunderbares, dass sich Menschen begegnen können, ohne im Vorhinein etwas übereinander zu wissen. Freiheit hat aber auch noch viele andere Aspekte. Ich bin sehr dankbar für die Freiheit, Dinge tun zu können, von denen ich noch nicht weiß, was sie sind.«

Phil hat seine Pampe so langsam aufgegessen und wir gehen raus, eine rauchen und über Bücher schwadronieren. In vielen Texten von Max findet man literarische Motive, kein Wunder also, dass seine Leidenschaft für gebundene Fantasiewelten groß ist und es auch schon Ideen für einen eigenen Roman gibt. Ähnlich wie Schriftsteller können sich auch Musiker manchmal nach einiger Zeit nicht mehr so intensiv mit ihren Texten identifizieren

wie zum Entstehungszeitpunkt. Vielleicht, weil man die betreffenden Songs zu oft spielen musste, oder einfach, weil sich die Gefühlslage verändert hat. Sein aktueller Lieblingsreim stammt aus dem Song *Der Chaossohn*.

»›Der Zauber bleibt scheu dem Staunenden treu.‹ Aber ich weiß gar nicht, ob das dann überhaupt aufs Album kommt.«

Das erste gute Lied, mit dem alles begann, war damals *Straßen nach Peru*. Nachdem er es Freunden und Bekannten vorgespielt hatte, dauerte es nicht lange, bis er an seinen jetzigen Manager, Andie Welskop, geriet, der auch Clueso betreut. Und bald ging Max zum ersten Mal auf große Musikreise, als Support von Clueso. Seine Bühnenpeformance hat sich seitdem nicht viel verändert: Leicht weggetreten haften seine Augen auf dem spektakulären Bühnenboden, während sein Körper etwas tranceartig zum Takt der Musik hin und her schwingt und seine Locken ekstatisch herumflattern. Doch manchmal verlässt er auch seinen einsamen Gedankenpalast, und er wälzt sich auf dem Boden, während ein Gedicht aus ihm herausbricht.

Das vehement Introvertierte passt zu Max. Es wäre wohl mehr als seltsam, wenn er plötzlich zur La-Ola-Welle aufrufen oder sein Publikum mit »Zickezackezickezacke!« zum Schnapssaufen verleiten würde.

»Ich gehe nicht so viel feiern, war schon seit einem Jahr in keinem Club mehr. Aber ich hab mir das auch alles schon mal angesehen.«

In Berlin gibt es eben so viele skurrile Orte, der Absturz lauert hinter jeder Ecke.

»Da gibt's auch 'ne lustige Geschichte zu. Ich war gerade in die Weserstraße eingezogen. Meine beiden neuen Mitbewohner waren irgendwo in Deutschland unterwegs, hatten mir nur vorher gesagt: Da kommt nachher jemand und holt was ab. Es hatte mir aber niemand den Briefkastenschlüssel dagelassen. Na, irgendwann hat's an der Tür geklingelt, und es kam ein aufgeregter Typ und musste unbedingt an den Briefkasten. Er meinte, es sei total wichtig. Und ich dachte: Vielleicht Medikamente oder so. Er sprach nur so gebrochenes Englisch, ich hab es nicht verstanden. Also haben wir den Briefkasten aufgebrochen, mit Werkzeugen, die wir

uns bei den Nachbarn geliehen hatten. Und am Ende war's tatsächlich nur ein Paket voller Drogen. Welcome in Neukölln.«

Auch wenn wir vermutlich einsehen müssen, dass Sex, Drugs and Rock'n'Roll in unserer Generation ein billiges Klischee sind, setzt man sich als junger Künstler meistens eingehend damit auseinander.

»Die Anfangszeit, noch lange bevor das so professionell losging, identifiziere ich total damit. Wir haben uns da ziemlich abgeschossen. Das war so ein Kapitel, und man kriegt natürlich die Rechnung dafür. Es ist ein Pakt mit dem Teufel, alle nächsten Tage sind scheiße, und man ist in diesem depressiven Loch. Brecht schrieb: ›Der Geschlagene entrinnt nicht der Weisheit.‹ Es wird, finde ich, ein viel zu großes Trara um diese ganze Drogengeschichte gemacht, es bewirkt das Gegenteil: Das große Verbot stachelt nur an, und dann kommt es dazu, dass irgendwelche Kids das nehmen, um cool zu sein, und mit der Zeit davon abhängig werden.«

Da klingelt Max' Handy – sein Team einige Stockwerke über uns hat noch ein paar Fragen. Während er telefoniert, beschließen Phil und ich, jetzt mit meiner beliebten Interviewkategorie, dem Stichwort-Ping-Pong, zu beginnen. Eigentlich wollen wir Max ein paar Stichworte hinwerfen, und er darf dann spontan assoziieren, aber nachdem wir es erklärt haben, legt er selbst los:

»Astronaut«, sagt Max, und mir fällt spontan ein: »Mondlandung und *Men in Black 3*.«

»Knallfrosch«, fährt er fort, und es entschlüpft mir: »Philipp!«

Dann darf ich mal: »Gier.«

Max: »Dritte Welt, Kolonialisierung, Entwicklungshilfe. Entwicklungshilfe ist die neue Kolonialisierung.«

»Linkspartei.«

Da reichen Stichwortantworten nicht mehr, jetzt verstricken wir uns im Morast der deutschen Tagespolitik. Max gibt zu, nicht sagen zu können, was er jetzt gerade wählen würde.

»Von der Idee her, dass das personenbezogen ist, finde ich das amerikanische Wahlsystem recht ehrlich. Macht ist in jedem Fall auch eine Frage der Biologie,

erst in zweiter Linie geht es um Ideen und Inhalte. Wenn jemand sagt ›Ich will was verändern‹, dann muss er auch danach aussehen, ein Feuer in den Augen haben. Das kann gleichzeitig sehr gefährlich sein, wenn es instrumentalisiert wird und derjenige eigentlich nur eine Marionette im Spiel der wirklich Mächtigen ist. Aber ich würde und könnte auch nie nach Parteiprogrammen wählen – die sowieso im Nachhinein sehr vielseitig auslegbar sind.«

An dieser Stelle nehmen wir noch mal kollektiv den Weg an die frische Luft, und Max zeigt uns die künstlerische Attraktion des Geländes. Mitten an der Spree steht ein uraltes, ziemlich großes Ufo. Einfach so. Keiner von uns weiß wieso, aber ich bin total fasziniert und suche mindestens fünf Minuten vergeblich nach einer Möglichkeit, es zu erklimmen.

Mit strahlenden Kinderaugen pilgern Phil, Max und ich zurück in die DDR-Gedenkkantine. Wieder im Warmen, decken wir ein anderes Geheimnis auf: Max war auch mal Hip-Hop-Fan.

»Samy Deluxe und Co., aber vor dem ganzen Aggro-Berlin-Zeug.«

Fan sein ist überhaupt etwas, das Max durchaus selbst kennt. Das volle Programm – sich stundenlang anzustellen, um in der ersten Reihe zu stehen – hat er sich aber vor Kurzem bei Radiohead zum letzen Mal angetan.

Philipp hantiert jetzt an der Kamera herum, um ein paar Schnappschüsse zu machen, und ich erfrage noch ein paar Sachen, die mich persönlich an Max interessieren: »Glaubst du an irgendwas, bist du religiös?«

»Ja, ich wurde evangelisch getauft, bin vor Kurzem aus der Kirche ausgetreten. Ich bin auf jeden Fall nicht kirchlich religiös, aber ich glaube an einen kreativen Gott. Und Kreativität ist Gottesdienst, weil sie so viel Gutes schafft.

In unserer Gesellschaft ist es so einfach, nicht zu glauben. Für andere, zum Beispiel für Zwangsarbeiter in Sibirien, ist es, glaube ich, schlicht gar nicht möglich, ohne Gott auszukommen. In Notsituationen werden wir alle an einem bestimmten Punkt gläubig. Aber verschiedenste Institutionen haben so viel kaputt gemacht von dem, was eigentlich wahr und gut und schön war an der Religion. Das ist aber trotzdem da und steht in der Bibel, dem Buch der Bücher. Ich will nicht in den allgemeinen Religionshass mit einstimmen. Auf die Kirche schimpfen kann jeder, sich zum Glauben bekennen nicht. Auch Liebe als Gottesdienst zu sehen – das ist das, woran ich glaube.«

»Weißt du noch, wie oft du schon ›Ich liebe dich‹ gesagt hast?«

»Nee, ich hoffe bloß, nie nur als leere Phrase. Ich hab mich immer gegen Definitionen gewehrt. ›Ich liebe dich‹ kann sehr schnell einengen, weil es gesellschaftliche Formen ausdrückt, weil da immer gleich Regeln mitschwingen. Ich glaube, dass viele Leute darunter leiden, dass sie sich immer wieder wie zwanghaft diesen Strukturen anpassen müssen, weil sie meinen, nur dann glücklich sein zu können.«

Mein kleines Kathiherz widerspricht streckenweise vehement, vor allem, als wir über den kitschigen Brauch sprechen, Eisenschlösser an Brücken zu befestigen, als Symbol ewiger Liebe. Findet Max ganz unverständlich. Und während Phil eher zustimmt, erkläre ich umständlich etwas von diesem Forever-and-a-day-Gefühl: Auch wenn es endlich ist, kann man sich doch wohl in manchen Momenten der Illusion hingeben, dass es für immer ist. »Das rührt von einem Nicht-verletzt-werden-Wollen her, man schließt eine Art Vertrag.«

Ob er das nicht auch kennt, frage ich ihn – jeder würde sein Herz doch manchmal am liebsten in die Gefriertruhe packen.

»Doch, klar, aber das größte Vertrauen, was es irgendwie geben könnte, ist doch, dass diese ganze Definition egal ist. Weil du weißt, dass diese Verbindung besteht, ganz egal, was man macht. Warum kann man sich für die Erlebnisse des anderen nicht freuen und dann sagen: Tu, was immer dich glücklich macht, weil ich weiß, unsere Liebe ist unantastbar. Aber das ist ein Ideal, in der Wirklichkeit ist das nicht so einfach, es fällt den meisten Menschen schwer, in undefinierten Räumen zu leben. Dadurch sind viele Menschen sexuell frustriert, lassen es aneinander und an den Mitmenschen aus, aber wollen sich bloß nicht angreifbar machen und den Beziehungsstatus verlieren, weil sie dann per se als unglücklichere Menschen wahrgenommen werden. Was hat Eifersucht mit Liebe zu tun? Ist es nicht eher ein Besitzanspruch? Wenn jemand Schluss macht, dann sind wir ja immer noch dieselben Menschen, es ändert ja nichts an unseren Gefühlen. Sondern nur an der Definition der Beziehung. Es erlaubt uns quasi, dass andere Sachen wieder möglich sind, in dieser Nomenklatur der Gefühle.«

Phil murmelt versonnen etwas vor sich hin, und als wir ihn fragen, was er meint, sagt er nur: »Ein schöner Ansatz, ich habe nur lächelnd zugestimmt.«

Max' Team ruft ihn noch mal an, wir ziehen jetzt um ins Studio.

Sieht alles ziemlich gemütlich aus, Marihuana-Geruch liegt in der Luft, und an den Reglerknöpfen klebt das Gesicht von Dieter Bohlen. Alles fühlt sich gemütlich und familiär an.

»Die Leute, mit denen ich mich öfter treffe, sind nur so eine Handvoll, der Kreis in Berlin ist klein, ein Nest eben.«

Wir hören uns ein paar Auszüge aus dem neuen Album an, unter anderem auch eine deutsche Version von *Hallelujah*, die Max in wunderbarer Kneipenatmosphäre interpretiert. Danach essen wir ihm und seinem Team noch ein bisschen was von der Pizza weg, die sie sich haben kommen lassen, und trinken alle zusammen noch ein letztes Bier. Es ist fast Mitternacht, wir verabschieden uns und denken, der Tag sei für Max und seine Leute jetzt auch endlich rum. Aber die bleiben noch länger.

»Wenn man grad so drin ist, dann will man auch den ganzen Tag nur weiterarbeiten, auch wenn es richtig anstrengend wird.«

Vielleicht treffen manche von Max Prosas Liedern diese schläfrig-begehrliche Morgengrauenstimmung gerade deshalb so gut, weil sie erst bei Tagesanbruch fertiggestellt wurden.

SCHLUSS MIT KLISCHEES

Philipp über Regula Mühlemann, Opern- & Konzertsängerin, Jahrgang 1986, Luzern

Das stereotype Bild der Opernsängerin ist das der Diva, die erhaben und etwas mollig in edler Abendrobe auf der Bühne steht und mit einem hochnäsig verzogenen Gesicht ihre Arie trällert. Darüber, ob es auch talentierte und versierte junge Talente in dieser Szene gibt, erfährt man in den Massenmedien wenig. Klar, es gibt die Möglichkeit, im Feuilleton seiner Zeitung zu diesem Thema Informationen zu erhalten, doch wirklich cool und hip genug, um die niederen musikalischen Ansprüche unserer Zeit zu erfüllen, mutet diese Profession anscheinend nicht mehr an.

Liegt es an der anspruchsvollen Musik? Daran, dass Arien nicht immer stumpf in Viervierteltakten gespielt werden? Daran, dass man heute seine Musik nur noch in höchstens vierminütigen Songs zu sich nimmt? Man kann es höchstens einkreisen, aber Fakt ist, die breite Masse hat das Interesse an diesem alten Handwerk schon vor langer Zeit verloren. Wenn man nun aber eine Person wie Regula in diesen Kontext setzt, eine wahnsinnig lässige Sängerin, die sich mit ihrem hellen Sopran in die Herzen der Klassik-Fans gesungen hat und so gar nicht das verspannte und altbackene Klischee ihrer Profession erfüllt, dann darf man die Voreiligkeit der breiten Entscheidung gegen die klassische Musik ruhig beklagen.

Wenn sie davon erzählt, wie groß die junge Szene rund um die Klassik ist und wie viel Leidenschaft noch immer in dieser Sparte lodert, dann fühlt man sich schnell einseitig informiert. Die Relevanz dieser Musik für die heutige Zeit wird mit jedem Wort, das man mit Regula wechselt, offensichtlicher. Da sie, vom Beruf getrieben, zur Zeit unseres Interviews in Wien ist und sich dort auf eine Rolle vorbereitet, für die sie nur eine Woche vor Probenbeginn eingesprungen ist, ist unsere einzige Möglichkeit eines Interviews mit Sichtkontakt Skype. Doch liegt es ganz an der ehrlichen Art Regulas, dass sich dieses Interview nicht weniger persönlich anfühlt, als säße man tatsächlich neben ihr in einem Raum. Sie hat immer ein Lächeln auf den Lippen und erfüllt das Divenklischee, wenn überhaupt, nur mit ihrem guten Aussehen.

Vorhang auf.

»Ich habe meine klassische Ausbildung in Luzern an der Musikhochschule gemacht und nach einem ersten Master of Arts letzten Sommer, also 2012, noch einen zweiten Master abgeschlossen, Solo Performance, wobei ich mich noch mehr auf meine Stimmbildung und Technik spezialisiert habe«, beginnt sie Tee schlürfend mit der Schilderung ihres Lebensweges.

»Meine Familie war schon immer musikalisch, es lief nicht jeden Tag Klassik, sondern auch viel Musik der Siebziger und Achtziger, aber oft wurden dann die LPs der großen Meister wie Mozart, Bach und Beethoven aufgelegt und das war mein erster Ansatzpunkt zu dem Thema. Ich habe mich nie wirklich viel mit Klassik beschäftigt, bis ich dann in der siebten Klasse in einen Mädchenchor eintrat, und von da an erweiterte ich stetig mein Repertoire im Bereich klassischer Musik. Mir bewusst, dass ich eine so viel versprechende Stimme habe, war ich mir lange Zeit nicht, das kam erst langsam und vor allem durch meinen Gesangslehrer. Da war ich aber schon 16 Jahre alt, es war also ein längerer Weg für mich. Mit 19 habe ich dann das Studium an der Luzerner Musikhochschule angefangen und da dann immer mehr gecheckt, was ich mit meiner Stimme alles Tolles anstellen kann. Und das habe ich von dort an gezielt trainiert.«

Singen ist für sie ein Handwerk, in das man, wie in jedes andere auch, viel Zeit und Fleiß investieren muss, um es erfolgreich und respektabel ausführen zu können. Man ist sein eigenes Instrument, man muss sich bilden und formen und dafür einen Lehrer haben, der das verständlich rüberbringt.

»Es gibt so vieles, das man lernen muss. Man muss eine hohe Lautstärke erreichen können, um ohne Mikrofon auf der Bühne eines großen Hauses zu singen und dabei rüberzukommen, muss aber gleichzeitig ökonomisch mit dem Instrument Stimme umgehen, sprich: dieses nicht überlasten oder ausreizen, da sonst schnell Schäden entstehen, die irreversibel sind und die Karriere schnell beenden würden. Und die Metapher meiner Lehrerin, dass ich mein Instrument bin, hat mir einen deutlich höheren Respekt gegenüber meiner Stimme eingebracht.«

Das klingt in Regulas Fall einfacher gesagt als getan, denn die Stimme zu schonen bei dem Pensum, das sie an Auftritten absolviert, ist eine harte Probe.

»Ich arbeite Vollzeit als Sopranistin, reise unheimlich viel hin und her, nach Baden-Baden, Venedig, Salzburg, Berlin, dann zwischendurch mal wieder nach Hause nach Luzern, um ein wenig zu faulenzen«, gibt sie zu und muss ansteckend lachen, »aber so war das auch schon während meiner Studienzeit, ich habe nicht sieben Jahre lang studiert und nebenbei nichts getan, so wäre mein Erfolg niemals zustande gekommen. Das Nonplusultra in der Branche ist Vernetzung, und ohne Auftritte wäre ich nach dem Studium eine topausgebildete Sängerin gewesen, die aber niemand auf dem Zettel gehabt hätte, und das wäre ja Quatsch gewesen, nicht?«

Sie beschreibt ihren rasanten Aufstieg in die Top-Liga der Klassik als einen Strang, der sich von Auftritt zu Auftritt weitergesponnen hat und von dessen Stärke Regula sich damals noch kein richtiges Bild machen konnte.

»Es war nie mein erklärtes Ziel, eines Tages in der Berliner Staatsoper zu singen, das hätte ich niemals erwartet, aber es hat sich einfach so ergeben. Einer der Schlüsselmomente war, dass meine Schule mich nach dem Bachelor als einzige Ausgewählte auf einen Klassik-Wettbewerb geschickt hat, auf dem ich mich mit den Besten der Schweizer Hochschulen maß. Da habe ich dann das erste Mal selber gedacht: Oh, ich hab was drauf und es lohnt sich wirklich, daran weiterzuarbeiten.«

Dann geht vieles um Empfehlungen, und so sitzt in einer Aufführung ein Agent, oder in der Wettbewerbsjury ist eines der Mitglieder Casting Director eines wichtigen Opernhauses. So kommen Vorsingen zustande. Und bei erfolgreichem Vorsingen Engagements. In diesem Prozess des Sich-Referenzen-Schaffens beschloss Regula, bei einer geplanten Produktion von Jens Neubert, einer Constantin-Verfilmung der Weber-Oper *Der Freischütz*, für eine Nebenrolle vorzusingen. Doch dann kam alles anders.

»Ich sang für die kleine Nebenrolle vor, das war nur eine Zeile, aber ich dachte, es bringt vielleicht schon dieser kurze Auftritt etwas im Hinblick auf künftige Engagements, und Teil eines Filmes zu sein wäre ohnehin toll. Ich habe bei der Bewerbung erwähnt, dass ich die Oper kenne, weil ich die Arie einer der weiblichen Hauptrollen oft vorsinge. Und Gott weiß warum wollte man meine Arie hören und besetzte mich tatsächlich für diese Hauptrolle. So ist aus dem Gedanken, eine Zeile zu singen, eine meiner wohl wertvollsten Referenzen geworden.«

Diese sind so wichtig, da die junge Szene der Klassik eben doch noch eine weltumspannende Gemeinschaft ist und die Musikhochschulen allesamt mit vielversprechenden Talenten voll sind. Man kann schneller den Anschluss verlieren,

als es einem lieb ist, und Regula weiß um ihr Glück.

»Die Konkurrenz ist riesig und ich habe jetzt schon die Sicherheit meiner Ausnahmestellung, darüber bin ich heilfroh. So jung in der oberen Liga zu sein ist keine Selbstverständlichkeit, und viele junge Sänger und Sängerinnen würden viel dafür geben, um an diese Position zu gelangen. Es ist ein sehr intensives Business. Denn nur gut sein reicht oft leider nicht, um auch tatsächlich engagiert zu werden, dafür kommt es ähnlich wie im Schauspiel darauf an, dass man eine breit aufgestellte Agentur im Rücken hat. Bei mir ergab es sich so, dass ich im Opernhaus Zürich auftrat und im Cast war mit Ronaldo Villazón, einem der Stars der Szene. Seine Agentin hat die Performance angeschaut und fand mich sehr überzeugend, woraufhin sie mich für ihre Agentur anfragte. Jetzt bin ich in dieser übernational zwischen Berlin und London agierenden Agentur und stehe auf der Liste neben den Top-Namen der Szene. Ich würde mich niemals als etabliert bezeichnen, aber natürlich kommt man an größere und renommiertere Engagements, wenn man so aufgestellt ist.«

Größere Rollen bringen einerseits höheres Ansehen mit sich, andererseits aber auch eine stärkere öffentliche Wahrnehmung. Dass Letztere schon mal mit Problemen verbunden sein kann, davon weiß Regula zu erzählen.

»Ich hatte eine Zeit lang einen Stalker, der mich täglich mit Nachrichten zugebombt hat, auf allen möglichen Wegen, er hatte alle meine Mail-Adressen und Telefonnummern, und ich musste Maßnahmen ergreifen, da ich mich wirklich stark bedrängt gefühlt habe. Sowieso ist es ein wackliges Spiel mit den Fans, die man über die Zeit gewinnt. Der Großteil von ihnen ist super und will einem einfach nur seine Begeisterung mitteilen, doch dann gibt es immer wieder ein paar seltsame Menschen, die in meine offene und freundliche Art zu viel reininterpretieren und anfangen, Forderungen zu stellen«, beschreibt sie die Zweiseitigkeit des Fantums, dem sie bisher begegnet ist. Dass es ihr ungemein schmeichelt, wenn jemand einen Autogrammwunsch hat oder herzliche Glückwünsche loswerden möchte, das steht außer Frage.

»Ich erinnere mich noch an die ersten Autogrammjäger, die meinetwegen vor dem Eingang warteten, das war in Baden-Baden. Da das eine komplett neue Situation für mich war, hatte ich sogar erst etwas Bammel, alleine vor die Tür zu treten, ich wusste ja nicht, ob die zu mir wollten oder zu einem der großen Stars. Ich habe mich dann zusammen mit einem Kollegen nach draußen gestellt, und die kamen dann tatsächlich zu mir mit Fotos aus dem Internet, die sie signiert haben wollten. Ich war ganz überfordert von so viel netten Worten und Glückwünschen.

Nach zu vielen Komplimenten komme ich mir immer komisch vor«, gibt sie ehrlich zu, Hybris sucht man bei ihr vergebens, so etwas Negatives hat im Gute-Laune-Paket Regula nichts verloren.

»Ich finde es auch grausam, wenn jemand hinter jede Aussage so ein sarkastisches Grinsen setzt und man nie weiß, ob das Gesagte ernst gemeint, ironisch oder gar beleidigend war. Ich habe keine Angst, Gefühle zu zeigen. Da bin ich eher Romantikerin, sprich: Ich will Emotionen auch klar als die definieren, die sie sind.«

Aus ehrlichen Emotionen zieht sie darüber hinaus ihre Inspiration, nichts berührt sie mehr, als bei einem Theaterstück oder einer Oper im Publikum zu sitzen und zu merken, wie ihr ein kalter Schauer über den Rücken läuft, weil das Dargebotene so echt wirkt.

»Ich liebe es zu sehen, wie ein Schauspieler eine Rolle ausfüllt, die schon mehrere Hundert Jahre alt ist, aber trotzdem wie für ihn geschrieben scheint. Ich selber werde oft für die Rolle eines Scherzkekses, einer Colombina gebucht. Das entspricht meinem Stimmfach sehr, und ich schaffe es, meinen Part besonders glaubhaft auszufüllen. Das ist ein tolles Gefühl, und das spiegelt sich auch in den Reaktionen des Publikums.«

Doch wenn immer alles einfach und glatt läuft, dann fehlt ihr etwas. Das Adrenalin und der Nervenkitzel bringen sie auf zweihundertprozentige Leistung, dann wird sie aber auch gerne zum Faulpelz – wie wohl jeder liebt auch sie es, einfach mal nichts tun zu müssen. Neben Vollgasgeben muss das zwischendurch auch sein!

»Ich war schon immer eine Stressliebende, ich habe im Abitur auf den letzten Drücker gelernt und ich bin immer in der letzten Minute zum Bus gerannt. Inzwischen bin ich vernünftig geworden und fange sehr früh an, eine Partie zu lernen. Auf guter Vorbereitung basiert die Professionalität in diesem Beruf. Aber gut mit Stress umgehen zu können ist noch immer hilfreich – sei es auf der Bühne auf unvorhersehbare Dinge reagieren zu können oder, wie bei meinem aktuellen Projekt in Wien, eine Partie innerhalb einer Woche auswendig zu lernen, um dann auf der Bühne einen Mann zu spielen. Das ist eine gigantische Herausforderung, die mir alles abverlangt, aber ich genieße es jede Sekunde. Diese Schaffenszeiten der Proben sind die härtesten Zeiten des Berufes, aber man merkt nach jedem Mal, wie viel man dabei gelernt hat und wie sehr man an seinen Herausforderungen gewachsen ist.«

Also, nach einem Leben abseits der modernen Gesellschaft klingt der Beruf der Sopranistin für mich definitiv nicht. Und altbacken? Keineswegs, nicht einmal ansatzweise. Es ist eine sehr anspruchsvolle und stilvolle Weise, mit Musik sein Geld zu verdienen, der man Respekt entgegenbringen und über die man sich auch Gedanken machen sollte, dass es ohne die berühmten Schöpfer der klassischen Musik wohl heute eher mau aussehen würde mit der musikalischen Vielfalt in unseren Gefilden. HipHop oder Minimal ohne String-Samples? Spannungsbögen ohne Pauken? Wohl kaum.

So quicklebendig wie ihre Vertreterin Regula Mühlemann ist die Klassik und mit dem breiten Angebot, das jungen Leuten den Eintritt in Opern und Theater ermäßigt, findet sich auch ein immer größeres junges Publikum dafür.

Eine herzliche Verabschiedung später sitze ich in meinem Keller, denke noch kurz über die Eindrücke nach, die ich von Regula habe, und gehe dann Beethovens Neunte pfeifend die Treppe hinauf.

Vorhang fällt.

WAS KOMMT NACH »IMMER MEHR«?

Katharina über Anouk Jans, Fotografin & Kulturjournalistin, Jahrgang 1995, Hamburg

Anouk und ich sind eigentlich grundverschieden. Zwar schwimmen wir in derselben kreativen Suppe, was uns dann irgendwie doch zu Seelenschwestern macht, aber an sich sind wir wie zwei kontrastierende Elemente, wie Rausch und Reinheit oder Pop und Punk. Am ehesten haben wir vielleicht die Leidenschaft fürs Leiden und das Leiden an Philipp gemeinsam. Denn ohne Anouk hätte Phil mich nie bei Facebook angepostet und ohne diesen herrlich dreisten Post – »Lass doch 'n Buch zusammen schreiben!« – hättet ihr jetzt vermutlich doch wieder einen Bahnhofsroman über heiße Oberärzte und versaute Krankenschwestern in den Händen.

Denn auch nachdem sich die Teenagerliebe von Anouk und Phil am Baum der vergessenen Märchen erhängt hat, blieben die beiden Freunde. Und weil Freundesfreunde ja irgendwann in den eigenen Besitz übergehen, kommt es dazu, dass wir an einem unfassbar verkaterten Freitag in einem jüdischen Gourmetrestaurant nahe Anouks Nobelapartment zusammensitzen. Weil Anouk ja auch irgendwie Mitschuld an unseren literarischen Verbrechen trägt und außerdem zu den erfolgreichsten Burn-out-Gefährdeten der jungen Kreativszene gehört, ist ihr ein Kapitel in unserem Buch natürlich sicher. Sie ist mit 17 auf der Karriereleiter bereits so weit nach oben geklettert, dass der Vorsprung für Gleichaltrige beinahe unmöglich aufzuholen ist. Aber anstatt sich ein paar tragischtrunkene Partynächte und einen Gammelurlaub in Llorett de Mar zu gönnen, lässt sich Anouk weiter von ihrem inneren Sklaventreiber anspornen – zu Recht, denn jeder Tag ohne eine neue künstlerische Blüte von ihr ist ein verschwendeter Tag für die Schatzsucher der Szeneblogs und Hochglanzmagazine.

Während ich eher zerknittert dreinschaue – die letzte Nacht auf der Reeperbahn hat mir meine Tagesenergie schon jetzt ausgesaugt –, ist Anouk frisch wie

immer. Trotzdem klagt sie über Müdigkeit. »Ich ziehe gerade so viel Inspiration aus meinem Leben, aber das macht es auch so schwer, mal runterzukommen.« Die Angst, dass in ihrer Kunst zu viel von ihrem Leben ist und zu wenig Fiktion, beschäftigt Anouk zwar schon länger. Aber ganz besonders seit sie an einem Buch arbeitet, das neben sehr persönlichen Texten auch Polaroids von Freunden und (Ex-)Geliebten enthält.

»Die Arbeit an meinem Buch, *Für dich oder auch nicht*, begann vor einem dreiviertel Jahr, als ich mich gerade emotional von jemandem zu lösen versuchte. Ich verarbeitete Schmerz, Freude, Erinnerungen und Zukunftsträume in meinen Texten, die bald so zahlreich wurden, dass ich beschloss, ein Buch aus ihnen zu machen. Schlussendlich ist es ein Roman geworden, teils autobiografisch, teils fiktiv. Über zwischenmenschliche Beziehungen und das Chaos im Kopf einer jungen Frau, die auf der Suche nach sich selbst, ihrer verloren geglaubten Kreativität und der Liebe ist.«

Auch ansonsten ist sie gut unterwegs. Da verliert man als Außenstehender leicht den Überblick. Sie arbeitet zusammen mit dem Hamburger *Szene*-Magazin an Artikeln, ist exklusiv Style-Beraterin für das neue Schuh-Label *Binné*, steht für Auftragsarbeiten und ihre Fotostrecke über Hamburgs Kreativszene im Studio, ist als Referentin in Hamburg, Düsseldorf und München unterwegs und ist als PR-Beraterin für Jungdesigner wie Lilli Sachse, Nina Binné und Jose Bénédí tätig. Bei den tausend Hochzeiten, auf denen sie da tanzt, ist ein bisschen Spiritualität nicht ganz fehl am Platz.

»Ich glaube in erster Linie an Ästhetik, Kunst und Liebe. Genauso stark glaube ich jedoch auch an mich selbst. Selbstbewusstsein und ein freier Geist sind für das, was ich tue, unverzichtbar. Ich hatte auch manchmal Angst, zu früh mein Herzensfeuer zu verbrennen. Und sie kommt ständig wieder. Dann suche ich mir ein neues Projekt oder verliebe mich und es beginnt wieder zu brennen.«

Sie lacht ihr weißes, einzigartiges Lachen, und dabei denke ich mir: Vielleicht ist Anouk die einzige Person, in die Phil und ich gleichermaßen verliebt sind. Und gerade deshalb nehmen wir uns raus, sie auch manchmal zu kritisieren. Und uns darum zu sorgen, dass sie vielleicht zu wenig Teenager und zu sehr Karrierefrau ist. Aber wenn es um unsere Berufung geht, sind wir drei völlig beratungsresistent, stur und ein bisschen narzisstisch. Wir leiden gerne an uns selbst, ein Jammertal ist das mit den Möchtegern-Künstlern.

»Ist Kunst, die aus Unglück oder Sehnsucht heraus entsteht, nachhaltiger?«, stelle ich in den Raum.

»Nachhaltiger würde ich nicht sagen. ›*Lang ist die Kunst, flüchtig ist das Leben*‹, hat Baudelaire gesagt. Da mein Leben, sei es geprägt von Sehnsucht, Unglück oder Freude, mein Kunstwerk ist, sehe ich es immer als flüchtig an.«

Die Stimmung bei diesem Interview unterscheidet sich ziemlich von den anderen. Nicht nur, weil wir Anouk schon länger kennen. Auch der Ort und die Tageszeit, am Mittag in diesem ruhigen, hellen Restaurant … Es passt so sehr zu Anouk und so wenig zu mir. Eigentlich würde ich jetzt noch schlafen und weil ich so müde und verkatert bin, mache ich endlich mal etwas richtig: Ich bin zu schwach, um ständig dazwischenzuquatschen und immer neue Themen in den Raum zu werfen. Endlich ergibt sich aus einer nachdenklichen Stille ein Diskurs, den unser Gegenüber in sich austrägt und vor uns ausbreitet. Plötzlich fängt sie an: »Die Kunst des klaren Denkens beherrsche ich überhaupt nicht. Ich hab generell keine Zeit- und Raumvorstellung. Ein Freund hat sich erst halb weggeschmissen, weil ich ihm nicht sagen konnte, wo Australien liegt. Ich könnte auch nicht schätzen, wie groß dieser Raum ist, oder wie lange wir hier so sitzen. Ich messe das Leben an Momenten, ich sammle sie so auf, aber ich kann sie nur schwer in einen zeitlichen Kontext, in dem ich sie erlebt habe, setzen.«

»Ach, was misst schon das Leben«, sage ich und fühle mich selber gerade überhaupt nicht lebendig. »Hast du Angst vor dem Tod?«

»Nein. Vor einem schnellen Sterben auch nicht. Ich hab mich bei der Beerdigung von meinem Opa vor Lachen nicht halten können, so unglaublich lächerlich fand ich das alles. Ich mochte ihn auch nicht besonders, wahrscheinlich lag's daran. Aber hab ich Angst vor dem Tod? Nein … gar nicht. Wenn ich weiß, jetzt ist alles richtig, jetzt kann ohne mich nichts mehr schiefgehen, die paar Kinder, die man hat, sind glücklich. Bei mir hoffentlich nur eins. Aber

ich will irgendwo sterben, wo es schön ist. Georgia O'Keeffe ist in dem Haus gestorben, in dem sie gemalt hat. Wirklich, in der Steppe, in ihrem Glashaus, irgendwo bei Santa Fe.«

»Für mich klingt das einsam«, bemerke ich.

»Allein vielleicht, aber nicht einsam. Der Tod ist auch so ungeheuer inspirierend. Ich glaube, die antreibende Kraft ist eben genau, dass man weiß, dass etwas endet. Und wenn man doch in dieser Welt bleiben möchte, dann versucht man, etwas zu schaffen, das die Zeiten überdauert.«

Phil beschreibt das als den dokumentarischen Aspekt der Kunst, in die man sein Leben hineinpackt – und somit einen Teil von sich, außerhalb seiner physischen Vergänglichkeit, als Gefühlseindruck hinterlässt.

Ich störe die Romantik der hohen Philosophie, indem ich mich über mein Essen beschwere. »Viel zu gesund!«, befinde ich und schiebe das Grünzeug hin und her.

»Wunderbar, hier gibt es nur gesund«, freut sich Anouk, der meine Fast-Food-Liebe ganz unverständlich ist. Ganz im Gegensatz zur düsteren Todesthematik fällt mir in diesem Augenblick einmal mehr auf, dass Anouk so viel Leben in sich hat. Nicht im Sinn von Quirligkeit, sondern von Frische. Sie sieht immer knitterfrei, gesund und rein aus. Nicht klassisch schön und langweilig wie diese Babydoll-Gesichter aus der bebe-Werbung. Sondern eher so naturbelassen wie eine Elfe, die gerade aus einer Gebirgsquelle aufgetaucht ist.

»Was kommt nach dem Tod?«, greife ich unser Gespräch wieder auf.

»Die Unendlichkeit? Keine Ahnung, und ich bin ganz froh, dass ich das nicht weiß, denn sonst hätte ich vielleicht doch Angst. Ich personalisiere den Tod auch ganz gerne. Also ich stelle mir wirklich eine Person vor, die da irgendwo wartet. Und sie spielt auch jedes Mal einen Charakter. Wenn ich schreibe oder fotografiere. Präsent ist der Tod immer. Wenn er so gut aussieht wie Brad Pitt in *Rendevouz mit Joe Black*, dann gehe ich am Ende sogar gerne mit. Großartiger Film. Etwas Schreckliches in so großer Schönheit verpackt. Der Tod verliebt sich in das Leben.«

So langsam wird es Phil zu viel mit der Endzeitstimmung. Zeit, dass das Glück in unsere Unterhaltung einzieht. Aber was ist das schon, richtiges Glück?

»Ich bin glücklich, wenn ich mit Menschen zusammen bin, die mich begeistern, inspirieren und erfüllen. Ich bin glücklich, wenn ich geliebt werde, gewürdigt und wenn sich das Gefühl des Erfolges einstellt.«

Und wenn man jung ist und so viel mit scheinbarer Perfektion zu tun hat wie Anouk in ihrer Tätigkeit als Fashion-Fotografin, dann ist Glück wohl auch ein Stück weit, sich schön zu fühlen. Das ist bei

Anouk immer dann der Fall, »wenn ich von jemandem geküsst werde, der mir etwas bedeutet«.

Phil fallen plötzlich ein paar weiße Zettel in Anouks Tasche auf, die er ausgiebig studiert. Anouk und ich unterhalten uns unterdessen über das Leben und die Liebe. Sie erzählt mir gerade, dass sie als Kind das Märchen vom räudigen Seefahrer Blaubart am meisten mochte. »Sexuelle Problematik auf amüsante Art und Weise erzählt.« Überhaupt landet man mit Anouk verdächtig schnell beim Gesprächsthema Sex, kein Wunder, ist ja auch eines ihrer Lieblingswörter: »Sex«, »Alexithymie« (Gefühlsblindheit) und seit Neustem »Shosholoza«, das tansanische Wort für »vorwärts denken«.

Während ich ganz unsexy in mich hineinmampfe – der Kampf mit dem Grünzeug ist noch nicht beendet – und Phil weiter die weißen Zettel mustert, referiert Anouk mit ihrer erotischen Stimme zum Thema Sex im Kunst-Kontext: »Sex ist für mich ein Entstehungsprozess. Lebensenergie und sexuelle Energie sind identisch, zeigen sich aber in der Polarität von männlich und weiblich. Wenn zwei Dinge zusammenkommen und etwas Neues entsteht, sei es bloß ein Gefühl oder zwei ineinanderlaufende Farben auf einer Leinwand, die einen besonderen, neuen Farbton ergeben. Dieser Prozess, dieser Zusammenstoß von Gegensätzen, ist für mich in der Kunst wie auch im Leben essenziell. Gerade deshalb versuche ich zu experimentieren, wo ich nur kann. Es fühlt sich schrecklich an, so stark von Männern abhängig zu sein, was meine Kreativität betrifft. Ich versuche immer wieder, mich von dem Einfluss, den Männer auf mich haben, zu lösen, aber ich scheine sie doch mehr zu brauchen, als ich mir eingestehen möchte. So sehr sie meine Kreativität auch beflügeln können, so sehr können sie sie auch zunichte machen. Daran arbeite ich noch.«

Phil wedelt mit den weißen Zetteln herum und blickt Anouk fragend an. Sie erklärt, dass das ihre Fragebögen für die Jungs sind, die in ihrem Buchprojekt verarbeitet sind. Bei manchen hat sie allerdings noch Informationsbedarf. Und um auch ja nichts zu vergessen, schleppt sie die weißen Zettel mit sich rum, auf denen in ihrer schwer leserlichen, aber hübsch geschwungenen Handschrift so ziemlich alle Fragen stehen, die sie ihren Buchprotagonisten noch stellen möchte. Kaum ist sie fertig, ergreift Phil die Chance, dreht den Spieß einfach um und stellt Anouk eine der Fragen, die sie sich für *ihr* Buchprojekt ausgedacht hatte: »Also, ich hab mir da so ein paar Fragen für dieses Interview notiert, fangen wir mal mit der ersten an: Was wünschst du dir in Beziehungen?«

»Jetzt fällt mir erst auf, wie kompliziert das ist – und ich hab diese Fragen auf-

geschrieben und gedacht, keiner hätte Schwierigkeiten, die zu beantworten. Also ... Ich bin sehr gespannt auf die erste Beziehung, die länger als ein Jahr halten wird und in der ich jemanden wirklich zu kennen glauben werde.

Spontanität, Vielfalt, Sanftmut, Verlässlichkeit. Und dass sich jeder vom anderen inspirieren lässt und den anderen inspirieren möchte. Dass zusammen reisen möglich ist, sei es in Gedanken oder an konkrete Orte. Körperliche Anziehungskraft. Der verbale Austausch ist unglaublich wichtig. Ich war kürzlich mit ein paar Freunden unterwegs, alles bildhübsche Jungs, die aber nichts zu sagen hatten. Es war frustrierend.«

»Was davon hat dir in deiner letzten Beziehung gefehlt?«, will Phil wissen und irgendwie ist die Situation jetzt ein bisschen seltsam, schließlich waren Phil und Anouk ja mal zusammen, das hatten wir in unserem journalistischen Eifer ganz vergessen.

Schnell schwenken wir um auf Herbert Grönemeyer. Über ihn zu schwärmen liegt in Anouks Natur, daran ist thematisch zur Abwechslung mal nichts heikel. »Ich habe ihn schon drei Mal getroffen. Er ist einfach wunderbar. Er ist vielleicht der klügste Mensch, den ich kenne. Es würde mich so sehr interessieren, wie ein Lied klingen würde, das er über mich schreibt.«

Wir spielen noch ein wenig das Frage-Antwort-Spiel, danach brechen wir zur Hafencity auf. Wir rennen noch schnell durch einen Supermarkt und holen was fürs Großstadtpicknick, also Drinks und Chips. Es ist ziemlich windig, wie so oft in Hamburg, und wir setzen uns an die Spree. Anouk mit ihrem Saft, Phil und ich mit Bier. Ich habe Anouk noch nie betrunken erlebt, tragisch eigentlich. Da passieren doch immer diese legendären Geschichten, über die man sich mit guten Freunden noch Jahre später totlacht. Deshalb will ich wissen, was eigentlich ihre verrückteste Nacht war.

»Da habe ich noch in Spanien gelebt. Vier Freunde haben mich besucht, und wir haben nachts neben einem uralten Fußballplatz gechillt. Und da nebendran war ein Swimmingpool, und wir sind nackt rein und über den Rasen gerannt. Und wie in einem Buch oder einem Film ist dann die Polizei gekommen, weil das Betreten des Grundstücks natürlich nicht erlaubt war. Und ich bin dann auf dem Motorrad von 'nem Freund zurückgefahren.«

Anouk hat bald ihren nächsten Termin, ich plane, mich danach noch mal schlafen zu legen. Als Letztes frage ich sie, wie sie die Ironie des Schicksals empfindet, dass sie Phil und mich quasi zu diesem Buchprojekt »zusammengebracht« hat: »Ich finde sie ... anregend. Da sieht man mal, wie sich die Wege kreuzen und was so Tolles aus ein plus eins macht zwei entstehen kann.«

COMEDY MIT KALKÜL

Philipp über Simon Desue, Entertainer, Jahrgang 1991, Hamburg

Für die Generation der heutigen Teenies ist nichts so selbstverständlich wie der tägliche Besuch von sozialen Netzwerken und Videoplattformen, um sich nach den ganz eigenen Vorstellungen unterhalten zu lassen. Auf kaum einer Seite im Internet liegen Schmach und Ruhm dabei so nahe beieinander wie auf YouTube, wo jeder prinzipiell alles hochladen kann, um der Welt zu zeigen, wie (un-)talentiert er ist. Es wird gesungen, geblödelt, gehatet und sich bewiesen, was das Zeug hält. Viele erleben hier ihre 15 Minuten Ruhm, die Andy Warhol einmal jedermann zugeschrieben hat. Doch sich zu halten, sich eine Fanbase aufzubauen und womöglich sogar von dem zu leben, was man dort verzapft, ist ein Privileg, das wenigen vorenthalten ist. Und selbst denen, die es erreichen, noch lange nicht dauerhaft die Butter aufs Brot bringt. Vor allem weil es schwieriger und langwieriger ist, als es so mancher wahrhaben will.

Es ist ein verregneter und wirklich furchtbar trister norddeutscher Januarnachmittag, an dem wir in einem Lokal am Wandsbeker Markt mit einem der deutschen YouTube-Community-Urgesteine zusammentreffen. Simon Desue hat mit seinem Comedy-Channel Zahlen und Ergebnisse in astronomischer Höhe erreicht und ist seit 2010 aus der Szene nicht mehr wegzudenken. Mit seinem Wiedererkennungswert und seiner authentischen Art wurde er zu einem der beliebtesten deutschen Gesichter bei YouTube und kann von sich behaupten, damit eine Goldader aufgetan zu haben. Mit dem Bonus des guten Aussehens wurde er für die Mädels der süße, witzige, mit seiner lässigen Art für die Jungs der coole, selbstbewusste Star ihrer Playlists. Das alles, was im Video so lässig und wie mal eben

dahergeredet aussieht, ist das Ergebnis eines ehrgeizigen und klugen Kopfes, der taktierend zu seinem eigenen Erfolg beigetragen hat.

»In die Comedy wurde ich sozusagen reingeboren, die Art, die ich draufhab, hab ich von meinem großen Bruder, der mit mir früher immer Scheiße gebaut hat, ich war auch in der Schule immer der Pausenclown und ja, so habe ich meine humoristische Ader stetig entwickelt«, steigen wir sofort ins Gespräch ein, während die Kellnerin noch die Bestellung aufnimmt. »Ich wollte immer lieber der lustige Typ sein, als einen auf Rapper zu machen und über Pseudo-Ghettos zu labern.«

So fing er 2008 damit an, sich in damals noch relativ konzeptlosen Videos auf Englisch als Entertainer auszuprobieren. Da aller Anfang schwer ist und dies auch für Simon galt, musste er damals noch auf dem kleinen, persönlichen Wege dafür sorgen, dass seine Videos Zuschauer finden.

»Damals in der Zeit von MSN hab ich dann meine Video-Links inflationär rumgeschickt, von meinen circa 300 Kontakten konnten so 20 bis 30 Englisch, der Rest nicht, aber ich habe da schon bemerkt, dass gar nicht mal der Inhalt das Entscheidende war, sondern die Art, mit der ich in den Videos agierte. Ich war an sich schon unterhaltsam und das wurde mir dann über die Zeit immer klarer. Und so wurde dann durch Reposts von Freunden diese kleine Sache immer größer, bis eines Tages YouTube selber auf mich zukam mit dem Plan, eine deutsche Community aufzubauen, die es damals in dieser Form noch gar nicht gab.«

Denn das, was wir heute als interaktive Plattform kennen, hat sich hierzulande erst in den letzten paar Jahren entwickelt und Simon war damals als Mitgestalter des deutschen Netzwerkes zur richtigen Zeit am richtigen Ort.

»Ich habe angefangen, deutsche Videos zu posten, die allesamt sehr gut ankamen, und so bin ich dann dabei geblieben. Hatte ein englisches Video damals sagen wir 500 Klicks und ein deutsches 2.000, so war das für mich schon ein enormer Erfolg und in meinem Kopf entspannen sich schon die wildesten Gedanken«, schmunzelt er in Desue-Manier und zieht eine Augenbraue hoch bis kurz unter den Haaransatz.

»Doch das alles wurde dann getoppt von einem Video, in dem ich Schminktipps mit Nutella, Ketchup und Mayo gab. Das erreichte eine Klickzahl, bei der ich dachte: Oha, jetzt wird es ernst. Dieser Hype ums Video war meine Stunde null.

Ich dachte mir: Bei so vielen Zuschauern bei diesem einen Video muss ich nachlegen! Die Welle mitnehmen und etwas Gleichwertiges abliefern, damit ich diese Zahl halten kann. So kam ich dann auf das damals allgegenwärtige Thema SchülerVZ, weil das da noch wirklich jeder benutzte. Da hab ich dann 'ne Viertelstunde gedreht und daraus wurde eins der bis heute stärksten Videos mit inzwischen über 4 Millionen Klicks.«

Das Phänomen Simon Desue war geboren und nach diesem Durchbruch war es nicht drin, sich auf dem kleinen Erfolg auszuruhen. Der Bekanntheitsgrad des jungen Halbafrikaners schoss durch die Decke, TV-Shows diskutierten seine Videos und durch die Umstrukturierung von YouTube zum sozialen Netzwerk blieb er ständig im Gespräch, was ihm Erfolg und ein sicheres Einkommen bescherte.

»YouTuber ist mein Hauptberuf, schon seit ich angefangen habe. Anfangs konnte ich natürlich noch nicht davon leben, aber mit der Zeit, immer mehr Abonnenten und Videos durch das stete Hustlen, wie ich immer sage, ging das relativ schnell klar«, resümiert er seine Anfänge. »Ich wurde kein Millionär, aber mein Kühlschrank war gefüllt und ich konnte die Miete bezahlen.«

Nun ist Erfolg ein zweischneidiges Schwert, auf der einen Seite beflügelt er, auf der anderen lässt er einen aber auch bequemer werden, da der Druck wegfällt, stetig ins Gespräch zu kommen, weil man das ja schon ist. Und da Bequemlichkeit und Produktivität selten Freunde sind, hatte auch Simon oft mit seinem inneren Schweinehund zu kämpfen.

»Das Ding ist, wenn ich keinen Bock habe, dann mach ich auch nix. Ich habe verglichen mit anderen YouTubern auch eigentlich nicht allzu viele Videos hochgeladen. Ich bin so bei 100, andere haben um die 300 bis 400. Ich wollte nie etwas aus Zwang hochladen, weil das immer negativ auf die Qualität Einfluss nimmt. Wenn privat etwas scheiße läuft, dann kann ich nicht mal eben wieder lustig sein, so funktioniert das nicht bei mir«, gibt er ehrlich zu, während ein junger Kellner uns Getränke bringt. Dieser schaut kurz, dann noch einmal und ein »Simon Desue, cool, abonniert hab ich dich! Darf ich mit dir nachher ein Foto machen?« folgt auf dem Fuße. Simon bejaht entspannt, zu alltäglich wurde der Rummel um ihn, als dass er bei jedem Fotowunsch noch rumzicken würde. Viel mehr sieht er es als Anerkennung für sein Werk.

»Es ging ja nicht von null auf hundert, dass auf einmal jeder Mensch auf der Straße mich mit seiner Kamera verfolgt hat. Es ging in einem Tempo los, in dem ich mich daran gewöhnen konnte. Es ist nicht so, dass ich denke: Oh geil, jeder kennt mich. Inzwischen ist Durch-die-Innenstadt-Laufen schon 'ne andere Nummer geworden, da bin ich dann mit Mütze und Kapuze unterwegs. Seit zwei bis drei Jahren ist es eben Alltag«, kommentiert er seine Bekanntheit gelassen und fügt an, »meine größte Angst am Anfang war, dass ich mich durch diese Fame-Sache derbe verändern würde und jemand werde, der ich gar nicht sein will. Dass ich mit meinem Kopfkino zum abgehobenen Idioten werde. Aber ich habe es geschafft, so normal wie möglich zu bleiben, immerhin bin ich ja auch so, wie ich eben bin, bekannt geworden, deshalb hätte alles andere auch gar nicht zu mir gepasst, und ich wäre vielleicht inzwischen zu Recht verschrien. Ich bin nett, lächele und bin niemals abweisend, ich nenne die Leute auch nicht Fans, sondern sag immer ›Hey Bruder, Schwester, alles klar?!‹. So, weißte«, grinst er und nippt an seinem Getränk.

Für ihn sind es alles gute Menschen und gute Menschen sind immer Freunde. Verkniffenheit ist für ihn nicht drin, das spiegelt ihn schlicht und ergreifend nicht wider. Auch beim Thema Geldverdienen sah Simon alles immer sehr locker, und wer bei YouTube mit dem Ansatz Geldscheffeln herangeht, der hat seiner Meinung nach schon verloren.

»Das ist der größte Fehler, den man machen kann. Bei mir war es so, dass ich zusammen mit anderen Channel-Besitzern damals aus purem Spaß angefangen habe, diese Community mitzugestalten. Es gab da nicht mal die Aussicht aufs Geldverdienen. Und das sollte auch nicht der Vorwand sein, dort etwas anzufangen, da sich Geldgier qualitativ niederschlagen wird und so oft an sich selbst scheitert.«

Doch ist das durch den großen Bekanntheitsgrad gar nicht mehr Simons einzige Einnahmequelle, er wird als Entertainer in der ganzen Republik gebucht, als Ansager oder als eigener Act. Dass so der Rubel rollt, ist klar, doch hat Geldverdienen in diesem Stil auch seine Schattenseiten, die aber oft im eher verborgenen, privaten Leben ihre Spuren hinterlassen.

»Es sind schon einige Sachen durch das Geld und den Neid anderer darauf kaputtgegangen, Freundschaften, von denen man dachte, sie halten noch 20 Jahre, sind beispielsweise leider gescheitert. Denn das Geld verändert eigentlich nicht nur primär dich, sondern noch viel krasser die Menschen um dich herum. Ich muss schon aufpassen, mit wem ich rumhänge, ich kann nicht allen vertrauen, so scheiße es auch klingt, weil viele Hintergedanken haben. Ebenso sind aber viele neue Freundschaften entstanden, die ich nicht missen möchte«, macht er klar und erzählt in einem Exkurs einige der Sachen, die er mit seinem Geld schon angestellt hat.

»Ich hatte zwischendurch wirklich das Gefühl und die Wertschätzung für Geld verloren und mir ohne Führerschein Autos gekauft, eine Wohnung in der Hafencity, habe in Los Angeles in einer eigenen Wohnung gelebt, das war natürlich geil, alle haben einen gefeiert und das war schön und gut. Dann kam es aber so weit, dass ich mich, wenn ich alleine war, nicht anders gefühlt habe als mit 16 Jahren in unserer Wohnung in Fuhlsbüttel. Ich habe meinen Lebensstandard vor allem meiner selbst willen dann gesenkt. Ich brauchte das nicht mehr, ich bin zwar immer noch jung, aber ich hatte schon diese Zeit, von der ich sagen kann, dass ich richtig krass gelebt habe. Insofern hat mich das Geld da schon verändert, aber ich hab's auf gesunde Weise in den Griff bekommen.«

An sich macht Geld ihn nicht glücklich. Dass man sich und seinen Freunden mehr ermöglichen kann beim Feiern als mit 5 Euro in der Tasche ist klar, aber als Glückselixier taugt es wenig, da es einfach zu viel Negatives mit sich bringt. Auch mit viel Geld bleibt man vom Arbeitsstress nicht verschont, das Pensum vergrößert sich mit zunehmender Bekanntheit natürlich und so bleibt oft für ein wirkliches Privatleben wenig Zeit. Die wenigen freien Momente teilt er am liebsten mit seinen engsten Freunden, bei denen er nach wie vor einfach Simon ist und keine Extrawurst erwarten darf, was ihn erdet und wieder mehr Mensch als Marke sein lässt. Doch auch das wird immer schwieriger, wie er erzählt.

»Freunde von mir sind nach Calella in Spanien geflogen über die Ferien, und ich bin nachgekommen, um mit ihnen zusammen Urlaub zu machen. Ich komm also da an, steig aus dem Bus, und das Erste, was ich mitkriege, sind Leute, die mich erkennen und mit mir Fotos machen wollen. Das war schon krass, es waren natürlich Deutsche und keine Spanier, aber so aus dem Kontext gerissen erkannt zu werden, das war schon die nächste Stufe.«

Allgemein ist Simons Reichweite enorm geworden, Facebook-Posts erreichen schnell mal zwei Millionen Leute – eine Zahl, die er sich selbst gar nicht verbildlichen kann. Und schon gar nicht erwartet hat.

»Damals, am Anfang, hat keiner von uns gedacht, dass wir mal so durchstarten. Zu Beginn waren wir alle zusammen Feuer und Flamme und haben uns auch immer gegenseitig unterstützt, doch je mehr es um Likes und Clicks ging, umso mehr fing jeder an, seine eigene Schiene für seinen eigenen Erfolg zu fahren. Trotzdem darf man YouTube nicht als klassischen Konkurrenzkampf verstehen, denn es ist keiner. Keiner macht die gleichen Videos, weißte, so kann eigentlich gar keine klassische Konkurrenz aufkommen. In unserer norddeutschen Community ist uns bewusst, dass ohne uns alle keiner von uns heute da wäre, wo er jetzt ist. Das ist definitiv eine Tatsache, der sich jeder von uns auch bewusst ist. Außerhalb, also national gesehen, geht die Geschichte von Neid und Missgunst aber ihren alten Gang, leider«, fasst er den gemeinsamen Aufstieg der »Ur-YouTuber« hierzulande zusammen und lässt dann den versprochenen Schnappschuss mit Kellner machen.

Mit dem Erfolg umzugehen ist eine harte Probe, eine, die viele schon veränderte und ausflippen ließ. Doch mit Köpfchen und Authentizität hat Simon Desue es vollbracht und ist immer noch vorrangig Mensch, erst dann Star.

»Du musst einfach machen, worauf du Bock hast, und wenn du das wirklich durchziehst, werden die Leute das sehen und unterstützen. Sie werden merken, dass du sie nicht verarschen willst, sondern ihnen gute Unterhaltung bietest. Ehrlichkeit kommt an.«

Wenn solche weisen Sätze den Mund desjenigen verlassen, der die junge Nation mit Klamauk zum Lachen bringt, wird klar, dass hinter der besten Comedy auch die größte Disziplin steckt. Ein Punkt, den man oft übersieht und wohl zu selten wertschätzt. Erfolg entsteht in den seltensten Fällen aus Glück, sondern ist im Regelfall das logische Resultat aus Innovation, Herzblut und Respekt gegenüber der Sache. Simon ist ein cleverer Kerl und weiß damit zu spielen, weiß, mit sich selber und den Trends um ihn herum zu kokettieren, und sichert sich so eine sehr nahbare Perspektive auf die Welt; man kann sich mit ihm identifizieren. Seine Art des Teenager-Kabaretts ist einzigartig, viel kopiert, aber nicht ihm entsprechend erreicht. Beiläufiger Humor ist immer noch die Königsklasse der Witzigkeit, die man nicht faken kann, sondern entweder innehat oder eben nicht.

DIE MUTIGEN PARALLELPLANETEN EINES VISIONÄRS

Katharina über Robert Böhme, Teamleiter der Part-Time-Scientists, Jahrgang 1986, Berlin

Die meisten Protagonisten aus unserer Porträtsammlung kommen aus einem klassisch-kreativen Genre. Denn Texte und Melodien sprechen die Emotionalität der Zuhörer viel unmittelbarer an als Tabellen und Maschinen. Sich seine Helden in der popkulturellen Medienszene zu suchen ist einfacher – aber kurzlebiger. Denn wirklich große Ideen, die unsere Lebenswelt nachhaltig verändern und verbessern, sind eher in Forschung und Wissenschaft zu finden. Doch dort wird oft der Fehler gemacht, Pläne und Projekte zu fachspezifisch vorzustellen.

»Gute Medienarbeit ist sehr wichtig, du musst das, was du inhaltlich loswerden willst, gut verkaufen können. Und was die Leute immer begeistert, sind gute Geschichten, Einzelschicksale, augenscheinlich viel zu hoch gesteckte Ziele«, erklärt Robert Böhme, hauptberuflicher Informatiker und Teamleiter der von ihm ins Leben gerufenen Organisation Part-Time-Scientists. Diese wollen, einfacher kann man es nicht ausdrücken, eigenständig eine Mondmission unternehmen und einen Rover auf dem durchschnittlich 365.000 Kilometer entfernten Trabanten landen lassen. Wir hatten von Freunden, die sich in Hamburg dem Physikstudium widmen, und durch einige Medienberichte von diesem zunächst skurril klingenden Vorhaben gehört und Blut geleckt. Warum versucht jemand 40 Jahre, nachdem die Menschheit bereits den Mond geentert hat, das Ganze mit privat aufgetriebenem Material nochmals zu versuchen? Haben die denn alle keine Hobbys? Man muss doch eigentlich ziemlich klug sein, um überhaupt tiefer in die komplizierte wissenschaftliche Materie einzudringen. Zum Vertreiben akuter Langeweile wäre es also nicht das Richtige.

Um dem Rätsel auf die Spur zu kommen, treffe ich mich mit Robert Böhme im Cum Laude, einem hübschen Restaurant auf dem Gelände der Humboldt-Universität. An den Wänden hängen imposante Gemälde von Pionieren der Wissenschaft. Und wenn Robert von seinem Team spricht, tut er das mit derselben Begeisterung, mit der wohl auch die eingerahmten Forscherhelden von ihren Vorhaben berichtet haben. Entgegen unserer stillen Befürchtung sitzt da kein zurückhaltender Fachchinese vor uns, sondern ein selbstbewusster 26-Jähriger, mit wachem Blick und schier endlosem Redefluss. Da fühlen wir uns wohl! Wie wir im Laufe des Gesprächs noch feststellen werden, ist Robert ganz besonders von den Anfängen und Ursprüngen der Dinge fasziniert. Zumindest bei ihm fing alles mit einer ganz gewöhnlichen Mail an.

»Ich saß bei der Arbeit, das war 2007, und habe einfach eine Mail von einem guten Freund bekommen. Sie enthielt einen Link zum Google Lunar X Prize. Die beiden Google-Gründer Sergey Brin und Larry Page haben gesagt: ›Wir geben demjenigen 30 Millionen US Dollar, der zuerst privat auf dem Mond landet.‹ Es ist so was wie 'ne Wette, könnte man vereinfacht sagen. Warum das denn?, habe ich mich gefragt. Wie kommen die denn auf so eine Idee, warum bieten die das an?«

Im selben Moment, in dem er das erzählt, frage ich mich genau dasselbe.

»Na, die wollten, dass Leute versuchen, das Ziel zu erreichen, um der verstaubten Raumfahrtforschung wieder einen Schubs zu geben. Dann hat mich die Frage angetrieben: Ist es überhaupt möglich, kann man es privat überhaupt schaffen?«

Dazu muss man wissen, dass Robert an sich mit der ganzen Weltraumwissenschaft eigentlich beruflich nichts am Hut hat. Wir vermeintlich Kreativen aus der »Menschen- und-Medien-Branche« werfen ja gerne alle Berufssparten, in denen man »irgendwas mit Zahlen« machen muss, in einen Topf. Dabei ist Robert, der in seinem Berufsalltag für die Bundesregierung arbeitet und vor allem mit Hacking und anderen spannenden Geheimaufgaben zu tun hat, eigentlich genauso weit entfernt von einer Mondmission wie beispielsweise ein BWL-Student. Auch wenn es bis zum praktischen Umsetzen der theoretischen Pläne noch ein bisschen hin ist, haben Robert und sein Team bereits bewiesen: Jeder kann, mit dem nötigen Ehrgeiz, ein Unternehmen auf die Beine stellen, das im Extremfall sogar außerhalb der Erdatmosphäre agiert!

»Ich bin selber ganz normaler Informatiker. Meine Faszination für Technik war schon immer groß, deshalb bin ich hier in Berlin auf einem amerikanischen College gelandet, das von Microsoft und Cisco unterstützt wurde. Und drei Monte, bevor ich 19 geworden bin, war ich fertig und ich hab dann überlegt: Jetzt arbeiten – oder studieren? Ich konnte mir nicht vorstellen, jetzt noch ein Studium zu ertragen. Also Lernen finde ich an sich zwar ganz spannend, ich beschäftige mich supergern mit neuen Sachen. Aber ich wollte einfach auch endlich all das Erlernte anwenden.«

Als Bestqualifizierter verließ er also das College, seinen Nachfolgerjahrgängen hinterließ er zudem ein paar interne Rekorde, die erst Jahre später geknackt wurden. Und während der 19-Jährige also an seiner Informatiker-Karriere bastelte, tüftelte er zeitgleich im Garten der Eltern an Robotern, Schaltkreisen und anderen Experimenten herum. Über die Erfahrungen und Ergebnisse hielt er eine aktive Netz-Community auf dem aktuellsten Stand. Seine Plattform, einen Blog, ließ er damals bereits unter dem Namen »Part-Time-Scientist« laufen. Sein Interessenschwerpunkt lag schon immer ganz speziell im All.

»Ich würde 'ne Wette abschließen, dass 90 Prozent aller Informatiker Weltraumfans sind, vielleicht sogar 99 Prozent. Und ich persönlich bin *Star Trek*-Fan, das ist die Minderheit, die meisten sind *Star Wars*-Fans. Ich habe mich schon immer gefragt: Was fehlt denn zwischen heute und *Star Trek*? Aber trotzdem hätte ich selber nie gedacht, dass ich mal etwas mit Raumfahrt machen würde, meine fachlichen Qualitäten liegen in der Informatik, also bei 1 und 0.«

Wir schweifen zwischendrin gerne mal ab. Mit Robert könnte man vermutlich Monate verbringen und hätte am Ende jedes Gesprächs immer wieder was Neues gelernt. Ihm gehen wohl nie die Geschichten aus. Zunächst versuchen wir aber, wieder zur Gründungsgeschichte der Part-Time-Scientists zurückzukommen.

»Dieser Google Lunar X Prize hat ja eigentlich nur eine Idee übernommen, die es schon einmal gab. 1919 ungefähr, da existierten bereits die ersten Flugzeuge, aber es gab nur eine Handvoll Airports in Europa und die gehörten alle dem Militär. Wenn man damals jemanden gefragt hätte, ob er sich vorstellen könnte, dass du und ich, also der Normalbürger, mal per Flugzeug reisen können, dann hätte der vermutlich gesagt ›Nie im Leben‹. Und die andere Sache damals war, dass immer gesagt wurde, dass es unmöglich sei, mit einem Flugzeug den Atlantik zu überqueren. Raymond Orteig, ein Hotelmillionär, meinte daraufhin, dass es für ihn das Wort ›unmöglich‹ nicht gebe. Orteig beschloss, demjenigen 25.000 US-Dollar zu geben, der ihm genau das beweisen würde und es schafft, als Erster den Atlantik zu überfliegen. Unter all den Wagemutigen, die das versuchten, war auch Charles Lindberg, der zusammen mit den frisch gegründeten Ryan Airlines ein Flugzeug konstruierte. Mit seiner Maschine, der The Spirit of St. Louis, schaffte er schließlich das vermeintlich Unmögliche. Die anderen sind ertrunken, die Geschichte kennt halt immer nur Sieger. Aber er hat die Geschichte schlagartig geändert. Was ist passiert? Fünf Jahrzehnte später gab es plötzlich auf jedem Kontinent einen nicht-militärischen Flughafen. Und nur weil ein Mann, Raymond Orteig, gesagt hat: Ich glaube nicht, dass das nicht geht. Es ging nicht ums Geld und auch nicht speziell darum, ausgerechnet den Flugweg nach Amerika zu erobern. Auch uns geht es nicht um den Mond an sich, sondern darum, etwas möglich zu machen. Wir sind nicht scharf auf die 30 Millionen. Es ist viel teurer, das Projekt durchzuführen.

Das Apollo-Programm hätte nach heutigen Maßstäben unfassbare Milliardenbeträge gekostet, das könnten wir uns heute gar nicht mehr leisten.

Ich war kürzlich bei einer NASA-Forschungseinrichtung in den USA. Wir in

Berlin sind ja immer ganz stolz darauf, die größte freitragende Halle in Brandenburg stehen zu haben. Aber eigentlich ist es ein Witz, weil dieses Gelände so gigantisch und diese Halle so riesig ist – das würde heute keiner mehr finanzieren.

Die Amerikaner haben es damals nur geschafft, weil es nicht um Geld ging, sondern um das Ziel. Kennedy hat sich hingestellt und gesagt: ›Wir als Volk wollen das schaffen.‹«

Kennedy ist ein gutes Beispiel. Die Rolle, die eloquente und ein bisschen überzeichnete Führungspersonen bei der Präsentation und Verbreitung einer Idee innehaben, wird vielleicht speziell in Deutschland unterschätzt. Aufgrund unserer historischen Vergangenheit wird die Stilisierung von einzelnen Personen eher verdammt. Nur in der Jugendkultur, die ihren amerikanischen Einfluss auf die Gesamtgesellschaft ausbreitet, finden sich die Heldengeschichten, nach denen die Menschen insgeheim doch verlangen.

»Das Konzept für *DSDS* und all die anderen Castingshows kommt aus Amerika. Da ist dieser Gedanke, dass einer der Sieger ist und sich mit allem, was er einsetzen kann, durchkämpfen muss, viel stärker als bei uns. Das ist ja im Fall der Castingshows auch besonders tragisch.«

Weil sich da eine Gruppe von Menschen, in dem Fall die Jury, herausnimmt, über Wert und Qualität einer anderen Gruppe von Menschen, der Kandidaten, zu urteilen.

»Aber mal abgesehen davon ist das stille Verlangen der Leute nach der Glorifizierung einer Person durchaus nachvollziehbar. Sie zeigt uns, was man als Einzelner erreichen kann, auch wenn man nur an der Spitze eines riesigen Teams steht. So wie Kennedy. Man darf sich, wenn man eine Vision hat, keine Gedanken über morgen machen. Man muss mit ein bisschen Größenwahn herangehen, auch wenn es fast schon ein wenig negativ klingt. Eher mit einer kindlichen Naivität. Hätten wir damals schon darüber nachgedacht – Oh mein Gott! Wie bezahlen wir das alles? –, hätten wir es gleich hingeschmissen.«

Nachdem er also besagten Link zum Google Lunar X Price in seinem Postfach vorgefunden hatte, schickte er ein paar Mails an sechs weltraumbegeisterte Bekannte. Schließlich trafen sie sich im November zum Indoor-Grillen in Berlin. Mit einem schlichten Whiteboard ausgestattet, überlegte die Gruppe, ob und wie man das Vorhaben umsetzen könnte.

»Es hat zwar vor 40 Jahren geklappt, aber man könnte das mit einem Sportler vergleichen, der vor 40 Jahren mal einen Riesenerfolg erzielt und seitdem nichts mehr getan hat. Es ist nicht mehr so viel von dem, was damals da war, nachahmbar. Zum Beispiel hatte man damals die Röhrentechnik und erste äußerst einfache integrierte Schaltkreise. Diese waren überhaupt nicht strahlungsempfindlich und hatten kein so großes Problem mit Hitze.«

Das hochmoderne iPhone in unserer Tasche überlebt praktisch keine Stunde im All.

Robert wollte wissen, wie wir unsere ganze tolle Technik also auch ohne Schwierigkeiten mit dem Vakuum, der Strahlung und der Temperatur ins All bekommen. »Früher haben wir uns noch gefreut, wenn wir Produkte aus der Raumfahrt in die Industrie einbringen konnten. Die Mikrowelle oder die zu Unrecht viel zitierte Teflonpfanne. Heute ist die Raumfahrt froh, wenn sie was aus der Industrie integrieren kann!«

Menschen haben immer schon zu den Sternen hochgeschaut, und die unbegreifliche Schönheit und Weite des Himmels beeinflusste nahezu jede Religionsvorstellung. Die Götter saßen irgendwo da oben, im Olymp, Apollo zog die Sonnenscheibe von Sonnenauf- bis Sonnenuntergang. Und wir staunen heute noch vor

Unwissenheit im Angesicht dieses vermutlich endlosen, unerforschten Raums. Wenn wir buchstäblich nach den Sternen greifen wollen, dann erstreben wir das Höchste, das Unmögliche, das Maximale. Diese Superlative finden sich zum einen in der Religion, zum anderen in der Wissenschaft.

»Ich selber bin nicht gläubig, aber ganz viele amerikanische Physiker sind überzeugte Christen. Sie wollen an den Gott ihrer Erziehung glauben, aber die Details ignorieren sie. Sonst kriegen sie entweder mit ihrem Job Schwierigkeiten oder mit ihrer Religion …«

Viele Wirtschaftsikonen aktuell erfolgreicher Konzerne haben sich spirituell anderweitig orientiert, so interessierte sich Steve Jobs zum Beispiel sehr für die Lehren des Buddhismus. Kaum fällt der Name des Apple-Gründers, ergänzt Robert das Stichwort mit einer passenden Geschichte. Seine Erzählungen könnten auch wie Mind Maps aussehen. In der Mitte ein Stichwort und tausend Geschichten drumherum. »Der rote Faden ist bei mir eher Konfetti.« In der Tat ist Robert großer Mind-Map-Fan. Manche Ideen kann man eben schneller aufs Papier kritzeln, als dafür die Evernote-App zu öffnen.

»Ich liebe diese Lederbücher von Moleskine. Das sind dieselben Bücher, die damals die ganzen Künstler, Schriftsteller und Entdecker dabeihatten, als sie auf den Forschungsschiffen umhergeschippert sind. Die Firma ist aber in den Achtzigern pleite gegangen, vermutlich wegen den Schreibmaschinen und Computern. Und so ein reicher Investor, der wahrscheinlich jahrelang nur auf Moleskine geschrieben hat und dem die Hefte ausgegangen sind, hat die Reste dann gekauft.«

Robert hat sich nicht nur in der Theorie mit allen erdenklichen Themengebieten beschäftigt. Meine Augen weiten sich sicherlich schon ungläubig, als er mir erzählt, dass er auch mal ziemlich ambitioniert verschiedene Standardtänze ausgeübt und mal so nebenbei ein eigenes Radio gegründet hat.

»Ich bin ein Riesen-Musikfan, von Klassik bis zu Techno, früher war ich in Berlin auch auf der Love-Parade. Und habe dann ein eigenes Internetradio gestartet und gesagt, ich gebe Leuten die Möglichkeit, die Musik zu spielen und zu moderieren, die sie wollen. Da war natürlich viel Elektronisches dabei, weil die Leute das daheim selbermachen können.«

Quasi auf dem Home-PC zusammengebastelt war auch das Wettbewerbskonzept, mit dem Robert und seine ersten Mitstreiter sechs Monate später ihr Teilnahmevorhaben am Google Lunar X Prize der Presse vorstellten.

»Wir hatten in weniger als drei Stunden 300 Bewerber und wahrscheinlich ebenso viele Interviewanfragen. Das hat die Leute offenbar fasziniert. Schnell hatten wir 10, 20, 40 und jetzt sind es so 70 bis 100 Mitglieder. Wir arbeiten auch mit Unis zusammen, und die Studentenklassen kommen und gehen. Die begeistert das total, weil sie im Unterricht was machen können, das wirklich Sinn hat.

In Deutschland konzentriert sich sehr viel auf Hamburg. Berlin ist natürlich organisatorisch und pressemäßig relevant.

Aber die TU Hamburg-Harburg unterstützt uns einfach sehr intensiv, und deshalb arbeiten wir mit ihnen sehr gerne und eng zusammen.

In der Raumfahrt gibt es noch ein paar Überlebende der Apollogeneration, Raumfahrtbegeisterte der ersten Stunde, die sind heute noch voll dabei, davon haben wir auch einige mit im Team. Und dann gibt es eine ziemliche Lücke, das finde ich erstaunlich. Danach kommen die aus der jetzigen Generation, also zwischen 20 und 40, die sehr interessiert sind.«

Neben den Part-Time-Scientists gibt es noch 23 andere Teilnehmer am Wettbewerb, aber Einschätzungen zufolge sind nur fünf davon ernst zu nehmen, inklusive unseres deutschen Teams.

»Für mich ist das aber sehr unabhängig vom Wettbewerb, es geht um mehr«, meint Robert, und das glaubt man ihm. Nicht nur, weil er so rundum seriös und geradlinig aussieht, sondern auch, weil er nicht unbedingt wie ein Ellenbogen-Wettkämpfer wirkt.

»Meine Priorität ist Bildung. Ich möchte die technische Infrastruktur von morgen schaffen. Bisher gibt es nur wenige Unternehmen – und die sind schweineteuer und leben oft nur von staatlicher Förderung allein. Staatliche Raumfahrt ist aber gleichzeitig ganz wichtig und sollte genauso gefördert werden, weil sie allein in die nötige Grundlagenforschung investiert. Die sagen: ›Setz dich da hin und probier was aus, wenn du die Idee hast. Und egal, ob was dabei rauskommt oder nicht, wir geben dir das Geld.‹ Das würde ein wirtschaftliches Unternehmen nie machen.

Klar, der Staat ist nicht Die Bahn und kein Taxiunternehmen, die müssen nicht dafür sorgen, dass wir als Menschheit billig ins All kommen. Das ist aber eigentlich ganz klar mein Punkt: Was fehlt zwischen heute und *Star Trek*?

In zehn oder meinetwegen 20 Jahren kann man dann vielleicht damit rechnen: Okay, wir machen jetzt halt mal 'ne Raumfahrtmission für weniger als 100 Millionen. Man wirft mit Beträgen um sich, die sind unglaublich.«

Als wir das Cum Laude hinter uns lassen, ist es längst dunkel. Wir müssen beide zur U-Bahn – Robert wohnt am Rande von Berlin in der einen Hälfte seines Elternhauses. Auf dem einstündigen Weg zur Arbeit gönnt er sich seine tägliche Lese-Auszeit. Damit auch keine Minute ungenutzt verstreicht.

»Ich habe trotzdem jeden Tag das frustrierende Gefühl, dass ich nicht genug schaffe. Ich sitze jeden Tag da und denke mir: Du musst jetzt schlafen gehen, weil es ohne Schlaf einfach nicht funktioniert. Aber eigentlich fühlt es sich immer zu wenig an. Irgendwann will ich mal so ein Level schaffen, wo ich mir denke: Das war für heute gut, du hast alles geschafft. Ich habe immer so viele Ideen oder Pläne, dass die gewöhnlichen 24 Stunden einfach nicht reichen.«

VON RUNDEN UND ECKEN

Philipp über Matti Steinmann, angehender Fußballprofi, Jahrgang 1995, Hamburg

Im Fußball gehen Aufstieg und Niedergang oft den gleichen Weg. Während in der einen Woche noch Loblieder auf einen Spieler gesungen werden, kann der Ton sich innerhalb der nächsten Woche radikal ändern und sich in einen Abgesang verwandeln. Diese krasse Wandlung ist dann aber meist dem Spieler selbst geschuldet, der sich mit abflauender Leistung in die Bredouille begibt. Es ist unumstritten, dass dieser Sport des Deutschen liebstes Gut ist, unsere Nation besteht, vor allen in Zeiten internationaler Events wie WM oder EM, aus einem Volk von 80 Millionen potenziellen Bundestrainern und das Fachsimpeln ist vielleicht nur in England gleichwertig emotional. Fußball hat unzählige Legenden hervorgebracht und legendäre Ereignisse geschaffen, die vielen näher sind als die Historie des Landes selber.

Einer der Vertreter der nächsten Generation von diskutablen Profis ist Matti Steinmann, der seit dem 14. Lebensjahr für den HSV spielt. Mein Weg zu ihm ist schon ein Abenteuer an sich, da ich leichtsinnigerweise den öffentlichen Nahverkehr nutze, um ihn in seinem derzeitigen Zuhause auf Zeit, dem HSV-Fußballinternat in Norderstedt, zu besuchen. Eine Odyssee später erreiche ich den Komplex, der in seinem verschneiten Winterkleid den Albtraum meiner ehemaligen Fußballzeit darstellt. Ich kann wieder die Taubheit meiner Zehen spüren, die ich in langen Trainingseinheiten erdulden musste, da Fußballschuhe und Winterkälte sich gegenseitig nicht wirklich ergänzen, aber da wohl nahezu jeder Junge einmal in seinem Leben selber aktiv gespielt hat, sollte ich nicht der Einzige sein, dem dieses Bild bekannt vorkommt.

Matti begrüßt mich vor der Eingangstür der Wohngemeinschaft, in der zurzeit 14 Spieler im Alter von 15 bis 18 Jahren ihre Zeit dem Training widmen, um ihren Traum vom Profi-Dasein zu verwirklichen. Auf seinem Zimmer angekommen, von dem man einen großzügigen Ausblick über die Spielfelder genießt, beginnen wir bei Wasser und Fladenbrot damit, den Werdegang von Matti näher zu beleuchten.

»Zum HSV bin ich im Sommer 2009 gekommen. Ich wurde schon mit 13 Jahren, also ein Jahr davor, bei einem Young Talents Camp gescoutet und daraufhin zum Probetraining eingeladen. Damals wollte ich aber noch gar nicht hier spielen, das habe ich dann erst im Jahr darauf entschieden.«

Matti ist ein sehr gelassener Mensch, er lässt sich zu nichts drängen und hat dieses Erfolgsprinzip bisher positiv für sich genutzt.

»2009 habe ich dann in der C-Jugend des HSV angefangen und ab der B-Jugend habe ich mit dem Fußball Geld verdient. Das ist generell so hier, jeder verdient ab dieser Klasse, aber ich nenne es eher eine Aufwandsentschädigung dafür, dass man so viel von sich hier investiert. Inzwischen spiele ich für die zweite Mannschaft des HSV in der Regionalliga Nord und das ist schon ein Unterschied zu früheren Erfahrungen«, gibt er offen zu und führt aus: »Das Trainingspensum erhöht sich dadurch sehr stark, in der Woche komme ich auf zwölf Stunden reines Training, dazu kommen vier Stunden Kadertraining, ein Spiel am Wochenende zuzüglich Abschlusstraining und dann noch privates Training in verschiedenen Bereichen wie Schnelligkeit, Ausdauer, Sprungkraft und Beweglichkeit.«

Die Anforderungen an die jungen Spieler sind sehr hoch, da bleibt neben dem Training und der Schule eigentlich kaum Zeit für Privates.

»Ich war erst noch zu Hause in Bargteheide auf der Schule, aber das Hin-und-her-Fahren war eine Qual und so habe ich letztes Jahr entschlossen, die Schule zu wechseln und hier auf das Internat zu gehen. Seitdem bin ich auf der Partnerschule des Internats in Langenhorn. Das ist auch insofern besser, als dass ich da den Stundenplan an meinem Training ausrichten kann, so habe ich beispielsweise am Dienstag nur zwei Stunden und danach Training, dafür Montag und Mittwoch jeweils zehn Stunden. Außerdem findet an der Schule der Kadersport als mein Zusatzfach statt. Bei anderen »normalen« Schülern wäre das zum Beispiel Spanisch. Da kommt dann ein Trainer des HSV an die Schule und wir trainieren da.«

Die Planung für alle diese Aktivitäten ist Sache der Spieler, Matti muss selber dafür sorgen, dass alle Termine absprachegerecht eingehalten werden.

»Ich bin seit meinem Einzug hier definitiv selbstständiger geworden, ich muss meinen ganzen eigenen Kram planen, da ist keine Mutter vor Ort, die einen aus dem Bett schmeißt, wenn man mal keine Motivation hat aufzustehen. Man muss die Sache sehr ernst nehmen, sonst ist man schnell wieder raus, denn kein Trainer schleift einen unmotivierten Spieler lange mit. Entweder man gibt alles oder man lässt es, so sehe ich das. Man muss das auch so sehen: Wenn man bei einem großen Verein spielt, dann geht es automatisch in jedem Spiel um viel Geld. Das ist schon ein Leistungsdruck, der erfüllt werden will. Dann kommen noch die Fans hinzu, die jede Schwäche unbarmherzig anmerken und dich dafür auch mal anpöbeln können, wobei das bei uns sehr jungen Spielern noch nicht so krass vorkommt, wir haben da so eine Art Bewährungszeit – doch das ist keine Entschuldigung dafür, dass man wie ein nasser Sack auf dem Spielfeld rumhängt. Denn je höher man spielt, umso mehr kochen die Medien die eigene Leistung hoch. Man muss ja nur mal in den Sportteil einer Zeitung schauen. Überall Ratings, Bewertungen und Spieleranalysen. Je eher man sich klarmacht, dass es dazugehört, ständig unter Beobachtung zu stehen, umso schneller kann man sich daran gewöhnen.«

Eine andere Form der Beobachtung seiner selbst ist von virtueller Gestalt. Bei dem FIFA-Konsolenspiel kann man Matti als Spieler in seinen Kader holen, er ist bei Fußballmanager-Spielen wählbar, zählt also schon fest zur Welt dieses Sports.

»Das war anfangs natürlich voll witzig und ich hab immer mit mir selber gespielt und es gefeiert, aber meine Stats sind einfach zu schlecht in dem Spiel. Ich bin megalangsam und meine Annahmestärke ist schwindend gering«, spielt er diesen Umstand seiner öffentlichen Erscheinung herunter. »Ich habe auch keine wirkliche feste Fangemeinde, Insider-Fans wissen mit meinem Namen etwas anzufangen und die Leute aus meinem Umfeld vor der HSV-Zeit natürlich auch, doch zum Fanclub ist es wohl noch ein großer Schritt. Das ist mir aber akut auch nicht wirklich wichtig, solange mein Trainer mein Fan ist, denn dessen Einstellung mir gegenüber ist da viel relevanter für mich als die von ein paar liebestrunkenen Fans.«

Allgemein empfindet er den Medienrummel um die großen Fußballstars als viel zu persönlich, manchmal tun sie ihm sogar leid. »Klar, jeder Sportfan informiert sich gerne über seine Lieblingsspieler, aber was Trennungsgerüchte und Privatsachen damit zu tun haben, das ist mir schleierhaft. Dieses Rumstöbern im privaten Leben ist mir eine Nummer zu krass und hat ja auch nichts mit dem eigentlichen sportlichen Sinn des Spielers zu tun.«

Sportlich ist Matti schon etwas rumgekommen, war mit der U16-Nationalmannschaft in Italien und auf Zypern und überlegt, ob er sich nach seiner Zeit im HSV-Internat auf ein Auslandsstipendium bewirbt. »Im Internat hier bleibt man nur bis zum Ausscheiden aus der A-Jugend, was für mich bedeutet, dass ich noch ein gutes Jahr hier verbringe, bevor ich weitersehen muss. Wenn ich meine Leistung so weit steigern kann, dass ich im Kader bleiben kann, dann mach ich das natürlich. Wenn meine Zeit nicht seit dem 14. Lebensjahr dem Fußball gehören würde, dann hätte ich schon längst ein Work-and-Travel-Jahr gemacht, weil jeder einem immer erzählt, wie geil es ist, und diese Erfahrung möchte ich auch gerne machen. Die Sprache lernen, andere Kulturen und Sitten kennenlernen, mal was anderes machen. Denn wie schon gesagt, für ein wirkliches ausgiebiges Privatleben habe ich keine Zeit, feiern gehen am Wochenende geht meistens nicht, da man samstags Training hat, und da verkatert aufzulaufen wäre sportlicher Selbstmord. Die Gesundheit ist im Sport alles und die wird hier auch so stark gefördert, dass ein Gegenangehen in dieser Form fast schon wie Verrat gegenüber dem Verein anmutet.«

Der DFB schickt in regelmäßigen Abständen seine Sportmediziner ins Internat, damit sie in ausführlichen Untersuchungen feststellen, ob der Nachwuchs sich vernünftig und den Anforderungen entsprechend entwickelt.

»Fußball wird immer komplexer, und so verschieben sich auch die Anforderungs- und Trainingsschwerpunkte. Das Training wird immer gezielter, es wird mit medizinischen Daten gearbeitet, wir werden von allen möglichen Ärzten wie Kardiologen und Sporttherapeuten untersucht, damit sichergestellt ist, dass wir das intensive Training auch packen.«

Das geht so weit, dass auch die Ernährung der Spieler gezielter gelenkt wird und abends Aufpasser dafür sorgen, dass niemand was anstellt.

»Es gibt zum Frühstück nur dunkles Brot und abends keinen Toast mehr, weil Kohlenhydrate vor dem Schlafen schädlich sind. Aber ich muss auch sagen, dass ich bisher keine Krankheiten oder Wehwehchen zu beklagen habe, insofern macht das schon Sinn, uns nicht wahllos alles essen zu lassen. Wie gesagt: ganz oder gar nicht.«

Auch von Verletzungen, abgesehen von einer sich mal hier und da auskugelnden Schulter, ist Matti bisher verschont geblieben, und die einzige Bedrohung in seinem Umfeld sind die alkoholisierten Fans von anderen Mannschaften, die schon mal den ein oder anderen dummen Spruch loslassen.

»Das war an einem Sonntag und wir hatten das Spiel gewonnen. Da kam dann eine Gruppe von besoffenen Fans – um 14 Uhr am Sonntag eine klare Meisterleistung – zu mir an und fing an, mich anzupöbeln. Das kommt immer mal wieder vor, im Fußball gibt es eben viele nicht so helle Gestalten, die sich unter Einfluss von Alkohol in komplette Vollidioten verwandeln. Aber da muss man ruhig bleiben, zurückpöbeln geht auf meinem Level nicht klar, da würde ich mir wohl ins eigene Fleisch schneiden und eine Geldstrafe kassieren.«

Wie man an Mattis Ausführungen deutlich erkennen kann, ist die Entscheidung, zum Vollzeitfußballer zu werden, eine, die man vorher durchdenken sollte, da man sich zu 100 Prozent reinhängen muss, um wirklich erfolgreich zu werden. »Disziplin« ist das vorherrschende Mantra, und durch die große Zahl von Talenten ist man, so brutal es klingt, sehr schnell austauschbar. Es ist ein ganz eigener Lebensstil, der unter dem Gesichtspunkt Gesundheit wohl bekömmlicher ist, als nur Fan zu bleiben, sich in der Südkurve die Dröhnung zu geben und die Stimmbänder mit Hasstiraden und/oder Lobesliedern zu versauen. Auch kann man als Langschläfer wohl kaum mit den teilweise saufrühen Weckzeiten umgehen, vor allem im Trainingslager, wo man eigentlich 24 Stunden trainiert und sogar im Schlaf noch die letzten Feinheiten der Manndeckung ausjustiert.

Aus meiner Zeit als Torwart der E-Jugend kann ich mich noch lebhaft an einen Kassettenrecorder erinnern, den mein Vater zu jedem Spiel mitbrachte und aus dem nach einem Sieg dann *We Are The Champions* von Queen plärrte. Fußball ist eine Philosophie, die von Fans und Spielern wohl etwas unterschiedlich aufgefasst wird – doch im Grunde trifft man sich in der Mitte beim Wettbewerbsgedanken. Und wenn es so weit ist, dass die ersten Matti-Steinmann-Plakate die Stadienränge der Nation säumen, sein Privatleben von *Bild* und Co. analysiert wird, die Beckmänner und Netzers der Zukunft sich über ihn in die Haare kriegen und er ausgelaugt in Interviews am Spielfeldrand zutiefst philosophische Weisheiten à la Oliver Kahn raushaut, dann wird er trotzdem noch der Matti von heute sei, der weiß, wie man einem Ziel erfolgreich nachjagt.

7. PORTRÄT: ETNIK ZARARI

EIN AKUSTISCHER ARCHITEKT

Katharina über Etnik Zarari, DJ & Produzent, Jahrgang 1992, Hamburg

Und aus dem Nebel steigt ein tiefes Grollen empor, kratzt an den Wänden entlang und rollt über den Boden. Das Donnern der Dunkelheit und die Zeitgeister pressen sich in diesen Raum, und während alles wummert und wabert und alle ihre Arme in die Luft strecken, wird der Sound ganz klar, ganz rein. Fast hat es etwas Unschuldiges an sich, wäre da nicht diese zarte Finsternis in jedem Ton. Endlich hat man gefunden, was man eben sucht, wenn man sich die Nächte um die Ohren schlägt. Vergessen ist der andere Club, in den man noch stolpern wollte. Und blickt man nach oben, zum Ursprung dieser Freiheit, begegnen einem ein paar dunkle Augen, die durch Zigarettenrauch nach unten blitzen. Jetzt kann man die Kontrolle abgeben, sich im nächsten und im übernächsten Track verlieren. Denn dieser Blick sagt: Vertrau mir, ich weiß, was ich tue.

Für ein paar Melodien ist man ganz da, angekommen im Moment.

Ein paar Stunden zuvor begegnen wir diesem Blick zum ersten Mal in einer Bar am Rande des Kiezes. Technokünstler Etnik erscheint konzeptkonform ganz in Schwarz. Vielleicht wirkt der 20-Jährige auch deshalb irgendwie alterslos. Der Undercut und der dünne Oberlippenbart würden bei einem seiner Zuhörer vielleicht wie Hipster-Accessoires aussehen, bei ihm prägt die Erscheinung den Wiedererkennungswert. Nach seinem Debütgig im berühmt-berüchtigten Baalsaal in Hamburg dauerte es nicht lange, bis zunächst Warner Music und dann LaserLaserManagement auf ihn aufmerksam wurden.

»Ich war in meinem Freundeskreis der Einzige, der sich mit Techno beschäftigt hat. Die anderen standen eher auf R 'n' B und Hip-Hop. Mit 14 habe ich mich damit näher auseinandergesetzt und mich gefragt: Wie kann man den PC als Instrument benutzen, wie kann man ihn so bedienen, dass da so ein Sound rauskommt? Ich hab Bücher gelesen und mir neue Techniken angeeignet. Von Anfang an bis jetzt arbeite ich mit dem Music Sequenzer Abelton Live. Ein erstes Konzept für meine Musik ist 2009 entstanden, als ich 16 war, da habe ich mir A-cappella-Sounds von Tiga heruntergeladen, der ist bei Turbo Recordings und auf jeden Fall ein krasses Idol. Am Anfang lernt man ja ganz viel durch Imitieren. Ich fand diesen Style genial.

Nachdem ich an den ersten vollständigen Tracks gearbeitet hatte, habe ich einfach mal rausgehauen. Und dann kam das Feedback durch die Freunde und das Endprodukt hat sich sehr schnell im Internet verbreitet. Das ist ja das Interessante an unserer Generation: Man kann innerhalb einer Woche 'ne Größe sein, im Internet.

Ich setze sehr drauf, vieles im Internet zu verbreiten und schnell aktualisiert und up to date zu sein. Vor ein paar Monaten hat Skrillex mein Lied auf seiner Seite hochgeladen. Es ist so faszinierend, dass du in deinem Vorort von Hamburg was ins Netz sendest und das bei dem größten Dubstep-Produzenten wieder rauskommt. Man hat heute zu Hause die Möglichkeiten, die man vor 20 Jahren im großen Studio hatte.«

Seine Stimme ist ziemlich angenehm, der Ausdruck und der weiche, aber bestimmte Ton passen gut zu seiner dynamisch-dunklen Optik. Weil Etnik anschließend noch kurz zu einem Abendessen mit der Plattenfirma muss, sind Sarah und Lana vom Management dabei. Während Phil sich schon mal sanft für seinen Geburtstag um Mitternacht warmtrinkt, feiert Etnik heute den Jahrestag seines Plattenvertrags. Seine eigenen ersten Platten hatte er von seinem großen Bruder zu hören bekommen, Dr. Dre, Snoop Dog, den ganzen geilen Scheiß aus der Zeit um die Jahrtausendwende eben.

»Das erste bewusste Lied, nach dem ich gesucht habe und das ich auch wirklich mit dem Videorekorder aufgenommen hab, um es mir jeden Tag anzuhören, war von White Town *I Could Never Be Your Woman*.«

Mich deprimieren Leute immer, die schon so früh guten Musikgeschmack hatten. Von meinen frühpubertären Soundentgleisungen traue ich mich nicht mal, hier zu schreiben. Bezeichnend für Etnik ist zudem, dass das Video zu *I Could Never Be Your Woman* eine klassiche Optik in Stummfilmästhetik aufweist, die durchaus mit Etniks aktuellem Stil zusammenpasst.

Bis hin zum Logo ist alles durchdacht und auf einer gesamtkonzeptionellen Ebene. Im Original ist das N in seinem Namen spiegelverkehrt, und von links oben nach rechts unten zieht sich blasser Zigarettenrauch durch den Buchstaben.

»Wenn man das N öfter mal wiederholt und hintereinanderlegt, dann gibt es eine Sawtooth-Wave. Und diese Sägezahnwellenform benutze ich bei jedem Track. So was finde ich sehr spannend, wenn sich der Künstler mehr Gedanken über das Gesamtkonzept macht, als nur für einen einzelnen Track. Das N sieht ja zunächst ziemlich minimalistisch aus. Aber wenn man bei meinen Tracks genau hinhört, dann bemerkt man, dass es doch noch ein bisschen kratzt, dass der Sound noch ein bisschen dirty ist. Deshalb der

Rauch. Und das Weiß wechselt sich mit dem Schwarz ab.

Obwohl ich nach wie vor alles selber mache, bin ich sehr offen für alle Inspirationen und die Ideen anderer. Ich bin ein sehr großer Fan von Klamotten. Würde auch gerne mal für einen Werbespot Musik machen, wenn der zu mir passt.

Aber wer auch immer mal mit mir zusammenarbeiten würde, der müsste sich schon auf meine Linie begeben. Parallel zur Musik habe ich mein Image kreiert. Ich bin kein Freund von tagtäglicher Veränderung. Ich mag das halt, wenn ein Künstler Wiedererkennungswert hat.«

Wir mögen das auch, sehr sogar, finden aber auch sympathisch, dass er nicht starr in seinem Rollenmuster bleiben muss. So quatschen wir auch über allerhand Abseitiges, erfahren unter anderem, dass er gerne Paintball spielt, nicht zur Sorte der übermäßig melancholischen Künstler gehört und auch ein paar zweifelhafte Songs auf den vorderen Plätzen seiner Hitliste abfeiert, wie zum Beispiel *Eins, zwei, Polizei* von Mo-Do. Als ein junges Mädchen an unserem Tisch vorbeikommt, um uns gegen eine E-Mail-Adresse ein Probepäckchen Vogue zu schenken, ist er sofort dabei. Phil hingegen ziert sich noch etwas, weil er sich von den langen, dünnen Zigaretten in seinem Männlichkeitsbild bedroht fühlt. Zeit für tausend andere Hobbys ist aber nicht mehr, denn neben der Schule will man seinen Sound natürlich auch aktiv abfeiern lassen. Besonders interessant war eine kleine Australientour: »Wir waren eineinhalb Wochen dort, und es ist schon ein krasser Kontrast. Die Leute dort feiern noch länger, die gehen noch ein bisschen mehr ab. Sie sind in den Metropolen so voller Euphorie, gucken auf den Künstler und geben einfach alles. Privat mag ich Hamburg sehr, wegen der Lage und der familiären Atmosphäre, aber ich fände es natürlich sehr spannend, die ganze Welt zu bereisen.«

Darauf muss er aber noch ein bisschen warten, denn – da war ich selber jahrelang leidgeplagt – die deutsche Schulpflicht nimmt einem einiges an Flexibilität und Freiheit, wie jeder bürokratische Apparat.

»Ich denke schon drüber nach, vielleicht ein klassisches Album rauszubringen, mit 14 Tracks, wie man das eben so kennt. Aber dafür bräuchte man 50 vollkommen fertig aufgenommene Titel, um daraus dann die besten auszuwählen – und dann noch touren … Das ist schon ein unglaublicher Aufwand!

Ich bin zwar großer Fan des Digitalen, aber es ist auch reizvoll, physisch noch was in der Hand zu haben. Einen USB-Stick zu verkaufen, das könnte ich mir auch gut vorstellen. Das muss ich aber auf die Zeit nach dem Abi verschieben.

Für mich war es seit der achten oder neunten Klasse so, dass die Musik Vorrang hatte. Die Schule läuft zwar gut nebenher, aber wenn ich Bücher über Musik lese, ist das ein euphorisches Lernen, das empfinde ich dann als wertvoll. Die Technik spielt eine große Rolle, man lernt nie aus, und es kommt immer Neues hinzu. Schule liefert 'ne Allgemeinbildung, ich empfinde das als nötiges Pflichtprogramm. Die individuelle Weiterbildung muss sich dann jeder selber organisieren.

Ich würde im Anschluss an mein Abi jetzt ganz gerne Musik studieren, oder Tontechnik.«

Seine große Leidenschaft für die akkuraten Vorgänge dieser neuen, eleganten Techno-Musik, die nichts mehr mit dem ordinären, aufdringlichen Paraden-Trash von Scooter zu tun hat, zeigt sich auch in seinem eigenen Feierverhalten. Als wir schnell eine der Vogues rauchen gehen, erzählt er uns, dass er bei Techno-Sets anderer Künstler und natürlich beim eigenen Business eher Wasser statt Wodka wählt.

»Es ist viel besser für mich persönlich, mir bewusst die Momente zu merken, als dann verträumt im Partysuff alles zu verpassen und sich dann Sorgen zu machen, wie man nach Hause kommt.«

Auch Lana vom Management bemerkt, dass er da ganz anders sei als viele Künstler seiner Altersklasse: »Wenn wir einen neuen Künstler haben, dann macht man so ein Kennenlernen. Man geht was essen und redet und geht anschließend feiern, weil's danach einfach viel lockerer ist. Man muss ja sehr eng zusammenarbeiten, und es sollte schnell gehen, dass man so eine Vertrauensbasis hat. Und ein bewährtes Konzept, um da hinzukommen, ist halt, einmal trinken zu gehen. Um einen lustigen Abend zu haben, wo man dann am nächsten Tag lacht: ›Oh Gott, und weißt du noch, wie ich gestern Nacht rückwärts von der Bank gefallen bin!?‹ Und das hat mit Etnik überhaupt nicht funktioniert. Aber das hat uns super gepasst, weil ich und mein Chef eh total müde waren und uns schon dachten: Ojeoje, wir müssen jetzt die Entertainer spielen und die harte Partytour machen. Es war dann total super, dass wir den ganzen Abend nur im Wohnzimmer saßen und Platten gehört haben.«

Ein bisschen paradox ist das schon, immerhin bespaßt Etnik da Nacht für Nacht Clubs voller feierwütiger Menschen, die teilweise drauf oder immerhin ziemlich angetrunken sind.

»Es ist für mich überhaupt nicht merkwürdig, weil ich sie dann bei vollem Bewusstsein bewundern und aufgreifen kann. Wenn man auch nur ein Glas zu viel hat, verkackt man beim Auflegen, und das wäre dann auf Dauer ziemlich von Nachteil.«

Auch wenn sich Phil und er noch ein paar Stunden in mir schwer verständlicher Schwärmerei über Musikproduktion ergehen könnten, ist die Zeit schon wieder verflogen. Es ist gerade Reeperbahnfestival im Hamburg, und man müsste sich eigentlich beamen lassen können, um überall pünktlich vorbeizuschauen.

Ein paar Stunden, zwei Burger und etliche wirre Dialoge später tanzen wir im Neidclub zu Etniks epischem Sound. Er steht oben auf dem Pult wie ein Prediger auf seiner Kanzel. In seinem Mundwinkel hängt gelegentlich eine weiße Vogue.

Während wir beim Abschied schon ziemlich kaputtgefeiert aussehen, strahlt Etnik immer noch wie frisch aus der Verpackung. Als wir unsere Jacken bei der Garderobe abholen, fragen wir ein glücklich strahlendes Mädchen, ob sie denn wisse, wer da auflegt: »Keine Ahnung, aber der DJ ist sauheiß!«

VOM GELEHRTEN ZUM LEHRER

Philipp über Jakob Krüger, Hip-Hop-Produzent,
Jahrgang 1982, Bargteheide

Das Los des Produzenten ist oft das des Mannes im Hintergrund. Diese Stellung war für Jakob auch immer absolut okay, er musste sich nicht in Videos in den Vordergrund drängeln oder überall sein Gesicht draufdrucken lassen, um sich respektiert und in seiner Arbeit befürwortet zu fühlen. Er ist schon lange im Geschäft, hat viel Gutes und Schlechtes gesehen und verkörpert noch immer den alten Geist des Hip-Hop, indem man kein Star sein wollte, sondern gute Musik ablieferte, um sich im Business zu behaupten.

Ich treffe den – wie ich – aus Bargteheide stammenden Jakob im Café Remember, dem Ort, der mit seiner großen Bildervielfalt von Legenden wie Dean über Presley bis zu Monroe und vielen mehr an der Wand prädestiniert ist, um dort über Musikgeschichte zu fachsimpeln und sich vom Geist der Vorgängerlegenden beflügeln zu lassen. Als wir dann also Cappuccino trinkend an einem Ecktisch sitzen, macht Jakob sich daran, mir seine Geschichte darzulegen:

»Hip-Hop kam zu mir durchs Basketballspielen, als ich ein Teenie war, weil das damals einfach dazugehörte. Diese beiden Kulturen waren unzertrennlich. Ich war da schon interessiert daran, Musik selber zu machen, aber keinen Rock oder Pop, sondern immer schon Hip-Hop. Meine große Schwester hat mir eines Tages von einem Synthesizer erzählt, mit dem man

Instrumente nachbauen und mehrspurig aufnehmen kann – also Piano, Saxofon, Schlagzeug, eigentlich so ziemlich alles, was man für einen Beat braucht. Den habe ich dann eines schönen Tages zu Weihnachten bekommen und da fing die wilde Reise an«, grinst er breit und schwelgt weiter in Erinnerungen.

Doch gab es für den gerade aufblühenden Jakob dann im Alter von 15 Jahren einen herben Rückschlag, als sein Vater, Kunstlehrer am Gymnasium, an Krebs starb.

»Da ist für mich die Welt zusammengebrochen, ich wurde auf der Schule immer schlechter, hab nur noch Sechsen geschrieben, musste die zehnte Klasse drei Mal machen – zweimal auf dem Gymnasium, bis die nix mehr für mich tun konnten, dann musste ich auf die Realschule, was auch nur ging, weil meine Mutter auch Lehrerin war und den Schulleiter so lange bequatscht hat, bis er Ja gesagt hat. Auf der Realschule habe ich dann die ersten Hip-Hop-Leute zusammengesammelt«, erinnert er sich an seine Anfänge.

»Es gab im Ort immer Sessions von älteren Leuten, die sich trafen, auflegten und dazu rappten und freestylten. Weil das megacool war und alle mindestens drei Jahre älter waren als ich, war ich da anfangs immer nur der Kleine, der vom Rand zugeschaut hat. Das ist wohl auch ein großer Unterschied zu heute, denn damals hatte man vor den Älteren noch gehörig Respekt und Frechwerden war nicht drin. Irgendwie – ich glaube durch meinen großen Bruder – erfuhr einer der Jungs von meinem Synthesizer. Er hat ihn sich dann ausgeliehen – erst ohne mich, da er dachte, damit besser klarzukommen als ich, doch war das Ding echt schwierig zu bedienen und hatte nur ein kleines Display. Um damit einen Beat zu fabrizieren, musste man sich damit schon echt gut auskennen. Ja, so wurde ich dann hinzugeholt, mit wackligen Knien, weil ich auf einmal zu den Sessions eingeladen wurde, wo sonst niemand aus meiner Altersklasse Zutritt hatte. Und von da an war ich dann eigentlich immer dabei.«

Aus dem kleinen Nebenbeisteher wurde ein angesehenes Mitglied der Crew, der mit seinen Fähigkeiten im Arrangieren von Beats alle beeindruckte. So wurden die Sessions immer größer und besser, und erste Produktionen ließen nicht lange auf sich warten.

»Wir nahmen recht zügig eine CD mit King Löhrm aus Bargteheide auf. Er hatte bei den ersten Deutschen Beatbox-Meisterschaften den zweiten Platz gemacht, und dieses Event ist für alle Ewigkeiten niedergeschrieben in den Geschichtsbüchern der Stadt!«, fährt er verschmitzt lächelnd fort mit der bisher abenteuerlichen Geschichte seines Lebens. »Diese CD verkaufte sich damals dann fünfhundertmal, und wir alle waren natürlich stolz wie Lumpi. Mit den Bargteheider Leuten hörte es aber auch irgendwann auf, weil die sich nicht unbedingt komplett auf Musik konzentriert haben. Von da an suchte ich dann nach Weiterbildungsmöglichkeiten.«

Da sein Vater ihm etwas Geld vererbt hatte, beschloss Jakob dann im Alter von 20, auf die SAE in Hamburg zu gehen, um mehr über die Hintergründe und Feinheiten des Produzierens zu lernen.

»Ich hab zuerst den Tontechnikerkurs belegt, das war mir dann zu technisch, und so wechselte ich zum EMP-Kurs, Electronic Music Producer. Da ging es mehr um das Produzieren an sich als um technische Spielereien, und da habe ich auch die besten Tipps bekommen. Es kommt dann beispielsweise mal ein Produzent vorbei und zeigt das Arrangement eines Songs, der tatsächlich mal rausgekommen ist, und das ist natürlich was anderes, als wenn dir ein Kollege irgendwas vorspielt.

Man fragt sich ja immer, was die im Radio laufen haben, was ich nicht habe. Und da wurde mir dann klar, dass das alles auf krasses Mastering zurückzuführen ist. Lil' John zum Beispiel hat meistens voll die billigen Beats, aber eben krank gut gemastert und auf einmal klingen die super.«

Da die beste Eigenart dieser Musikschulen die Vielfalt an Musikverrückten ist, lernte Jakob hier schnell Gleichgesinnte kennen, die in der Hamburger Hip-Hop-Szene Bekannte und Kontakte hatten. Über diese verteilte er CDs mit Beats an verschiedene kleine Labels, und ein paar Parteien wollten daraufhin mit ihm zusammenarbeiten.

»Es war allerdings so, dass alle sich noch in der Aufbauphase befanden und mir keine Garantie dafür geben konnten, dass da irgendwann mal Geld für mich rumkommt. Da ich inzwischen 22 war und mich echt entscheiden musste, ob ich das als Job machen wollte, sagte ich einem Label in Jenfeld zu, bei dem Gangster Rap produziert wurde. Da lernte ich viel übers Produzieren, wurde Stammproducer, doch menschlich war das sehr schwierig, zu viele verschiedene Meinungen und Standpunkte. Kurz bevor es mit dem Label zu Ende ging, bekamen wir durch eine dieser typischen Um-zehn-Ecken-Beziehungen die Möglichkeit, den Soundtrack für den Film *Chico* zu produzieren. Das war eine spannende Arbeit, und wir haben von allen Beteiligten am Film, einschließlich Moritz Bleibtreu, unerwartet viel Lob und Preis dafür erhalten. Wir dachten halt, die erwähnen uns, wenn überhaupt, in so einem kleinen Satz, aber die waren echt super dankbar und korrekt, was das anging.«

Höhenflüge enden ja leider oft und schneller, als einem lieb ist, in Bruchlandungen, und so ging es auch mit dem Label in Jenfeld plötzlich zu Ende: Auf einen Schlag war Jakob arbeitslos.

»Eines Tages war das Label einfach geschlossen. Jetzt standen wir alle blöd da und wussten nicht weiter, und da habe ich dann vorgeschlagen, dass einfach alle von jetzt an in mein Studio in Bargteheide kommen, welches ich mir mithilfe von erfahrenen Technikerfreunden eingerichtet hatte. Man konnte dort also auch professionell produzieren, und so hat das Chaos dann angefangen: Auf einen Schlag hingen die zwielichtigen Gestalten, die man eben aus den Deutsch-Rap-Videos kennt, bei mir zu Hause rum.«

Da Jakob jetzt auf einmal Studioboss war, konnte er seine eigene Arbeitsweise festlegen und näher mit den Interpreten zusammenarbeiten, indem er die Rapper auch in die Beatgestaltung miteinbezog. So kam er bis heute auf eine gigantische Zahl von produzierten Liedern, die irgendwo »zwischen 1.000 und 2.000« liegt und aufgrund derer er überzeugt ist, dass er eigentlich schon weiter sein müsste, als er es bisher ist.

»Es ist aber auch einfach so in der Musik, dass du doppelt und dreifach reinstecken musst, damit du etwas rausbekommst.

Es ist ein harter Weg, als Produzent bist du nämlich nicht derjenige, der die Kohle scheffelt, außer natürlich du machst Radio, da ist das schon einfacher. Doch ich krieg dann beispielsweise pro verkaufter CD 50 Cent, und das war's. Die Beteiligung war manchmal echt schlecht, und so ist mein Plan für zukünftige Projekte auch, dass ich selber für die Pressung verantwortlich sein will, einfach weil ich dann 50 bis 10 Prozent der Einnahmen bekomme. Ich bin ein gerechter Typ und gönne jedem seinen Anteil, doch Unterbezahlung ist eines der größten Probleme. Das ist sowieso einer der wichtigsten Ratschläge: Pass immer bis zur allerletzten Sekunde auf dein Projekt auf, damit du nicht verarscht wirst! Auch wenn viele Leute in der Rapszene sich gegenseitig behandeln wie kleine pubertierende Mädchen, sind sie, wenn es um Geld geht, hellwach und skrupellos.«

So schweifen wir ab in eine Diskussion über den Einfluss, den der Gangster Rap auf die Jugend hat, und kommen zu interessanten Ergebnissen, an denen man wieder erkennen kann, dass Jakob einfach schon von Anfang an in der Szene unterwegs ist.

»Ich für meinen Geschmack denke, dass viele Rapper gar keine Lust mehr haben, so hart und stumpf zu rappen, weil sie sehen, wie sehr das die Kids verblödet. Das ist meiner Meinung nach auch das größte Problem daran: diese Verrohung, zu der die Musik führt. Die meisten Kids, die jetzt diese Musik hören, sind keineswegs auch nur einen Hauch kriminell, aber es besteht die Chance, dass sie es werden, um diesem Image gerecht zu werden. Insofern hat das schon negative Auswirkungen auf die Kids heute, doch auch die werden immer fixer und merken, dass vieles nur gut gefilmt und geschnitten ist und nur deshalb so authentisch wirkt. Aber ich glaube trotzdem, dass es diese Art des Raps immer geben wird.«

Sein Plan für die nächsten Jahre sieht jedoch vor, auch außerhalb des Raps zu produzieren, einfach aus Interesse und aus dem persönlichen Willen, etwas Neues zu machen.

»Ich habe eine sehr turbulente, aber gute Zeit gehabt, vor allem bei der Arbeit mit den 187ers und Charnell, die mir viel Loyalität entgegenbrachten und durch die der Name Jambeatz erst öffentlich wurde, weil sie ihn immer als Lückenfüller in ihren Tracks benutzten. Die Videos von ihrem YouTube-Channel haben an die 20 Millionen Views, ich habe es im Rating der besten deutschen Producer von *rap.de* auf Platz sechs gebracht und bin darauf natürlich sehr stolz. Doch inzwischen bin ich auch sehr an anderen Stilen und Musikarten interessiert, will mich breiter aufstellen und Neues ausprobieren.«

Zum Abschluss gibt er noch ein paar wichtige Ratschläge, die sich angehende Produzenten zu Herzen nehmen sollten, um in dem dichten Dschungel der Musikbranche nicht den Anschluss zu verlieren.

»Die wichtigsten Eigenarten des Producers sind Flexibilität und Spontanei-

tät, da man nie weiß, was sich ein Künstler wieder einfallen lassen hat, um seinen Track seiner Meinung nach zu verbessern. Der Unterschied zwischen Beatmaker und Producer ist, dass der Producer die künstlerische Leitung des Projekts innehat und sich auch mal gegen die Entscheidung eines Künstlers durchsetzen muss, wenn diese die Qualität der Aufnahme verschlechtern würde. Außerdem ist es nie von Nachteil, einen Crossover-Musikgeschmack zu haben, da man so aus vielen verschiedenen Einflüssen schöpfen kann – das hilft bei der Konzipierung neuer Lieder enorm. Es ist darüber hinaus ein 50/50-Mix aus Scheißefressen und Durchboxen, dessen man sich bewusst sein sollte, bevor man sich für diesen Job entscheidet. Auch gesundheitlich gesehen ist das ständige Drinnenhocken und Laut-Musik-Hören nicht gut, ich selber hatte auch schon einen Tinnitus und mache inzwischen regelmäßig Sport, um meinem körperlichen Verfall entgegenzuwirken. Also, lange Rede, kurzer Sinn: Man sollte immer anspruchsvoll sich selbst gegenüber sein, bereit sein, ins Leere zu arbeiten, und eine gehörige Portion Sozialkompetenz besitzen, um den Raubtierdompteur spielen zu können, wenn es mal darauf ankommt. Künstler sind Künstler, egal in welchem Genre, sie sind alle speziell, das muss man sich verbildlichen!«

Jakob hat in seinem Produzentenleben so einiges erlebt und daraus die Energie gezogen, die ihn bis heute antreibt. Dabei ergeben sich immer wieder schicksalhafte Momente wie der, der ihn zu seinem zukünftigen Projekt gebracht hat. Bei der Zusammenarbeit mit dem Braunschweiger Rapper Carlos erfuhr Jakob, dass dieser im Rahmen des Goethe-Instituts als Rap-Lehrer Projekte mit Kindern aus sozialen Brennpunkten in Braunschweig und Ecuador veranstaltet. Jakob hat jetzt von ihm das Angebot bekommen, das Gleiche mit Beats zu machen.

»So könnte ich den Kreislauf schließen und wie mein Vater als Lehrer dafür sorgen, dass in Kindern kreative Energie geweckt wird, welche die negativen Gedanken und Sorgen aus ihnen herausleitet.«

Man könnte ihn als einen aktiven Träumer beschreiben, der seine Gedankenspiele nicht nur für sich nutzt, sondern – davon befeuert – besonnen in die eigene Zukunft schreitet. Dass der Klangfarbengeber des deutschen Gangster Rap so eine weise Seele ist und mit so viel Demut an sein Leben herangeht, das hätte wohl niemand vermutet. So besteht er auch darauf, seiner Familie für alle ihm zugetragene Unterstützung zu danken, ohne die er, wie er es formuliert, nicht da wäre, wo er heute ist. Und wer weiß, vielleicht hängt eines Tages in einem zukünftigen Remember das Bild eines in Würde ergrauten Jakob Krügers. Verdient hat er es allemal.

EIN FEINSCHMECKERFINALE

Katharina über Sören Anders, Koch, Jahrgang 1985, Karlsruhe

Mal abgesehen von meinem nicht vorhandenen Führerschein erwähnen meine Freunde und Familienmitglieder im Zusammenhang mit meiner angeblichen Überlebensunfähigkeit gerne meine ausbleibenden Kochkünste. Meine generelle Ungeduld ist legendär, bei mir muss es vor allem schnell auf dem Teller sein, weshalb ich zu später Stunde gerne euphorisierte Reden auf McDonald's und den Dönermann um die Ecke schwinge. Doch bei hellwachem Bewusstsein plagt mich das schlechte Gewissen wegen den leidenden Geschöpfen aus Massentierhaltung und anderen ökologischen und gesundheitlichen Bedenken. Zudem überfällt mich der Ekel angesichts meiner langsam verkümmernden Geschmacksnerven. In den letzten Monaten entdeckte ich deshalb die Vorzüge der zeitaufwendigen, umweltfreundlichen und liebevollen Küche meiner Mutter und anderen guten Seelen wie Philipp, die mich mit ihren Künsten am Herd verzauberten.

Einige Jünglinge aus der Gourmetszene haben in den vergangenen Monaten geschmacklich ins Schwarze getroffen. Kaum verständlich, dass diese Alltagskunst von den meisten nicht als kreative Arbeit betrachtet wird. Dabei spricht die perfekte Menü-Komposition beinahe alle Sinne an. Ein Beispiel: Wir betrachten die Dekoration süßer Petit Fours mit stillem Entzücken, nehmen ihren feinen Duft über die Nase auf, fühlen sie danach in unseren Händen und ertasten die Textur des Essens mit unseren Lippen, noch bevor unsere Zunge den Geschmack umschließt und wir das zarte Zersplittern des Zuckergusses hören.

Kochkünstler können uns auch verwirren, indem sie beispielsweise einem vertrauten Gericht eine unerwartete Lebensmittelfärbung verleihen. Sie können uns in andere Länder entführen, indem sie seltene Zutaten aus fernen Kontinenten beimischen. Oder sie servieren die perfekte Version eines Klassikers, der Erinnerungen weckt und Traditionen bekräftigt.

Ein schönes Restaurant mit exzellenter Küche bietet den perfekten Rahmen für besondere Anlässe in unser aller Leben. Natürlich gibt es unzählige brillante Köche und originelle Restaurants in Deutschland. Aber um wenigstens exemplarisch all die genialen Kochkünstler zu würdigen, die unseren Festen einen passenden Rahmen verleihen, haben wir den aktuell jüngsten Gourmetkoch der Nation, Sören Anders, in seinem kulinarischen Reich in Karlsruhe getroffen. Ich schnappe ihn mir quasi vom Herd weg, und während nebenan im Turmberg der ganz normale Tagesbetrieb läuft, unterhalten wir uns im separaten Anders Superior, das Baby von Sören. Ein Restaurant, das für die Abendstunden geöffnet ist und bereits nach ein paar Wochen Laufzeit mit einem Stern ausgezeichnet wurde. Das Ganze ist unfassbar idyllisch auf einem Berg gelegen, während des Schmauses kann man sich beinahe der Illusion hingeben, ein Burgherr zu sein, der seine Ländereien überblickt. Und während im Turmberg das Regionale durch den Weitblick auf Pfalz und Elsass mit traditioneller Küche bedient wird, tobt Sören sich im Superior etwas freier aus.

Bereits der Taxifahrer, der mich den Berg hinaufgebracht hatte, merkte zur Adresse an: »Ah, da kann man gut essen!«

In Karlsruhe ist er längst bekannt, auch durch diverse Kooperationen mit lokalen Fernsehsendern. Aber wer mit 27 schon den Grundstein für ein eigenes Restaurant-Imperium gelegt hat, der wird bestimmt auch bald in anderen Regionen

von sich reden machen. Sein Team ist mit Mitte 20 ebenfalls noch ziemlich jung.

»Die Mitarbeiter sind immer das Kapital. Es ist ja jedem klar, dass ich nicht jedes Essen eigenhändig kochen und servieren kann. Meine Arbeit besteht in der Ideenfindung, im Experimentieren und in der Konzeption und dem Überblick!«

Weil aber ohne zufriedene Mitarbeiter, die ja im besten Fall auch zu Freunden werden, nichts geht, will er Gastronomie nicht nur für den Gast, sondern auch für die Küchen- und Serviceleute »Anders« gestalten.

»Mir ist wichtig, dass auch die Angestelltenräume ästhetisch gestaltet sind und alle faire Arbeitszeiten haben.«

Wenn ich mir Sören so anschaue, könnte ich mir vorstellen, dass er ziemlich schnell zwischen vielen Rollen wechseln kann. Im Anzug der charismatische Erfolgsmann, in Freizeitklamotten und mit einem lockeren Spruch im schwungvollen Dialekt der entspannte Witzbold, in Kochschürze und mit Brille der entschlossene Chef. Eine Mischung aus den letzten beiden Versionen ist auch regelmäßig im Fernsehen zu begutachten.

»Die Arbeit vor der Kamera, ich mache ja viel mit Baden TV, passt ganz gut zu mir. Oft fragen sich die Leute dann, ob ich wirklich so bin. Und klar, wenn ich 300 Gäste am Tag hab und 30 Angestellte, um die ich mich kümmern muss, dann kann ich nicht für jeden ein Witzfeuerwerk zünden. Das ist ein Unternehmen, da kann ich nicht nur Pausenclown sein – aber der Spaß und die Freude daran, die sind mir trotzdem unheimlich wichtig.«

Die Freude, auch die Nächstenliebe, sind die Hauptgründe, warum wir das gemeinsame Essen so kultiviert haben. Bei einem delikaten Mahl und einem guten Tropfen kommen Familie und Freunde zusammen. Wir lassen Traditionen fortleben oder entstehen und pflegen unsere sozialen Kontakte auf die natürlichste aller Arten. So gesehen sind Köche, ob nun die im Sternerestaurant oder die Tausenden Back-Omis der Nation, auch Erinnerer. Damit wir nicht vergessen, uns zusammenzusetzen, einander Zeit zu schenken. Und einfach mal glücklich, einfach mal Mensch zu sein. Deshalb kommen ein Mal im Monat nicht nur die Gäste des Turmbergs in den Genuss, sondern auch seine Freunde. An dem großen Esszimmertisch seines Apartments, an den sich schon mal bis zu 18 Leute quetschen, gibt es jeden Monat ein gemeinschaftliches Essen, das entweder zusammen oder vom Sternekoch selbst zubereitet wird.

»Essen gehen bedeutet Spaß, Kommunikation – und Kunst. Kunst vor allem auch, weil es zum Beispiel im Superior immer nur zwei Menüs gibt, zwischen denen man wählen kann. Und für manche ist das gelegentlich schon eine Reise ins Unbekannte, vor allem wenn sie sonst immer nur Schnitzel mit Pommes bestellen. Das Neue nimmt man auf, darauf möchte und muss man sich einlassen.«

Er selber scheut sich vor keinem ungewöhnlichen Geschmacksabenteuer: »Sogar Kalbshoden hab ich mal gegessen.« Das bleibt seinen Gästen aber erspart. Im Gourmetrestaurant will sich schließlich keiner wie im Dschungelcamp fühlen.

Und obwohl Sören selbst für kein Geld der Welt den RTL-Urwald betreten würde (»Ich bin ja schließlich kein Fossil!«), wäre er in der Wildnis durchaus brauchbar. Der passionierte Jäger hat nicht nur einen Jagdschein, sondern auch Erfahrung im Schlachten. Für mich als Teilzeitvegetarierin nicht der charmanteste Fakt. Aber wenn er das Rehwild, das auf dem Teller der betuchten Gäste landet, selbst im Wald schießt, hatte es davor wenigstens ein freieres Leben als die armen Schweinchen aus Massentierhaltung, die kiloweise im Supermarkt-

Kühlfach rumliegen. Ich selber wage mich an ein moralisch bedenkenfreies Dessert und koste die »Schokolade pur im Zen-Garten« und die »Roquefortcreme auf Birne, Portwein und Wacholder«.

Im Anschluss kann ich nur zu gut die Gefühle eines Ehepaars verstehen, das seiner Geschmacks-Ekstase ganz besondere Worte verlieh: »Kürzlich hatte ich ein Ehepaar da, die kamen an ihrem 25. Hochzeitstag. Und das Jubiläumsessen hat anscheinend so nachhaltigen Eindruck hinterlassen, dass sie mir am nächsten Tag eine Mail geschrieben haben, in der sie sich für den tollen ›Gaumensex‹ bedankt haben. Meine Antwort kam prompt: ›Herzlichen Dank, das ganze Team freut sich – aber Alimente zahlen wir keine!‹«

Bereits seit 2010 beschert Sören als leitender Koch seinen Besuchern orgiastische Menü-Freuden. Nachdem er seine hessische Heimat Haiger für eine Lehre im Westerwald verlassen hatte, sammelte er neue Eindrücke bei Jörg Sackmann im beschaulichen Baiersbronn. Anschließend verschlug es ihn nach Osnabrück zu Thomas Bühner und zuletzt lernte er bei Helmut Thieltges in Wittlich, bis er 2010 in Karlsruhe landete und zunächst in der Oberländer Weinstube in eine Führungsposition einstieg. Vor allem Kontraste und der Mix aus Altbekanntem und neuen Ideen reizen ihn.

»Im Leben ist ja auch nicht alles schwarzweiß.« Experimente mit Lebensmittelfarbe oder Dekonstruktionen scheut er eher. »Ich mache jetzt nicht aus einem Kürbis eine Muschel oder färbe da wild rum. Das Produkt ist das Produkt – und in diesem Moment der Star. Ich kann das zwar alles, aber es macht mir auf Dauer keinen Spaß, das bin nicht ich. Kreativ, aber geradlinig und immer mit Klasse.«

Zum Naschen zwischendurch bevorzugt Sören den Klassiker: Haribos. Was mich total beruhigt, ist, dass er trotz seines Michelin-Sterns, den 16 Gault-Millau-Punkten und all den anderen Auszeichnungen trotzdem auch mal den saftigen Döner oder das banale McDonald's-Menü schätzt. Klar, Stammgast ist Sören da nicht. Aber wenn man mit ihm nach einer durchzechten Nacht an einem Fast-Food-Laden vorbeiläuft, muss man sich nicht schämen, auch mal einen Chickenburger vor ihm zu mampfen. Sein Hochzeitsessen würde sicherlich anders aussehen, werfe ich ein. Aber Sören, der von der *GQ* schon zum »Gentleman des Monats« gekürt wurde, plant gar nicht, überhaupt irgendwann mal zu heiraten. Als erfolgreicher Gastronom ist das Single-Leben wahrscheinlich zu verführerisch. Vor allem, wenn man nur den Kochlöffel zu schwingen braucht, um jemanden über der »Schokolade pur« schmelzen zu lassen …

DER LAUFSTEG IST NICHT GENUG

Philipp über Anna-Maria Nemetz, Model,
Jahrgang 1993, Hamburg

Für viele junge Mädchen ist es ein Traum, Model zu werden. Ein Grund dafür wird sein, dass man am Ende des Tages 'ne nette Summe Geld in der Tasche hat. Sicherlich gibt es kaum einen anderen Job, der dich mit solch hohen Gagen belohnen kann.

Schön sein, wenig essen, vor der Kamera posieren, ge- und abgeschminkt werden, Kleiderständer spielen, auf und ab laufen, Taxi, Flugzeug, nächstes Shooting, schön sein … Man kann niemandem einen Vorwurf machen, der sich das Modelleben als lasch und »mal eben gemacht« vorstellt. In der breiten Masse wird der Beruf immer als harmlos und easy dargestellt. Wie ein Home-Shooting mit der besten Freundin in ein paar High-Fashion-Klamotten vom Secondhandladen.

Wie ernst die Welt um diesen Beruf aussieht, dass es definitiv kein Beruf für frühreife Teenies ist, wie schnell man fallen gelassen und ausgetauscht werden kann und wie nervig der ewige Jetset für den eigenen persönlichen Kram wie zum Beispiel Beziehungen sein kann, haben wir mit jemandem besprochen, der drin ist im Metier, internationale Shows unter anderem für Chanel gelaufen ist und das ganze Drumherum kennt. (Und nein, sie war nicht bei *Germany's Next Topmodel.*) Außerdem haben wir mit ihr Ratschläge für diejenigen ausgearbeitet, die diesen Beruf eines Tages ausüben und dabei nicht

Hals über Kopf in den Strudel des Modebusiness stürzen wollen.

Drama, Baby!

»Hallo, mein Name ist Anna-Maria Nemetz, ich bin 19 Jahre alt und momentan als Model unterwegs … Soll ich auch sagen, wo ich geboren bin? Nee unwichtig, oder? Ist langweilig …«, lacht sie bei unserem Treffen ins Diktiergerät. Wir sitzen im hinteren Teil einer Hamburger Bar im Schanzenviertel, es wird langsam dunkel draußen, einer der letzten warmen Tage des Jahres verabschiedet sich mit einer letzten Glut am Horizont.

»Ich sehe mich als Weltenbummlerin, deshalb passt der Job ziemlich gut zu mir. Ich komme viel rum, erlebe viel und sammle 'ne Menge Erfahrungen für mein späteres Leben. Ab und zu habe ich das Glück, mich eine ganze Weile an exotischen Orten aufzuhalten und ein Stückchen mehr von der Welt zu erkunden. Oft genug aber bleibt es nur bei einem Kurzaufenthalt aufgrund eines Jobs. Dann sehe ich nur die Shooting-Location«, setzt sie fort und fügt hinzu, dass »dieser Beruf von seiner Spontanität lebt, ich aber nur selten vorausplanen kann. Jederzeit kann ein Anruf oder eine Mail von der Agentur kommen und mich wieder irgendwo hinbeamen. Ich muss Prioritäten setzen. Dann müssen andere Dinge – mir wichtige Dinge – warten, wie beispielsweise meine Musik, das Singen und meine Leidenschaft.«

Anna-Maria weiß, was sie will. Anstatt sich darauf zu verlassen, dass sie schön ist, will sie sich so gut wie möglich im Leben entfalten können. Einfach nur als Schminkpuppe durch die Welt geschickt zu werden reicht ihr auf keinen Fall aus. Immer eine von vielen sein – für sie keine langfristige Option.

»Für jedes Model gibt es eine Strategie. An erster Stelle steht natürlich der Modeljob. Klare Sache. So auch bei mir. Das heißt, andere Dinge werden nicht erwähnt, beziehungsweise dürfen nicht erwähnt werden. Zumindest erst mal. Meine Musik und die Tatsache, dass ich einen Freund habe, gehören nicht in meine derzeitige Modelplanung. Für mich jedoch beides wichtige Bestandteile meines Lebens, die zu mir gehören. Werde ich nun interviewt über meine Person für ein Magazin oder Ähnliches, wird mir geraten, es zu verschweigen. Ich muss sagen, es fällt mir schwer und ich erwähne es immer wieder beiläufig. Vor allem, weil ich den Leuten zeigen will, dass hinter Anna-Maria noch einiges mehr steckt, ich kann ein bisschen mehr, als nur hübsch rumrennen in teuren Klamotten!«, lässt sie mit Nachdruck verlauten und beweist damit wieder einmal ihren erfrischenden Hang zur Ehrlichkeit, der nicht unerheblich zu ihrem internationalen Erfolg beigetragen hat. Man weiß bei ihr, woran man ist. Das macht Zusammenarbeit jeder Art einfacher und hinterlässt einen positiven Eindruck, welcher Empfehlungen nach sich zieht und ihr so Tür und Tor öffnete. Sie ist mehr als nur ein 08/15-Model, sie ist eine Persönlichkeit und kann sich verkaufen, ohne dabei faken zu müssen.

»Bei einer Modenschau hab ich den typischen Walk hingelegt, habe mich dann aber auf dem Rückweg umgedreht und angefangen zu singen. Das kam super an, war natürlich geplant, aber das Publikum wusste nichts davon. Ein scheißgutes Gefühl! Das Bild, das ich sofort im Kopf hatte: Stinkefinger gezückt! Bei Anna-Maria geht noch'n bisschen mehr!«

Zu ihrer Singstimme sei gesagt, dass Anna-Maria wirklich eine begnadete Sängerin ist, etwas Soul, etwas rauchig und definitiv betörend. Ein solches Attribut verleiht ihr etwas Greifbares und vor allem Authentizität, einen Charakterzug, der bei den Leuten ankommt, der fasziniert und etwas mehr von dem Menschen hinter der Make-up-Fassade verrät. Vor allem in einem Bereich, in dem alles dafür getan wird, makellos und einheitlich perfekt zu präsentieren, lässt eine solche Person ihre Talente für sich sprechen und muss nicht krampfhaft versuchen hervorzustechen. Sie tut es einfach und lässt es darauf beruhen, ohne allen aufs Auge zu drücken, wie geil sie doch sei. Ganz Mensch hat auch sie mit dem zu kämpfen, was jeden beim Übergang vom Teen zum Twen beschäftigt.

»Ich bin gerade definitiv in der berühmten Selbstfindungskrise, die jedem nach der Schule das Leben vermiest und einen an sich selber zweifeln lässt. Und das Modeln und vor allem das Umfeld machen es einem in dieser Phase auf keinen Fall einfacher«, sagt sie und wendet sich nun dem weniger schönen und erfüllenden Teil ihres Berufes zu.

»Ich erwische mich dabei, wie ich ganz übel klischeehaft vorm Spiegel stehe und an meiner Figur zweifele, so nach dem Motto: Hier würde ein bisschen weniger nicht schaden. Ich bemerke, wie manche Mädels mich anstarren, wenn ich mir mal ein bisschen Schokolade gönne, und es wird mir dann sogar peinlich weiterzuessen. Hätte niemals gedacht, dass ich so ticken würde. Aber man dreht in der Tat ein bisschen durch, wenn man sich lange in der Modelwelt bewegt. Diät wird fett gedruckt bei uns verrückten Weibern. Ob mit einem 14 Jahre jungen Hirn oder einem 20-jährigen erwachsenen Hirn. Bekloppt werden sie alle, was das Thema angeht. Man macht und tut, wenn nötig hungert man sich auch gerne mal ab, und dann kriegt man auch noch von links und rechts eins reingewürgt, dass es noch besser geht. Da muss man wirklich vorsichtig sein mit seinen Erwartungen an diesen Job, es ist knallhart!« Auf die Nachfrage nach den immer jünger werdenden Anwärterinnen auf diesen Lebensstil hat sie ein erschreckendes Beispiel parat, welches klarmacht, dass Modeln alles andere als ein kinderleichter Job ist – geschweige denn, ein Job für Kinder.

»Mit Gerüchten muss man ja bekanntlich vorsichtig umspringen. Dennoch würde ich diese Geschichte gerne loswerden, da sie mir nicht aus dem Kopf geht. Ein minderjähriges Mädel wurde nach Asien geschickt. Ich meine, 13 Jahre

alt. Ist schon mal 'ne harte Nummer mit diesen jungen Jahren ans andere der Welt geschickt zu werden. Aber nun gut, das entscheide nicht ich. Zu Beginn war sie noch in Begleitung ihrer Mutter. Wie gesagt, nur zu Beginn. Von dort an war das Mädchen in Clubs, hat gefeiert, sich besoffen. Als ob das nicht schon schlimm genug wäre, wurde sie von ihrer Agentur nach ihrer Diät befragt. Salat und Sport. Was sagt die Agentur dann zu ihr? Sie solle sich an die anderen Mädchen halten, denn die äßen nichts. Beim Erzählen könnte ich mich nur noch aufregen. Ein 13-jähriges Mädchen, grade in der Pubertät und sie soll das Essen einstellen?! Was kommt noch?«, sagt sie und haut energisch und entrüstet auf den Tisch.

Wie man sich von solchen Eskapaden fernhält, mit welcher Intention man seine Modelkarriere angehen sollte und welche Möglichkeiten es vor dem magischen Alter 18 in diesem Bereich gibt, davon erzählt ein kleiner, aber ernst gemeinter Start-up-Ratgeber, den ich mir von Anna-Maria erläutern lasse.

»Ich finde, der erste Gedanke sollte folgender sein: Du wirst nicht IMMER Model sein. Das funktioniert nicht, weder körperlich, noch psychisch. Deshalb sollte man sich da nicht unendlich reinsteigern und die Sache nicht als sein Omega sehen. Denn irgendwann stehst du da, deine Nachfolgerin klopft schon an die Tür, um dich abzulösen. Und zack bist du weg vom Fenster. Deine Zeit ist vorbei. Warum auch immer. Oft gibt es keine plausible Erklärung. Mir bleibt das Modelgeschäft sowieso unbegreiflich. Man sollte das Ganze als eine inspirierende Erfahrung sehen, gerade nach der Schule, wo man meistens ja sowieso noch nicht so ganz genau weiß, wo es hingehen soll. Nutze daher den Modeljob als ein Auslandsjahr.

Ich selber habe auch erst nach der Schule, also mit knapp 18, angefangen, Full-time-Model zu sein. Wenn man es jedoch nicht abwarten kann, kann man sich auch gut bei einer Casting-Agentur vorstellen. Da herrscht kein Druck und du darfst gerne ein Bäuchlein tragen. Es wird keinen stören. Ich wurde damals mit 14 auf der Straße angesprochen von einem Scout einer Modelagentur – mir bis heute unverständlich, weil das so ungefähr der hässlichste Tag meines Lebens war. Vorher jedoch habe ich mir ein bisschen Geld über Casting-Agenturen verdient. Außerdem eine gute Vorbereitung, wenn es dann »richtig« losgehen soll.

Man muss wissen, dass der Job ein großes Spiel ist. Und du schwimmst als kleiner Fisch in dem großen Meer mit. Ab und zu gelingt es dir herauszuspringen. Wichtig ist es, dass du es schaffst, authentisch und ehrlich zu dir selber zu bleiben, auch mal die Reißleine ziehen zu können, wenn du merkst: Oh Shit, hier läuft was falsch. Wenn jemand mit dir scheiße umspringt, führ dir immer vor Augen, dass derjenige nur dein Äußeres kennt. Deinen Kern kann er überhaupt nicht angreifen, denn dein Inneres kennt er rein gar nicht.

Kurzum, fang nicht einfach jung und blauäugig an, ohne dich vorher schlauzumachen, was dieser Beruf bedeutet. Geh zu Agenturen, informier dich, lass Polaroids machen und rede mit denen, finde heraus, ob du überhaupt 'ne Chance in dem Business hast. Enttäuschungen bleiben dir dann erspart. Und etwas auf Krampf zu versuchen, daran geht man nur kaputt. Der Job wird irgendwann Alltag. Also habe auch ich schnell damit aufgehört, mit jedem ein tiefsinniges Gespräch zu führen. Meist nicht lohnenswert und nur anstrengend. Denn letztendlich sind die auch nicht an deiner Person interessiert. Du wirst aber merken, bei wem es sich lohnt, genauer hinzusehen. Das sind dann die schönen Dinge. Sei dennoch genauso professionell wie alle um dich herum.«

Genauso durchdacht ist auch sie an die Sache rangegangen, als sie in ein Leben als hauptberufliches Model einstieg. Sie hat ganz offen mit den Bookern ihrer bisherigen Agentur über deren Pläne und Vorstellungen gesprochen, hat sich nicht hetzen lassen, sich verschiedene Agenturen angeschaut und schließlich mit gutem Gewissen dort zugesagt, wo sie das beste Gefühl hatte.

»Die haben dann gesagt: ›Alles klar, nach der Schule gehst du erst mal für ein paar Monate nach Paris!‹ Zack! Ich dachte mir: Okay, gut, warum nicht? Is' doch bestimmt nett in Paris. Habe nicht lange überlegt, da sowieso kein Studium, Ausbildung oder was anderes ›Vernüftiges‹ auf mich wartete. Wie ich schon erwähnte, ich habe es als mein Gap-Year gesehen, als neuen Horizont für mich, Hauptsache, erst mal raus aus dem alten Trott.«

So ins kalte Wasser geschmissen, machte sich Anna-Maria also alleine auf, in der Wiege der Mode die Art von Modeln kennenzulernen, von welcher der Normalbürger nur in Hochglanzmagazinen liest. Hier hatte sie ihre ersten Shows, hat viele Fotos von Shootings angesammelt und sich wacker in der Glamour-Welt der französischen Laufstege bewiesen. Ihren ersten Erfolg hatte sie bei der Show für Givenchy, für die der Designer sie exklusiv buchte. Was das für ihre Zukunft bedeuten sollte, war ihr damals noch mitnichten bewusst.

»Das war ein toller Start für mich, es lief dann auch wirklich super, ich kam nach Seoul in Korea, war sehr aufregend, habe dort die Chanel-Show gemacht. Es war natürlich immer toll, davon zu berichten, aber ich habe nie damit geprahlt. Wozu auch? Schließlich laufe ich bloß nach vorn und wieder zurück. Keine große Kunst, wie ich finde. Aber natürlich hat es was zu bedeuten, für solch eine Show gebucht zu sein, und das schätze ich auch!«

Dass es bei all dem Rumreisen auch viele Vorteile am Beruf des Models gibt, daraus will sie keinen Hehl machen. Sowieso ist es nicht so, dass sie unbedingt alle warnen will und sagen will: Fangt bloß nie damit an, das macht euch nur fertig, werdet Rechtsanwaltsgehilfin. Es ist ein schöner Lebensstil, wenn man jung ist.Nicht unbedingt, weil man möglicherweise in Geld baden kann, sondern weil man wirklich sehr viel rumkommt, dabei erkennt, wie klein die vermeintlich große Welt eigentlich ist, und daran wächst. Oft genug fühlte sich Anna-Maria nach ihrer Rückkehr wie ein Riese, weil sie noch so erfüllt war von all den Eindrücken, die sie wie ein Schwamm aufgesogen hat und die nun ein Teil von ihr sind. Auch kommt ihr die eigene Heimatstadt Hamburg nach einer großen und lang andauernden Reise winzig und un-

verändert vor – doch genau das ist sie auch. Man findet heraus, was ein Zuhause ausmacht, aber auch, was die Welt daneben noch so zu bieten hat. Wertvolle Eindrücke, die für immer auf die Innenseite der Seele gestickt sind und das Handeln von da an beeinflussen.

»Mir ist es bei Reiseberichten auch immer viel wichtiger, davon zu erzählen, was ich neben dem Modeln alles erlebt habe, weil mir das viel mehr gibt als der Beruf. Daran merke ich oft erst, was ich eigentlich alles schon erlebt habe in der letzten Zeit, und das fühlt sich immer toll an, diese Weltgewandtheit«, beschreibt sie ihre Eindrücke und hat dann einen treffenden Vergleich parat.

»Ich habe nach fast einem Jahr Modelkarriere viele tolle Mädchen kennengelernt. Und wenn es der Zufall zulässt, dann kommt es vor, dass eine Freundin und ich uns am selben Ort befinden. Über Facebook finde ich heraus, wo sie gerade sind. Es läuft nicht wie üblicherweise ab – ›Wollen wir uns im Café um die Ecke treffen?‹ –, sondern eher: ›Ach, dann lass uns in New York aufn Kaffee treffen.‹«

Wenn ihr ein Ort ans Herz gewachsen ist, dann ist es definitiv New York, wo sie 2012 einige Zeit für den Job wohnte. Eine Zeit, die sie im Gegensatz zu Paris auch auf eine andere Art erlebte.

»Die New Yorker haben schon alles gesehen. Ob du rumläufst wie ein Arsch mit Ohren, scheint niemanden zu interessieren. Das ist großartig. Auch wenn ich es liebe, in irgendeiner Form aufzufallen. Dafür gibt es viel zu gucken. Eine meiner Lieblingsbeschäftigungen auf Reisen ist es, Leuten hinterherzugucken. Und die Secondhandläden da … Ein Traum.

Ich liebe es einfach, wenn ich fühle, dass ich Teil eines Ortes werde, wenn in der Fremde auf einmal alles bekannt und vertraut ist, und man sich wie ein Einheimischer vorkommt. Das hat in Paris so lange gedauert. In New York aber bin ich direkt nach meiner Ankunft in Williamsburg ohne Schlaf zum Hot Yoga mit einer Freundin mitgegangen, damit ich gleich am ersten Abend noch was von Manhattan sehe. Nach dem Folterprogramm bin ich in dem klitschnassen Jogginganzug – Pickel waren auch schon wieder sichtbar geworden – nach Hause geschlurft und war schon so vertraut mit der Stadt, dass ich daran nichts seltsam oder fremd fand. So ein heimisches Gefühl hatte ich noch nie an einem Ort gehabt, deshalb denke ich auch wirklich ernsthaft darüber nach, ob ich nicht meinen Freund in meinen Koffer stecken und nach New York ziehen sollte. Ich habe dort auf schnellem und unkompliziertem Wege eine Menge Leute kennengelernt, mit einigen habe ich sogar gejammt, ein weiteres dickes Plus für die Stadt!«

Das, was ihr bisher gefehlt hatte, war – so seltsam es klingen mag – der ganz schlichte Alltag. In Paris gab es nur ein Hin und Her von A nach B, hier Show, da Shoot, dann nachts um eins noch ein Fitting, 15 Castings in der ersten Woche … Und für eigene Erfahrungen blieb einfach keine Zeit. Alles war irgendwie neu, irgendwie noch nicht hundertprozentig drin und deshalb war sie automatisch nicht so offen für neue Erfahrungen – kennt jeder selber. Dadurch wurde Paris für sie zerstört, sie erinnert sich nur an stinkende, heiße Metros, Castings und Stress 24/7. Kein Sauvignon abends um neun im Bistro an der Straßenecke, mit Zigarette und angeregten Gesprächen. In New York gab es das erste Mal in ihrer beruflichen Laufbahn auch so etwas wie Downtime, etwas Zeit, um einfach mal in sich zu gehen, um die Fremde kennenlernen zu können, um Freundschaften zu schließen und sich außerhalb des Berufes wahrzunehmen.

»Ich kam nach New York und nachdem ich die Stadt ein wenig erobert hatte, dachte ich: Das soll's schon gewesen sein?! Die Stadt, von der jeder spricht, die Stadt, wo jeder hinmuss, die einzige Stadt, wo jeder seinen Platz findet und sich verwirklichen kann. Ich hatte dieses riesige, mächtige New York im Kopf, aus Filmen und Videos, komme dann an und merke, dass es eben auch nur eine Stadt ist. Nicht eine wie jede andere, aber eben *nur* eine Stadt mit einem Eigenleben. Ich kam im August dorthin, hatte zu meinem Vorteil nicht gleich Castings, weil zu dieser Zeit nicht viel geht im Modelgeschäft. Ich konnte die Stadt genießen und mich auf die ganze Geschichte einlassen. Das hat mir Selbstvertrauen gegeben, mir vieles auch echt leichter gemacht. Ich hatte einfach schon eine Verbindung mit meinem Umfeld, bevor ich überhaupt loslegte. Und habe schließlich doch erkannt, dass es, wenn man in das New Yorker Leben eintaucht, etwas Großartiges ist.«

Gelebt hat sie dort in Williamsburg in Brooklyn, was mit Berlin-Friedrichshain oder der Schanze in Hamburg vergleichbar ist, und dort aus erster Hand erlebt, wie weit manche New Yorker gehen, um aufzufallen.

»Fast jeden Morgen sah ich denselben steinalten Mann, der immer nur nackt auf 'nem Fahrrad zu sehen war. Aber glaub nicht, dass er eine Attraktion war. Man hat geguckt, gelacht und gut war«, beschreibt sie den verrückten Alltag dieser Tage, prustet in ihren Chai Latte und verteilt Schaum auf dem Tisch und ihrer Hose. Etwas über ihre Grobmotorik grummelnd, wendet sie sich ihrer Säuberung zu und beendet diese mit einem »Ach, egal«, reißt noch einen Witz und schafft es, in Situationen wie dieser, in der andere Mädels wohl kreischend auf dem Klo verschwunden wären, Haltung zu wahren und so etwas nicht allzu ernst zu nehmen. Eine Lässigkeit, mit der sie schon jetzt vielen Wannabes die Show stehlen kann, ohne es darauf anzulegen.

Annama ist eben kein kleines Blondchen, das es mit etwas Augenklimpern nach oben schafft; sie ist das genaue Gegenteil, quasi der Antiheld des Modelns – aber dabei so professionell und sie selbst, dass genau das ankommt und sie ausmacht. Sie hat Eier, zeigt vielem den Mittelfinger und verstößt gerne gegen die grotesken Regeln des Business.

Eine Rebellin des Laufstegs, die immer mit etwas Unerwartetem auftrumpfen kann, mit etwas, das überrascht, wie eine Singstimme, von der Lana del Ray wohl noch träumt, und die Fähigkeit, den sonst in Einheitsfarben gezeichneten Horizont ihrer Branche mit einer grellen Farbexplosion zu übertünchen.

Zum Abschluss des Interviews sitzen wir entspannt in roten Liegestühlen an der Straße und quatschen noch ein wenig. Wie in jedem anderen Beruf ist es immer super, jemanden zu haben, der mit dem ganzen Kladderadatsch nichts zu tun hat, jemand Neutralen, mit dem man einfach mal man selbst sein kann und mit dem man nicht das ewig gleiche Lied vom Jetset und Modelbusiness singen muss. Diese Person findet sie in ihrem Freund, der sie immer wieder erden und auffangen kann, wenn sie überwältigt wird von all dem Hin und Her. Jeder kennt dieses Gefühl, das man nach einer Woche Arbeiten hat – diese Leere im Kopf und diesen inneren Schweinehund, der einem die Kraft zum Weitermachen raubt. Nun, nur weil Anna-Maria keinen in diesem Sinne klassischen Beruf hat, heißt das nicht, dass ihr diese Situation unbekannt wäre. Ein Model sein heißt, einen sehr ernst zu nehmenden Beruf auszuüben, das scheint aber vielen nicht bewusst zu sein. Insofern ist ihr Ansatz der einzig richtige, um dabei nicht in ein Burn-out abzurutschen. Nicht der Beruf zeichnet einen Menschen aus, die Einstellung dazu ist das Zünglein an der Waage, das über höllische oder himmlische Arbeitsbedingungen bestimmt.

Es ist nicht so, dass sie nicht schon überlegt hätte, dem Modezirkus zu entfliehen – der Gedanke liegt noch in der Ferne, doch er ist bereits da. Man muss ehrlich mit sich selbst sein, immer mehr als nur eine Perspektive haben, einen Interessen-Shake sozusagen.

Die Legenden von morgen haben eines gemeinsam: eine Vision, ein Ziel und einen bisher in die richtige Richtung gegangenen Weg. Welche Abzweigungen sie gehen werden, ist noch ungewiss, aber es gibt keine Stagnation im Fortschritt. Das ist Anna-Maria bewusst und sie wird ihre Zukunft somit umso glorreicher gestalten können.

Auf unserem Rückweg zur S-Bahn bietet sich das altbekannte Bild gaffender Männer, die offenbar noch nie zuvor eine Frau gesehen haben – zumindest stellen sie sich so an. Man traktiert mich mit neidischen Blicken, die so etwas aussagen sollen wie »Unfassbar, dass so ein Typ so eine Traumfrau kennt!«, was bei mir einerseits eine wahnsinnige Belustigung auslöst, mich aber gleichzeitig auch an der Vernunft der männlichen Spezies zweifeln lässt. Generation notgeil, oder was?!

Davon unbeeindruckt, da sich dieses Bild schon seit Jahren für Annama wiederholt, verabschiedet sie sich von mir vor der Station und entschwindet in Richtung Gleis. Eine kleine Gruppe von Teenagermädchen schaut ihr hinterher, fängt dann an zu tuscheln und ich schnappe das Wort »Mager-Tussi« auf. Wenn die wüssten, dass jede von ihnen wahrscheinlich krampfhafter auf ihre Figur achtet als Annama, denke ich mir feixend, setze meine Kopfhörer auf und mache mich ebenfalls auf den Heimweg.

11. PORTRÄT: JULIA SCHRAMM

LEIDENSCHAFT FÜRS KONTROVERSE

Katharina über Julia Schramm, Politikerin,
Jahrgang 1985, Berlin

Da ist sie, eine andere Version des eigenen Ichs. Dieselben vollen, roten Lippen. Dasselbe braun glänzende Haar. Ein ausgeprägtes rhetorisches Talent. Und die Berufung – das politisch-journalistische Biotop als natürlichen Lebensraum zu empfinden. Nur ist die eine knapp zehn Jahre jünger und nicht nur die Haut, sondern auch der Lebenslauf ist straffer … Das alte Spiel der bösen Königin, die dem jungen Schneewittchen Macht und Schönheit nicht gönnen will, könnte man schmunzelnd vermuten. Doch statt eines vergifteten Apfels werden vergiftete Worte eingesetzt.

Überspitzt würden einige Mitglieder der Piratenpartei so den mysteriösen *FAZ*-Verriss erklären, der Autorin Melanie Mühl, Jahrgang 1976, eine Textplatzierung auf Seite eins des Feuilletons und Julia Schramm, Jahrgang 1985, in der Nacht vor ihrer ersten Wahl einen Nervenzusammenbruch und schlagartige Popularität gleichzeitig einbrachte. Aus dem Kontext herausgelöst wurden Tweets zitiert, es wurde ihr Künstlerhass unterstellt und ihre öffentlichen Äußerungen wurden als Gefasel abgetan.

In der Kreativbranche wird gern suggeriert, dass alle Künstler eine große Familie seien, in friedlicher Gemeinschaft nebeneinander existierten. Die Politik hingegen lebt seit jeher auch von Feindbildern. Die Leidenschaft der

Kontrahenten für ihre Visionen und Parteiprogramme wird auch daran gemessen, wie hart ausgeteilt und vor allem wie tapfer ein- und privat zurückgesteckt wird. Das Bild der gestählten Autorität sitzt tief. Einen »ordentlichen« Politiker stellen sich viele Wahlberechtigte wahrscheinlich als selbstlosen Workaholic mit unveränderlichem Weltbild und grenzenlosem Selbstbewusstsein vor.

Ohne Schwächen, makellos.

»Christian Wulff ist vielleicht genau daran gescheitert, dass er es nicht mit seinem beruflichen Selbstbild vereinbaren konnte, öffentlich Fehlverhalten einzugestehen«, vermutet Julia Schramm bei unserem Treffen und fügt hinzu: »Wir Piraten kämpfen für eine Umstrukturierung des politischen Alltags. Mir wurde schon oft genug vorgeworfen, dass ich nicht stabil genug für den Job sei, weil ich öffentlich zugebe, schon mal Depressionen gehabt zu haben und deshalb in Therapie gewesen zu sein. Nach dem *FAZ*-Artikel saß ich weinend zu Hause und wollte von der Kandidatur zurücktreten. Mein Mann musste mich anbrüllen und mir meine eigenen feministischen Argumente entgegenschicken, um mich von diesem Vorhaben abzubringen.«

Was damals nicht passierte, folgte später aus einer anderen Sachlage, als sie 2012 von ihrem Führungsamt innerhalb der Piratenpartei zurücktrat:

»Aus dem Ehrenamt ist ein Beruf geworden, den ich nie ausüben wollte. Auch habe ich gemerkt, dass mir der Stress nicht nur nicht guttut, sondern meinen eigentlichen Beruf – das Schreiben – behindert. Ich konnte nicht mehr lesen, hatte Schreibhemmungen etc. Auch gab es im Oktober einen Einbruch bei uns – ein Stalker, wie die Polizei vermutet. Und da wurde mir klar: Das ist ein Preis, den ich nicht bereit bin zu zahlen. Danach war es eigentlich ganz einfach und ich fühle mich seitdem wesentlich besser! Mit der Politik bin ich, glaube ich, fertig. Auch wenn es etwas komisch ist, mit gerade mal 27 seine politische Karriere zu beenden. Club 27 mal anders. Aber der Politik bleibe ich als Wissenschaftlerin treu. Politische Ziele sind für mich trotzdem, dass die Piraten sich konsolidieren und in den Bundestag einziehen!

Ich konzentriere mich jetzt vor allem auf meine Doktorarbeit, will das Erlebte literarisch festhalten und politische Essays veröffentlichen. Es steht noch eins zum Thema Urheberrecht an.«

Klar, argumentieren kann sie gut, mit fester Stimme und sympathischem, aber bestimmtem Blick. So muss das ja sein, wenn man sich im Demokratiegeschäft rumtreibt und nicht gerade die unumstrittenste Person im Berliner Politzirkus ist.

Julia Schramm überzeugt von der ersten Minute an, weil sie nicht überfreundlich und überprofessionell erscheinen will, sondern offenbar genau die Sachen erzählt, die man vermutlich auch zu hören bekommen würde, wenn man sie nach ein paar Bier in freundschaftlicher Bar-Atmosphäre befragen würde. Eine junge Frau, mit der man streiten und vermutlich endlos philosophieren kann.

»Es wird zumindest die nächsten Jahrzehnte noch eine entscheidende Rolle spielen, ob das auf dem Wahlplakat nun eine Frau oder ein Mann ist. Da machen vor allem wir jungen Mädchen uns was vor, wenn wir stolz erzählen, in einem Gefühl vollkommener Gleichberechtigung aufgewachsen zu sein. Die Sache mit dem Feminismus ist noch nicht vom Tisch, was allein daran zu bemerken ist, wie konstant böse Zungen über Angela Merkels Style lästern, uneingedenk der Tatsache, dass aus weiblicher Sicht die anderen Spitzenpolitiker auch keine wirklichen Traumprinzen sind.«

Doch auch innerhalb ihres feministischen Konzepts bleibt Julia Schramm ihrem politischen Motto »möglichst viel Leid vermeiden« treu, denn die Jungs leiden ebenso unter medialen Stereotypen.

»Was uns Frauen angetan wurde« – wir sprechen über restriktive weibliche Sexualität, Beautywahn und Hygieneirrsinn – »wird nun auch immer mehr den Männern angetan, weil sich die psychische Dekonstruktion des Selbstwertgefühls durch die Medien ökonomisch rentiert.«

Feminismus im digitalen Zeitalter hat nichts mehr mit der amazonenhaften Kämpferrolle der Alice Schwarzer zu tun, die natürlich in ihrem Geltungsbereich viel für die Rechte der Frauen bewegt hat, wovon auch wir – da gibt es keine Diskussion – bis heute profitieren. Die Debatten, die damals angestoßen wurden, setzten sich radikal mit geschlechtsspezifischen Memen auseinander. Die Frau muss nicht mehr die »Sich-Verweigernde«, der Mann nicht mehr der »Ewig-Wollende« sein. Neuer Feminismus muss nicht verteufeln, sondern kann einige der alten Streitthemen neu bewerten. So sagt Julia Schramm zum Thema Pornografie nur leichthin: »Meistens finde ich Hitler-Dokus spannender als Pornos.« Einen Homevideostreifen ihrer Parteikollegen – Phil und ich stellen uns Christopher Lauer in der männlichen Hauptrolle vor – würde sie sich vermutlich gar nicht ansehen.

Die neuen Debatten haben auch viel mit der persönlichen Entscheidung von jungen Paaren zu tun. Die Selbstverständlichkeit vom Heimchen am Herd wurde aufgebrochen, manchmal aber durch das Bild der verbitterten, emotionslosen Karrierefrau ersetzt.

»Ich komme aus einer Familie mit traditionellem Rollenmuster. Trotzdem habe ich meine Mutter immer als sehr emanzipierte, entscheidungsfreudige Frau erlebt, die emotional nicht von meinem Vater abhängig war. Mit meinem Mann, der Abgeordneter ist, führe ich auch Gespräche über die Vorstellungen von unserem gemeinsamen Leben, aber wir sind da auf einer Wellenlänge, sonst würde das gar nicht funktionieren.«

Die gerne von Machos aufgestellte Gleichung, nur schwache Männer hielten

es mit einer starken Frau aus, geht auch in diesem Fall nicht auf. Eine ideologiefreie Familienpolitik wäre ein Meilenstein.

Eines ihrer großen Lebensthemen ist die Idee vom bedingungslosen Grundeinkommen. Jeder Mensch sollte auch abseits seines Nutzens für die Gesellschaft, also unabhängig davon, ob er arbeiten will oder nicht, einen Grundbetrag zur Verfügung haben, der ihm freie Partizipation an der Gesellschaft ermöglicht. 1.000 Euro peilt Julia da an.

»Aber wer nicht arbeiten will, der lebt doch auf Kosten anderer!«, werfe ich ein bisschen aufgebracht ein. Ihr Zungenpiercing blitzt auf, während sie den Rauch ihrer langstieligen Vogue ausatmet und erwidert: »Allein der Gedanke, dass irgendjemand in unserer Gesellschaft autark überleben kann und nicht immer auch auf Kosten anderer lebt, ist eine irreführende Illusion.«

Das ist mir erst mal zu abstrakt, aber Phil ergänzt gleich ein Beispiel: »Ich habe gerade einen Artikel über eine Studie gelesen, die Berufe nach ihrem Nutzen für die Gesellschaft bewertet. Ganz unten sind Steuerberater gelandet – die helfen im Endeffekt nur reichen Leuten, ihr Geld an der Staatskasse vorbeizuschieben.«

Einleuchtend. Und die Tatsache, dass er und ich vor dem Interview in der S-Bahn kontrolliert wurden und die Bahn mit unserer Vergesslichkeit Cash gemacht hat, zähle ich auch spontan zu diesem Prinzip.

»Ich glaube, jeder Mensch hat das bedingungslose Recht zu existieren. Und seit der Agenda 2010 ist unser Sozialstaat wieder darauf ausgerichtet: Wer nicht arbeiten will, darf nicht leben. Wir haben zum Glück ein Bundesverfassungsgericht, das da ein Existenzminimum festgelegt hat. Aber es gibt immer noch Sanktionen in dem Bereich. Zum Beispiel wenn du dich gewissen Jobs verweigerst. Unser Alltag basiert auf der Vorstellung von Arbeit. Die Arbeit dominiert das Leben als Strukturelement. Also wir reden jetzt von Lohnarbeit.«

Politische Fragen sind immer auch philosophische Fragen. Die Reform hin zum bedingungslosen Grundeinkommen für alle wäre vermutlich eine moralische Reform. Und genau an diesem Punkt wird es sehr anstrengend und abstrakt. Doch Julia Schramm hat auch handfeste Konzepte in der Schublade, die – wie folgendes Beispiel – beinahe jedes Kind versteht. So sind die Piraten für ein Wahlrecht ab null Jahren. In der Praxis fiele jedem das Wahlrecht automatisch ab 18 Jahren zu, politisch interessierte Jugendliche könnten das Wahlrecht aber jederzeit früher persönlich auf dem Rathaus beantragen. Wären die Interessen von Kindern und Jugendlichen für die Wahlen relevant,

würden ihre Anliegen in der Familienpolitik wesentlich stärker berücksichtigt werden.

Mehr Freiheit wird auch für die Bildungspolitik gefordert. Ein politischer Bereich, über den Julia sagt: »Ich ertrage die ewig gleichen Debatten darüber nicht mehr. Frag jemanden nach Bildungspolitik, und du bekommst ein ganzes Menschenbild. Wenn jemand das Konzept des dreigliedrigen Schulsystems aus der elitären Gymnasiastenecke heraus verteidigt, lässt das tief blicken.«

Eine Modernisierung könnten sich die Piraten mit freier und vielfältiger wählbaren Kursen vorstellen. Diese gingen dann je nach Belieben und Individualbegabung fließend in Universitätskurse über. Auch Wiederholungsjahre oder Auslandsmonate sollten unbürokratischer möglich sein. Inwieweit diese Modelle praktisch tragfähig sind, ist natürlich umstritten. Der damit verbundene finanzielle Aufwand wäre zweifelsfrei enorm. Auch Vertreter der Wirtschaft würden wieder einmal aufschreien und die Angstkeule »internationale Wettbewerbsfähigkeit« schwingen. Aber momentan hat die Welt auch genug andere Probleme.

Wenn Julia Schramm zu später Stunde mit Freunden zusammensitzt und der nachtschwarze Punkt erreicht ist, an dem sowieso alle zu Philosophen und Aposteln werden, dann spricht man natürlich auch mal über die großen Weltängste. Ohne die übliche Schwarzmalerei müssen wir registrieren, dass die letzten Jahrzehnte zu den friedlichsten in der Geschichte der BRD gehören. Aber wer sich, wie Julia Schramm, leidenschaftlich mit Geschichte befasst, der weiß auch vom ewigen Krisenzyklus. Hocharbeiten, Wohlstand, Verfall. Auf Krieg folgt Frieden, dann wieder Krieg. »Vor allem die Entwicklungen in Amerika machen mir diesbezüglich große Sorgen. Was da gerade um den Wahlkampf herum abging, richtig beängstigend.«

Der politische Weg, den unsere Generation einschlagen sollte, muss wegführen von überteuerten Show-Wahlkämpfen und Ikonisierung der Staatsoberhäupter. Wir wissen auch längst, dass es der öffentlichen Diskussion an Herz fehlt. Vielleicht weil wir alle zu reich und satt sind? Julia Schramm schreibt dazu auf ihrem Blog:

»Also erst mal vorweg: Ich bin eine klassische Privilegienmuschi. Das heißt, dass ich weiß bin, aus finanziell abgesicherten Verhältnissen komme (soweit das möglich ist), überwiegend heterosexuell lebe (na ja, bisher immer mit Männern zusammen, aber an Frauen durchaus interessiert), cisgender bin (also in einem Frauenkörper lebe und das gut finde), körperlich gesund und ansehnlich geboren wurde und in einem Land lebe, das zu den reichsten und einflussreichsten der Welt gehört (konkret heißt das eigentlich nur, dass eine Armee im Zweifel dafür kämpft, dass ich zu denen gehöre, die besser an Ressourcen kommen). Teile dieser, zugegeben, kaum wirklich beeinflussbaren Merkmale haben mich davor bewahrt, mit sieben Jahren ohne Schutzkleidung in einem Bergwerk arbeiten oder als Kindersoldatin leben zu müssen. Sie haben mir ermöglicht, dass ich jetzt hier mit einem Laptop im Bett liege, eine pyramidale Nacht hinter mir, und darüber reflektieren kann, wer ich bin, wo ich herkomme und was für eine Welt mich eigentlich umgibt. Ob mich das glücklicher macht als die im Bergwerk arbeitenden Kinder? Ich weiß es nicht, aber ich bilde es mir ein. Was wäre mein Leben auch sonst wert? Und: Jaja, ich weiß, das Leben ist auch ohne Probleme nicht leicht.«

Weil wir es uns auch einfach gern schwer machen. Gegenseitig. Besonders: die Alten den Jungen, die Jungen den Alten.

»Einmal ist es so, dass es wenige präsente junge Politiker gibt, was vor allem daran liegt, dass in den entscheidenden Parteien die älteren Mitglieder das Sagen haben. Es gibt natürlich auch positive Beispiele, zum Beispiel Jan Philipp Albrecht, der ist 28, Europaabgeordneter und hat unter anderem das SWIFT-Abkommen* im ersten Durchgang quasi alleine gekippt.

Zudem sind die meisten Leute aus meinem Bekanntenkreis, die in jungen Jahren in der Politik gelandet sind, eher durch Zufall da reingeraten. Die wenigsten denken mit 13: ›Woah, ich will mal Kanzlerin werden!‹ Politik ist nicht sonderlich attraktiv für junge Leute, weil man wirklich sieht, was das für ein Drecksjob ist. Du wirst zwar verhältnismäßig gut bezahlt. Aber in der freien Wirtschaft verdienst du immer mehr und stehst dabei nicht den ganzen Tag unter so extremer Beobachtung. In der Politik musst du dich für wirklich alles rechtfertigen und bist potenziell immer im Sturm der Entrüstung.

Ich widerspreche Angela Merkel politisch wirklich auf fast allen Ebenen, aber als Frau in dieser außerordentlichen Position ist die schon ein Vorbild.«

Ihr eigener Weg in die Politik speist sich aus einem grundsätzlichen Interesse an gesellschaftlichen Zusammenhängen und kulturellen Wissenschaften. Und natürlich einer Prise Selbstdarstellungsdrang – wie bei allen Menschen, die sich freiwillig vor eine Kamera oder auf ein Rednerpult schwingen.

»Angefangen hat wohl alles mit einem überaus stark ausgeprägten Gerechtigkeitssinn. Das führte schon früh dazu, dass Menschen mich fragten, ob ich denn mal Bundeskanzlerin werden wollen würde. Ich vestand nicht ganz, was das heißen sollte, fand es aber gut, die Möglichkeit zu haben, die Welt ›besser‹ zu machen. Das Interesse für Politik und Geschichte – und auch vor allem Theorie – hat sich dann schnell verfestigt und ich habe mich in der Kirche engagiert. Und gelesen und gestritten. Politische Vorbilder waren Leute wie Willy Brandt, Gerhart Baum und Kurt Schumacher. Eigentlich wollte ich immer nur Theorie machen, nie praktische Politik. Und deswegen war ich auch nie parteipolitisch aktiv. Die Mitgliedschaft bei den JuLis war eine Karteileichenschaft! Bis ich im Juni 2009 Plakate in Bonn hängen sah. Gute Plakate. Plakate von den Piraten. Dann ging ich zum Stammtisch und der Rest ist Geschichte …«

Im Jahr 2006 beobachtete sie die Piraten dann intensiver, da sie sich im Rahmen ihres Studiums mit Urheberrechtsfragen beschäftigte. Ideen wie »freies Internet« gaben den ersten Impuls. Aus der jungen politischen Szene in Schweden schwappte die Allmende-Idee in das Ideenspektrum hier in Deutschland, eine Inspiration, die auch Julia Schramms Meinung prägte: »Auf eine Art ist das ja kommunistisch, aber dieser Begriff ist zu negativ behaftet. Es ist einfach die Idee, dass alle Allgemeingut haben. Das Paradebeispiel dafür ist immer die Weide, die allen gehört und wo jeder seine Viecher daraufstellen kann. Dann fing das auch schon so an mit Bürgerrechten, quasi Post-9/11. Und ab 2009 war ich dann auch offiziell dabei. Damals kam die Sache mit Zensursula, mit dem Netzsperrengesetz, auf. Im Juni habe ich bei der Europawahl Piraten gewählt. Ich war einer von den 0,9 Prozent. Damals habe ich in Bonn gewohnt und auf der Straße Plakate gesehen, ganz real-life-style. Und dann bin ich einfach mal zum Stammtisch gegangen. Gar nicht mal, weil ich unbedingt gegen das Netzsperrengesetz kämpfen wollte – das war zwar relevant und thematisch war es

* *Abkommen zwischen der EU und den USA über die Verarbeitung und Übermittlung von Zahlungsverkehrsdaten zum Aufspüren der Finanzierung des Terrorismus*

auch die richtige Partei für mich –, aber ich war auch eine von denen, die die Partei dann mit neu gegründet haben 2009. Stichwort: Transparenz, bedingungsloses Grundeinkommen, neue Politik machen …«

Diese neue Politik, das hat sich mittlerweile auch ins letzte Lokalblatt rumgesprochen, spricht ihre Zielgruppe ganz stark in diesem Paralleluniversum zwischen dem Planeten Twitter und der Galaxie Facebook an. Für »digital natives«, also Eingeborene in dieser hochvernetzten, globalen Kultur, ist die Nähe im Netz ein unmittelbarer Identifikationsgrund. Die Elterngeneration hingegen kann nur selten etwas mit diesem »Internetexhibitionismus« anfangen. Provokant und unverblümt klärt Julia in ihrem Erstlingswerk *Klick mich. Bekenntnisse einer Internetexhibitionistin* auf:

»Mein Name ist Julia und ich lebe im Internet. Ich bin da ziemlich glücklich, habe Freunde, die ich nur digital kenne und abschalten kann, wann ich will. Ich kann im Internet alles sein: Mafiaboss, Barbie, Hitler, Hotelbesitzer und ein kleines grünes Krokodil. Am Computer bin ich Gott. Und dabei fühle ich mich großartig – großartig böse, kalt und berechnend. Bereits in jungen Jahren, mit 13 oder 14, war ich mir über die schier endlosen Möglichkeiten der Identitätskonstruktion bewusst. Das Internet war der Ort, wo ich alles zum ersten Mal erlebte: Liebe, Sex und Verrat. Aufklärung, Freiheit und Politik. Dort rede, lache, weine und denke ich. Denn ich bin ein Kind des digitalen Zeitalters, ich bin die, die aus dem Internet kommt. Und das ist meine Geschichte.«

Über ihre Literaturagentur ließ sie das Konzept auktionieren, eine Untergruppe des Bertelsmann Verlags griff zu. Natürlich folgte ein Shitstorm, weil sich die Amazone des Stammes der »Freie Kunst für alle«-Krieger nun mit den Begünstigten der jetzigen Urheberrechtsregelung verbrüdert hatte. Über die Mediendiskussion, die danach kam, kann man sich lange streiten – wer sich einmischen will, soll sich in eines der Foren ins Netz einhaken. Auch Phil und ich sind geteilter Meinung, was die Brisanz des Sachverhalts betrifft. Aber an dieser Stelle noch weiter über den Aufreger von vorgestern zu schwafeln bringt auch keinen weiter.

Selbst ohne diesen politischen Hintergrund wäre Julia vermutlich eine interessante, weil vor allem meinungsstarke Schriftstellerin. Sie hätte, wenn der Zufall anders entschieden hätte, genauso gut eine der streitlustigen Journalistinnen werden können, die ihr nun von Zeit zu Zeit das Leben schwer machen.

»Politologin, Publizistin, Piratin, Provokateurin, Privilegienmuschi, Post-Gender-Feministin, Politikerin«, fasst Julia Schramm ihr Tätigkeitsfeld zusammen, aber die Reihe lässt sich nahtlos weiterführen. So steckt in ihr auch eine melancholische Künstlerseele, die manchmal sehr zurückgezogen und sehnsuchtsvoll sein kann.

»Manchmal sind wenige Töne und Worte ausreichend, um mich zu bannen, meine ewige Liebe zu bekommen – gewollt oder nicht. Für mich ist Kunst ein Moment der Wahrheit. Und ich finde, dass Florence Welch so einen wahrhaftigen Moment eingefangen hat«, schreibt sie auf ihrer Internetbühne, und der politisch motivierte Klicker mag sich wundern, wie fliegend sich der Wechsel zwischen politischem Pamphlet und zarter Poesie vollzieht, wie hier in einem ihrer Gedichte aus dem März 2011.

Entschleunigung und Liebesnot

Schleunigst möchte ich mich nicht fühlen,
es sei denn Gefühle der Einzigartigkeit.
Ruhelos getrieben vom Werk der Kürze,

erlaube ich allem das, durchdringen,
flächenhaft. Von innen prasselt es in Bahnen nach außen,
die Fäden verbinden Welt und Seel'
Das Gesicht nach vorn, das Herz abgewandt,
die Sehnsucht verwechselt mit offenem Kleid
und der eigenen Betrachtung der Ersetzlichkeit, verschwindet die Dichte im Trubel des Beliebigen ob dass ein wahrer Kern erwache
Drum trage das denkend zu Grabe
und sei verwundert über Heiligkeit.
Hell beleuchtet der Kopf des Unsagbaren,
triefend legt sich der Schein.

Und vielleicht ist es die Lyrik und die Liebe, die wir brauchen, um eine zugänglichere und gerechtere Demokratie zu erreichen. Menschen, die für Millionen anderer Menschen Entscheidungen treffen, sollten nahbar und reflektiert sein, man sollte sie alles fragen dürfen. Und sie sollten ehrliche Antworten geben, ohne eine falsche Vorbildrolle im Hinterkopf und Antwortschablonen parat zu haben. Thema Drogen zum Beispiel. Die Piraten im Allgemeinen sind für eine Legalisierung aller Drogen, damit der Staat die Abgabe kontrollieren und in der weitesten Auswirkung auch die Brutalität der Drogenkriege in den Anbauländern bekämpfen kann. Weg von der Drogenpolitik hin zur Suchtpolitik. Und dann gibt es noch die Idee vom »Recht auf Rausch«. Die Freiheit des vernunftbegabten Menschen.

»Ich habe früher öfter gekifft. Und es hat mir für meine Persönlichkeitsentwicklung auch einiges gebracht, andererseits ist es natürlich schädlich fürs Gehirn. Unterm Strich komme ich da wahrscheinlich bei null raus!«, erzählt Julia, während wir uns im Burgeramt am Boxhagener Platz verlustieren. Auf der Toilette dort sind die Kabinen mit Angela Merkels Haupt geschmückt, das Männer-WC ist durch einen Schnurrbart in ihrem Gesicht markiert. Nicht besonders schmeichelhaft, aber die Berliner lieben ihre Angela eben auf eine leicht ironische Art, so sagt man doch auch über sie, dass sie der einzige Mann im europäischen Machtgefüge sei.

Nachdem wir Julia am Ostbahnhof verabschieden, machen Phil und ich noch einen Abstecher zum Bundestag, wo die Touristen Schlange stehen, um die transparente Kuppel emporzusteigen und vielleicht einen Blick auf einen der Politstars im Inneren zu erhaschen. Egal ob vielleicht irgendwann wieder als Politikerin oder vielleicht bald als Dozentin an deutschen Universitäten: In ein paar Jahren werden sie alle ganz verzückt ihre Kameras hervorzerren, wenn Julia Schramm unten die Redebühne betritt.

EIN PUNK UNTER ÄSTHETEN

Philipp über Marc Huth, Fashion- & Beauty-Fotograf, Jahrgang 1988, Berlin

Wer einen Einstieg in die professionelle Fotografie plant oder bereits gewagt hat, weiß, wie unendlich viele verschiedene Ansätze, Arbeitsweisen und Ansprüche es in diesem Bereich gibt. Und wie soll man nur vorgehen, damit das eigene Werk gesehen wird? Na klar, Freunde und Familienmitglieder können die eigenen Fotos noch so schön finden – aber ohne eine passende und vor allem repräsentable Plattform werden diese Bilder wohl früher oder später in einer Kiste ganz hinten im Schrank landen, neben den anderen, nicht in Erfüllung gegangenen Träumen. Das muss nichts mit mangelndem Talent oder Ehrgeiz zu tun haben, sondern ist für viele leider eine der knallharten Erfahrungen in diesem Geschäft – wenn man so will ein Reinigungsprozess, nach dem nur noch diejenigen übrig sind, die ihre Bilder auch tatsächlich an den Mann bringen.

Und selbst wenn man es geschafft hat, als professioneller Fotograf wahrgenommen zu werden, heißt das noch lange nicht, dass man damit auch seine Brötchen verdienen kann. Natürlich ist dies in jedem kreativen Beruf so: Der cleverste Wortschmied ist nicht zwangsläufig der bestbezahlte Journalist, und auch wahnsinnig talentierte Zeichner müssen oft ihr Geld als Straßenkünstler verdienen. Allein das Können zählt da nicht, es geht mehr denn je um die Plattform, auf der man sich präsentiert und dadurch auch in der Szene registriert wird.

Genau so eine Plattform schuf Marc Huth mit seinem Geschäfts- und Kreativpartner Tom Felber, als er im November 2011 die erste – damals noch allein virtuelle – Ausgabe seines *Superior Magazine* publizierte. Innerhalb weniger Monate stiegen die Anerkennung und der Ruf des Magazins gewaltig an. Inzwischen wenden sich sogar internationale Größen aus der ästhetischen (Mode-)Fotografie mit freien Editorials (vom Fotografen eigens gestalteten Projekten) und Fotostrecken an den jungen Mann, den wir gerade am Boxhagener Platz mitten in Berlin-Friedrichshain treffen.

Es gibt die typischen Klischees über Leute, die mit Mode zu tun haben, mit Models, Designern und Fotografen rumhängen: Hochnäsigkeit, Elfenbeinturmmentalität und komplette Entfremdung von der echten Welt. Davon trifft auf Marc rein gar nichts zu. Äußerlich erinnert er eher an ein Bandmitglied von Blink 182 oder an einen Skater, der noch vor der Zeit des Gangsta-Styles und des ganzen Heckmecks um die Äußerlichkeit lebte. Dass hier ein inzwischen angesehener Mode- und Konzeptfotograf vor uns steht, der ein progressives Avantgarde-Modemagazin entwickelt und mit fast allem, was in der Mode Rang und Namen hat, schon einmal zusammengearbeitet hat, entzückt uns sehr. Und dabei ist er so locker und menschlich geblieben.

Diese Einstellung ist ein Überbleibsel aus seiner Teenie-Punk-Zeit, als er mit mehrfach gefärbten Haaren als Drummer seiner damaligen Band The Shiny Shoes in seiner Heimatstadt Köln für Furore sorgte und noch einen vollkommen anderen Weg anstrebte.

»Ich war ein Mischmasch aus allem, nicht wirklich definiert. Bin in der Schule mitgelaufen, Dreier-Schnitt, mein Äußeres war rebellisch, aber ich würde mich nicht als Rebellen bezeichnen«, beginnt er mit seiner Selbstbeschreibung. »Ich hatte lange blaue Haare, meinen Stamm-Rockabilly-Friseur – der war schwul, natürlich, weil Köln, da saß ich dann schon mal meine sechs Stunden rum, oft nach Ladenschluss mit viel Alkohol. Dann hieß es: ›So, du hast da ja jetzt noch ein bisschen Blau drin, was irgendwie grünlich und beige geworden ist, dann lass uns noch mal Petroleumblau, Schwarz, Braun reinmischen, Beige sowieso – alles zusammen! – und dann gucken wir, wie es aussieht.‹ Das war cool.«

Aus dieser Zeit hat er sich vor allem seine Kontaktfreudigkeit erhalten, die ihm auch heute noch zugutekommt – ohne ein Gespür für andere Menschen, zum Beispiel für das jeweilige Model, ist schließlich kaum ein authentisches Foto zu bekommen. Diese »rebellische« Teenager-Zeit ist auch uns noch wohlbekannt. Kathi erinnert sich daran, dass sie zum Unwillen ihrer Mutter Chucks anstatt Ballerinas als ihr Standard-Schuhwerk bevorzugte, und auch ich stand mit der Welt des Öfteren auf Kriegsfuß, schloss mich mit meiner Gitarre in meinem Zimmer ein und entwickelte meine eigenen kleinen Revoluzzer-Lieder. Hier zeigt sich schon, dass Marc sich in seiner Jugendzeit kaum von anderen abhob, also kein fotografisches Wunderkind war, sondern fleißig für seinen Erfolg gearbeitet hat.

Seine ersten Berührungen mit Fotografie fanden hier statt, in einem kleinen »Fotostudio« (mehr einem Raum mit Kamera und Blitz), in dem er Objekte fotografierte, um sich mit Photoshop, globaler Bildbearbeitung und Foto-Retusche vertraut zu machen.

»Neben dem Abi habe ich an der Schule eine Ausbildung zum gestaltungstechnischen Assistenten gemacht, was insoweit praktisch war, als dass die klassischen Fächer wie SoWi, Bio und Politik durch Grafikfächer ersetzt wurden, mir also neben der regulären Schulbildung ein Mediendesign-Crashkurs gegeben wurde und ich meine anderen Fächer damit ausgleichen konnte.

Ich gestaltete also Plakate, drehte und schnitt kleine Filme oder programmierte Internetseiten, lernte sehr viel dabei und sparte nebenbei auch noch Zeit, da dies meine offizielle Schulausbildung war. Es gab aber dadurch auch Umstände, die ich damals als sehr nervig empfand, so wurde mein Abitur erst nach einem dreimonatigen gestalterischen Praktikum anerkannt«, fährt er fort und macht dann eine Pause, um an seinem Bier zu nippen.

Dass dieses erwähnte Praktikum ihm einen neuen Horizont eröffnen würde, hatte Marc damals nicht geahnt – obwohl es sich dabei nicht um eine Stelle in Oma Pawlowskis Fotoladen handelte, sondern um knapp drei Monate als Praktikant bei BBDO, einer internationalen Werbeagentur in New York. So verschlug es ihn als 18-Jährigen in den Big Apple, wo er anfangs ohne, später mit eigener Wohnung ein neues Kapitel in seiner Lebensgeschichte aufschlug.

»Ich wohnte sehr nah am Central Park und mein Büro lag am Times Square, also belief sich mein Arbeitsweg auf knapp 30 Blocks, die ich anfangs gerne lief, um die Stadt auf mich wirken zu lassen. Mit 18 kann man in Amerika ja nichts Teures wie Alkohol kaufen oder das Geld verfeiern, also habe ich mir dann in New York meine erste eigene Kamera gekauft, eine Pentax KSDL 2 mit sechs Megapixeln.«

So fing er an, die durchaus fotogenen Gegenden New Yorks zu durchstreifen, die Stadt für sich zu porträtieren und dabei auch Selbstporträts zu schießen. Dies tat er aber auch nur so lange, bis ihm die Lauferei zu doof wurde und er sich fortan per U-Bahn fortbewegte.

»Im Nachhinein war die Zeit in Amerika aber gar nicht mal fotografisch wichtig für mich, sondern eher insofern, als dass ich nun keine Angst mehr davor haben musste, in einer anderen großen Stadt zurechtzukommen. Wenn man aus einer kleineren Stadt kommt, kann es ein schwieriger Schritt sein, sich für eine Großstadt wie Berlin zu entscheiden, da man Angst hat, dass einen die schiere Größe erschlägt.«

So erweiterte er seinen Horizont, konnte kreativ arbeiten und sich formen. Vom Kölsche Jung' hin zum Weitgereisten, vom Teen zum Erwachsenen.

Kaum zurückgekommen, begann für ihn der für heutige 18-Jährige leider nicht mehr existente Zivildienst. Dort lernte er seinen heutigen Artdirector kennen und entwickelte mit ihm in einer durchzechten Nacht den Plan, nach Ende des Staatsdienstes nach Berlin zu ziehen.

»Am nächsten Morgen fand ich die Idee auch im nüchternen Zustand noch überzeugend, und so planten wir unseren baldigen Umzug in die Hauptstadt. Das war 2007«, sagt er ein wenig belustigt, doch auf einmal wird er ernst. »Ein paar Tage vor dem Umzug sprang mein Kollege auf einmal ab, also musste ich diesen Schritt alleine gehen. Ab ins riesige Berlin, ohne eine Menschenseele dort persönlich zu kennen.«

An solch einem Punkt könnte bei so manchem die Enttäuschung zum Hindernis werden, Marc jedoch ließ sich davon nicht ablenken.

»Klar war ich enttäuscht, aber ich musste auch an mein Wohl denken. Nach einiger Zeit meldete er sich wieder bei mir, er habe jetzt einen Praktikumsplatz in einem Berliner Verlag ergattert, der unter anderem Politikmagazine publiziere. Dort schlug er mich als Vertretung für ihn vor, und ich übernahm dann öfter mal Jobs. So lief ich zum Beispiel einen Tag mit dem Pressesprecher der Grünen durch Berlin oder schoss Fotos für Artikel – meine ersten Veröffentlichungen, wenn man so will.«

Inzwischen sind wir weitergezogen und kehren zum Essen in einen Burrito-Laden ein. »Beste Burritos von Berlin«, lässt Marc verlauten, »manchmal kann es sein, dass die Bedienung etwas seltsam drauf ist und im Laden lichtscheu mit Sonnenbrille arbeitet, aber geschmacklich ist es ein Traum.«

Wir werden nicht enttäuscht. Eine Burritolänge später stehen wir vor der Tür und überlegen, wo wir auf einen Absacker hingehen. Kathi plädiert für die Kptn.-Bar in der Simon-Dach-Straße, welche fünf Gehminuten von uns entfernt ist.

Dort angelangt, nehmen wir draußen an einem Tisch Platz, bestellen etwas zu trinken und setzen unser Gespräch fort.

»Ich wurde dann aus dem Verlag heraus privat angefragt, ob ich eine Geburtstagsgesellschaft auf einem Schiff auf der Spree fotografieren möchte. Es gab dafür auch etwas Geld. Der Altersdurchschnitt der Gäste lag bei 20 bis 30 Jahren, also sagte ich zu. Während ich dann meine Fotos machte, stellte sich heraus, dass meine Kontaktperson auf dem Schiff, Manuela Reuth, als Make-up-Artist arbeitete. Und dann erfuhr ich, dass das Geburtstagskind Stylistin war. Man war sich sofort sympathisch, und so hatte ich auf einen Schlag zwei Profis an der Hand, die mich in die Modewelt einführten. Bald machte ich Making-of-Fotos von Shootings, später dann auch Lookbook-Projekte mit Models und Designern.«

Einmal als Modefotograf etabliert und mit

einem eigenen, künstlerisch und ästhetisch sehr anspruchsvollen Stil (den er – darauf angesprochen – selbst nicht zu erkennen meint), folgten schnell weitere Aufträge, und die Aufwärtsspirale war in Gang gesetzt. Ein breites Spektrum an Stilen war eine seiner Stärken. Auch die kommerzielle Modefotografie, beispielsweise mit der damaligen GNTM-Finalistin Hana Nitsche, die inzwischen auch für Victoria's Secret arbeitet, konnte Marc bedienen, und über die vielen verschiedenen Shoots lernte er einen Haufen neuer Leute kennen, die alle dazu beitrugen, dass er sich einen Namen machen konnte und nach einem knappen Jahr in der Branche bereits für Aufträge nach London flog.

»Ich wurde tatsächlich für ein Shooting nach London eingeflogen. Das ist ein krasses Gefühl, weil es dadurch so wirklich offiziell ist. So stand ich also mit einem ProSieben-Kamerateam im Rücken im London Eye und shootete im Rahmen der *Model-WG* für eine Taschenkollektion. Der ständig nachfragende Redakteur machte die ganze Sache nicht einfacher, es waren nur 30 Minuten veranschlagt, und nach zehn waren wir bereits am höchsten Punkt angelangt, was hieß, dass in fünf Minuten wieder Gerüste und Ähnliches im Hintergrund zu sehen sein würden«, berichtet er, und man kann ihm ansehen, wie unwohl er sich fühlt, wenn er auf die Schnelle mal eben hier und da ein paar Fotos schießen soll.

»Aber auch mit solchen Aufträgen ist man anfangs beschäftigt«, erklärt er, »man kann sich anfangs nicht nur die Rosinen rauspicken, und die Nüsse liegen lassen, man muss so viel Erfahrung wie möglich sammeln – und auch Rückschläge sind vollkommen normal.

Manchmal möchte man seine Kamera halt einfach mal ablegen und hat keine Lust mehr, das ist nichts Schlimmes, man muss daraus nur lernen und sich berappeln, um nicht in einem Loch zu versinken.«

Kathis Nachfrage, ob man überhaupt etwas von den Orten sieht, an denen man arbeitet, verneint er. Wenn es eines Tages so sein sollte, dass man es sich leisten könnte, dann könne man noch eine Woche hinten dranhängen und Urlaub machen, aber sonst sei der Reiseaspekt weniger romantisch zu verstehen: Man kommt an, trifft sich, bespricht sich, shootet und fliegt prinzipiell gleich wieder zurück.

Aus all diesen Erfahrungen und Eindrücken, die er in diesem turbulenten Jahr sammelte, entwickelte sich langsam die Idee zu dem eingangs erwähnten *Superior Magazine*, das sich selbst wie folgt beschreibt:

»Das *Superior Magazine* steht für hochqualitative Modefotografie und -filmografie und bietet seinen Lesern aufregende neue Editorials und Filme sowie Hintergrundinformationen (Interviews und Berichte) direkt von den Orten, an denen Mode, Beauty, Kunst und Design entstehen. Durch die Kombination von angesehenen Fotografen und Filmern mit herausragenden Newcomern ist jede Ausgabe des Magazins eine Fundgrube für neue Erkenntnisse und Inspiration. Das elegante Design des Magazins liefert einen künstlerischen Schaukasten für alle Arten von avantgardistischen, visuellen Expressionen und Vorstellungen.«*

Dass man es hier nicht mit einem Klatschblatt oder einem halbherzig geschriebenen Modeblog zu tun hat, ist klar. Es geht in dem Magazin darum, jungen und talentierten Fotografen eine Plattform zu bieten, auf der sie zusammen mit renommierten Künstlern vorgestellt und unterstützt werden. So entsteht eine

** Quelle: aus dem Englischen frei übersetzt, abgerufen von http://www.superior-mag.com/about/ am 25.2.2013*

Dynamik aus experimenteller Kunst und altem Handwerk, welche sich gegenseitig beflügeln. Es ist sehr schwierig, in diesem Metier Fuß zu fassen, zumal in Zeiten der digitalen Revolution eigentlich jeder Fotos machen kann.

»Es gibt da klar die Unterteilung in Fotografen und Kamerabesitzer«, resümiert Marc knallhart. »Es geht nicht mehr um die Qualität des Fotos an sich, jede digitale Spiegelreflexkamera mit einem vernünftigen Objektiv macht einwandfreie, qualitativ hochwertige Fotos. Es geht darum, dass die Fotos mehr haben müssen als nur eine gute Auflösung.«

So ein Konzept wie das des *Superior Magazine* gab es vorher noch nicht und wurde dementsprechend positiv angenommen. Marc hat einiges an Erfahrung im Magazin-Business gesammelt, hatte aber auch selbst unzählige freie Editorials an internationale Magazine geschickt und ist auch oftmals abgedruckt worden. So profitierte auch er von der wachsenden Anzahl an Magazinen weltweit, doch mit seinem besonderen Ansatz ist das *Superior Magazine* deutlich offener und einladender als so manch alteingesessenes Magazin.

»Wir unterstützen nicht nur Fotografen, wir holen uns auch Schreiber von Journalistenschulen für unsere Artikel, um auch ihnen die Chance auf erste eigene Veröffentlichungen zu geben. Diese Idee des sozialen Miteinanders unter dem Schirm des Magazins kam von Tom (Anmerkung des Autors: dem Artdirector), und ich hab mich da sofort drangehängt, weil es mir sinnig erschien.«

Seit November 2011 erscheint die Online-Ausgabe monatlich, und im Sommer 2011 erschien die erste Printausgabe, die unter dem Titel *The Berlin Issue* ausschließlich Hauptstadtbilder zeigte – eine Hommage an die dem Fotografen einst unbekannte und jetzt eine Heimat bietende Stadt.

»Nach wie vor lebt unser Online-Magazin von den Zusendungen, die wir aus aller Welt erhalten. Manche Ausgaben sind komplett international, also ohne deutsche Fotostrecke. Da wir international sehr gutes Feedback erhalten haben, steht der Name *Superior Magazine* jetzt nach einem halben Jahr schon für sich selbst. Ich habe letztens eine junge Fotografin kennengelernt, die ein Jahr in Barcelona gelebt hat. Als ich ihr vom Magazin erzählte, sagte sie: ›Ach ja, *das* Magazin – in BarÇa hat auch jeder gesagt, dass ich euch unbedingt mal 'ne Strecke schicken soll.‹ So was kann man nicht planen, aber es ging wahnsinnig schnell und das kam uns zugute.«

Auch durch die besondere Gestaltung hebt sich das *Superior Magazine* von anderen ab, dass sein Artdirector darauf achtet, dass die Präsentation von Fotostrecken genauso interessant ist wie die Fotos selbst. Ganz klar will sich das Magazin von den vielen Blogs in der Szene unterscheiden, es wird klar zu verstehen gegeben: Wir nehmen das ernst, wir arbeiten mit großen Leuten zusammen und machen keine Fotos von unseren Freunden im Garten.

»Wenn man es ganz durchspielt, wollen wir dahingehend weiterkommen, dass wir uns eines Tages nicht mehr nur als Magazin, sondern als Unternehmen ansehen können. Das Ganze soll als zweites Standbein fungieren, unter anderem, um meine Fixkosten für die Fotografie zu decken. Man muss schon einen Unternehmergeist entwickeln, um das ernsthaft durchzuziehen.«

Und für diesen Unternehmergeist muss man auch mal Abstriche machen. Privatleben, Magazin, Studium, eigene Bilder … Da kommt meistens etwas zu kurz. Nach Marcs Aussage ist es oft der Schlaf. »Seit ich angefangen habe, auf Drängen meiner Eltern Fotografie zu studieren, ist mein Zeitplan noch deutlich straffer.«

Für seine Zukunft hat Marc einige Pläne. Er will das Magazin weiter etablieren, es zu einem vollwertigen Printprodukt machen, den Geschäftsgedanken dahinter vertiefen und so alles daransetzen, dieses Projekt als Einnahmequelle nutzen zu können. »Wir werden aber auch zukünftig auf Lifestyle und Trends verzichten, da das zu klatschblattmäßig ist. Wir wollen strikt an künstlerischer Modefotografie festhalten und auch Artikel über und von Kunstfotografen einfließen lassen. Noch trägt sich alles von selbst, da wir Aufwind haben; das muss auch so beibehalten werden, was harte Arbeit bedeutet.«

In diesem Moment stößt Marcs Freundin zu uns, und wir werden etwas privater. Er schätzt es sehr, dass die meisten seiner Freunde nichts mit kreativen Berufen zu tun haben und er so immer wieder gut abschalten kann. Ein Fashion-Overkill bleibt so also aus.

»Da ist alles dabei, ganz normale, nette Menschen, mit denen ich mich nicht über die Themen des Magazins austauschen muss, was wirklich angenehm sein kann.«

Uns interessiert in diesem Zusammenhang, was Marc allgemein an seiner Arbeit schätzt, und wann er sich am wohlsten fühlt mit dem, was er macht.

»Wenn man wochenlang geplant hat, dann ans Set kommt, Modelle, Visagistin, Stylistin, alle sind schon da und du guckst dir das Set-up an und denkst: Genau so wollte ich es haben! Das ist immer der Wahnsinn. Der Moment, in dem man merkt, dass sich die Arbeit gelohnt hat.«

Durch die neue weibliche Gesellschaft schaffe ich es nun endlich, meine Lieblingsfrage nach Marcs Muse in einen Kontext zu stellen.

»Meine Muse steckt in meiner Motivation. Erfolg macht süchtig, man will immer mehr, und ich habe Spaß an diesem Fortschritt, der sich daraus bildet.«

Wir verlassen die Bar, da der Lärmpegel von atmosphärisch-gesellig zu chaotisch-laut übergeht, und gehen draußen mit Leo und Victor, zwei weiteren Freunden, die zu uns stoßen, gen RAW-Gelände, um den Abend entspannt ausklingen zu lassen. Dort sitzen wir noch bis spät in die Nacht zusammen und betreiben herrlichste Sternenhimmelphilosophie.

Die Muse Motivation, Support für aufstrebende Fotokünstler, eine besonnene Art und eine absolut natürliche Sympathie – Marc Huth hat auf diesen Pfeilern zusammen mit Tom Felber ein einzigartiges Magazin aufgebaut, das schon aufgrund seines Blitzerfolges für sich spricht.

Durch die saubere Trennung von Privatleben und Arbeitswelt hält er immer das Gleichgewicht, ist also professionell und gibt nicht alles von sich in seiner Arbeit preis. Man lebe nicht von Luft und Liebe, sagt er zu später Stunde, das ist ein leider dringend zu beachtender Umstand. Auf die Frage, ob er Interesse daran hätte, als Fotograf für eine der klassischen Modezeitschriften zu arbeiten, sagt er nur: »Ich muss nicht unbedingt in die *Vogue*, aber es wäre interessant, drin zu sein. Es ist kein bestimmtes Ziel, denn wenn man es dann geschafft hat, stellt sich die Frage: Und jetzt? Wenn ich drin war, kann ich ja nicht einfach aufhören, oder?«

KUNST RETTET MICH

Katharina über Liv Lisa Fries, Schauspielerin, Jahrgang 1990, Berlin

Wirklich eindringlich, wirklich echt und dadurch hin und wieder auch wirklich erschreckend kann man als Schauspieler vielleicht nur spielen, wenn die Sehnsucht nach der puren, schonungslosen Darstellung auch ein Stück weit Sucht ist.

Liv Lisa Fries ist definitiv ein bisschen besessen – eine, die die Extreme beherrscht und in ihren Rollen mit Leidenschaft am Rande des Abgrunds spazieren geht.

Sehr entspannt, ehrlich und herzlich wirkt sie, als wir ihr an einem der heißesten Tage des Sommers im Prenzlauer Berg begegnen. Wer sie als Kinderprostituierte an der Seite von Götz George und Ludwig Trepte in *Schimanski*, als trashige Vollwaise in dem Film *Vater Mutter Mörder* oder als brutale Totschlägerin in *Sie hat es verdient* gesehen hat, der stellt sich Liv Lisa Fries vielleicht auch privat als eher unterkühlt vor. Wer sie hingegen in *Schneeweißchen und Rosenrot* als zartes Rosenrot oder in der *Bella Block*-Folge *Der Fahrgast und das Mädchen* als introvertiertes, schüchternes Mädchen erlebte, das sich für seinen Schwarm zu Üblem mitreißen lässt, oder aber auch in *Staudamm* als Überlebende eines Amoklaufes, würde sie sich vielleicht als verschlossene junge Frau vorstellen. Aber auf der Leinwand ist eben nichts wie im echten Leben – das macht die großen Extremschauspieler aus und es für uns spannend, die wahre Liv Lisa kennenzulernen.

Sie lächelt so unschuldig wie die junge Romy Schneider, und wenn sie vom Film spricht, dann ist da dieselbe Intensität in ihren Augen. Wie wir erfahren, muss Liv Lisa am Abend noch zu einer Branchenveranstaltung, dem First Steps Award. Um uns auch mal wie Red-Carpet-Reporter zu fühlen, versuchen wir uns bei Liv daher in einem Wortlautinterview.

Wie würdest du den Prozess der Schauspielerei beschreiben, und wann berührt dich eine Figur?

»Wenn eine Rolle gespielt und der Film abgedreht ist, dann kann ich nicht mehr viel ändern – wie ein Maler, der den letzten Pinselstrich getan hat.

Mich berührt eine Figur dann, wenn der Schauspieler nichts verbirgt. Wenn er keine Emotionen unterschlägt, aber auch keine hinzudichtet. Und das ist auch das, was ich versuche.

Es gibt natürlich auch Ausnahmen und Einzelfälle, wo es ganz anders ist. Jede Figur, jede Geschichte verlangt etwas anderes. Aber das jeweilige offene, ehrliche Umgehen mit Situationen und Charakteren fasziniert mich. Ich will keinen komplett ausgereiften Plan haben, den ich dann beim Drehen blind abarbeite. Ich möchte immer wach sein. Ich kann auch wach sein, indem ich erkenne, dass meine Figur müde ist. Aber ich wünsche mir, von mir selbst und anderen Kollegen, dass sie sich öffnen und im Moment re- und agieren.«

Es gibt ja so viele, die sich an deutschen Schauspielschulen eine Absage nach der anderen abholen oder mit Hilfe von zweifelhaften Rollen im Trash-TV den großen Durchbruch zu erreichen hoffen. Wie kam bei dir der erste Kontakt mit professionellen Lehrern und Förderern zustande?

(Liv Lisa lacht) »Ich wollte schon immer gerne spielen, aber als Kind will ja jedes Mädchen mal Topmodel, Sängerin oder Schauspielerin werden. In der siebten Klasse habe ich einen Flyer in die Hand bekommen, Tag der offenen Tür in einer Art privaten Schauspielschule in Berlin-Mitte. Da bin ich dann hingegangen. Aber ich hatte erst mal das Gefühl, dort von wahnsinnig vielen jungen, extrovertierten Schauspielern umgeben zu sein, die sich scheinbar alle nur über die Attitüde des Schauspielerdaseins profilieren wollten.

Ich wollte gerne spielen, aber das ganze Drumherum war mir irgendwie zu anstrengend, zu aufgesetzt und bemüht. Also habe ich mich im Klo eingeschlossen, um dem Ganzen entfliehen zu können.

Der Typ, der das geleitet hat, hat da gleichzeitig eine Agentur aufgezogen und dort nach jungen, neuen Gesichtern gesucht. Ich wurde dann irgendwann aus dem Klo rausgeklopft. Am nächsten Tag wurde ich angerufen und gefragt, ob ich denn auch mal etwas vorspielen könne – sie würden mich außerdem gerne in die Agentur aufnehmen.«

Dort bist du ja unter anderem von Kristiane Kupfer und später von Anna Maria Mühe unterrichtet worden. Du wurdest auch gleich in eine Erwachsenengruppe gesteckt, wie hast du das erlebt?

»Sehr positiv. Mich hat das sehr wachsen lassen, mit erfahrenen Schauspielern, aber später auch Regisseuren und so weiter arbeiten zu dürfen. Ich denke, das Drehen lässt einen schneller reifen. Man beschäftigt sich zum Teil mit Dingen, die man beispielsweise selber noch gar nicht erlebt hat. Man erweitert unwillkürlich seinen Horizont und entwickelt sich durch die Arbeit an dem jeweiligen Projekt und der Figur weiter.

Damals, als ich angefangen habe zu spielen, war meine Spiellust allerdings noch viel

genereller. Heute ist sie sehr viel konkreter. Ich will mich mit einer Rolle länger und viel präziser auseinandersetzen.

Was ich von damals vom Coaching wirklich mitbekommen habe, ist ein schnelles Erlernen der Rollen. Einmal wurde zum Beispiel der Drehplan eines Projektes völlig umgeworfen, und ich hatte nur noch eine Woche zur Vorbereitung anstelle eines Monats. Das hätte ich ohne die Erfahrung des Coachings nicht so schnell umsetzen können. An sich bin ich aber kein Fan von Schnelligkeit, ich arbeite lieber ohne Zeitdruck.

In deinem neuen Film »Staudamm« spielst du die Überlebende eines Amoklaufs. Ein Jahr nach dem Amoklauf schickt der Staatsanwalt seinen jungen Assistenten Roman, gespielt von Friedrich Mücke, in die Ortschaft, um den Tathergang und seine Folgen für die Menschen zu recherchieren. Was war das Spezielle an deiner Rolle?

»In der Geschichte war dieser Amokläufer, der nunmehr tot ist, in mich verliebt. Als die Figur, die Friedrich spielt, in das Leben meiner Figur tritt, entsteht so etwas wie eine durchsichtige Dreiecksbeziehung zwischen meiner Figur, Friedrichs und der des Amokläufers. Der ganze Film, der seine Premiere auf dem Max Ophüls Preis im Wettbewerb in Saarbrücken feierte, ist sehr low: atmosphärisch, klare Bilder, extrem langsam.

Dieses Mädchen, das ich spiele, Laura, ist ganz anders als ich. Sehr viel entschleunigter und so ein bisschen, als würde sie unter Valium stehen: introvertiert, und ihre eigene Existenz ist wie von einem Schleier umgeben. Sie hat etwas Geisterhaftes. Taucht plötzlich auf, verschwindet wieder … Ich habe als Laura beispielsweise sehr verträumt und langsam gesprochen, als müssten die Worte noch durch eine Schutzschicht, eine zusätzliche Membran, hindurch und würden dadurch auf dem Weg in die Außenwelt entschleunigt und gedämpft.

Staudamm ist eine stille Liebesgeschichte, ganz zart, es geht am Ende darum, sich gegenseitig zu halten, wie auch immer das aussehen mag. Die Begegnung mit Roman löst etwas in Laura aus, wie der Beginn einer Reise, wie eine Reinigung.«

Hat es dich beschäftigt, dass du nie das vom Feuilleton so heiß geliebte Theater gemacht hast?

»Ja. Aber ohne den Besuch einer staatlichen Schauspielschule hatte ich oft das Gefühl: Ich hab ja gar nichts vorzuweisen. Ich bin vielleicht erst jetzt an einem Punkt, an dem ich manchmal sagen kann: Ich bin Schauspielerin. Ich hab einfach sehr großen Respekt vor diesem Beruf. Ich denke, man hat eine Verantwortung, sobald man sich vor die Kamera stellt oder auch auf einer Bühne steht. Mit den Jahren ist dieser Beruf auch wirklich zu *meinem* Beruf geworden. Ich denke, das ist vielleicht die größte Veränderung. Früher bin ich zur Schule gegangen und habe parallel Filme gedreht. Mich hat das damals immer wahnsinnig frustriert, da ich mich weder auf das eine noch auf das andere hundertprozentig konzentrieren konnte: War ich in der Schule, dachte ich über eine Szene nach, die ich morgen drehen würde, und war ich am Set, dachte ich an die Klausur, die ich am nächsten Tag schreiben würde. Für mich war es die absolute Befreiung, als ich mein Abitur hatte und endlich ›nur‹ noch arbeiten durfte.

Ich wollte vor allem arbeiten, mich nun endlich ausprobieren in dieser Welt ohne den Schutz der Schule. Ich war und bin bereit, auch öffentlich zu scheitern. Scheitern gehört für mich ohnehin zum Leben mit dazu. Alles, was ich tue, ist ein Versuch.

Ich bin wohl am erfülltesten, wenn ich mich einfach auf meinen Beruf reduzieren darf. Dafür bin ich im Grunde angetreten. Nicht mehr, aber auch nicht weniger.«

Reizt dich auch die Aussicht auf Ruhm?
»Ich akzeptiere es, wenn andere den Ruhm genießen, das ist auch völlig in Ordnung, aber mein Gefallen daran ist relativ gering, es ist mehr so ein notwendiges Übel. Ich weiß aber auch nicht genau, was das sein soll. Ruhm – das definiert ja auch jeder anders.

Oft sind Gespräche mit Journalisten aber auch interessant, weil man im Idealfall seine eigene Arbeit reflektieren kann, aber diese Red-Carpet-Nummern ... Mich hat das schon auch geschlaucht, so subjektiv überhöhte Aufmerksamkeit zu kriegen, und ich habe gemerkt, dass ich im Prinzip, um damit zurechtzukommen, eine Fassade hochgezogen und letztlich kaum mehr ehrlichen Zugang zu mir gehabt habe. Und wenn ich mir nicht mehr aufrichtig begegne, kann ich das auch nicht mehr mit meinen Figuren, sprich in meiner Arbeit gewährleisten.«

Wie bereitest du dich auf Rollen vor, und welche Filme erwarteten uns demnächst von dir?
»Schauspieler zu sein und für das, was man liebt, bezahlt zu werden – das ist ein Geschenk. Dass ich davon leben kann, ist ein großes Privileg, dessen ich mir sehr bewusst bin. Die Schauspielerei erfüllt mich körperlich und geistig maximal, wie kaum etwas sonst. Ich habe gerade den Kurzfilm *Gib mir ein Morgen* von Regisseurin Anna Arndt über Gentrifizierung in Berlin abgedreht, was mir als Berlinerin ein persönliches Anliegen war, und den Kinofilm *Und morgen Mittag bin ich tot* (Anmerkung der Autorin: Koproduktion arte und SWR; Verleih: Universum) von Frederik Steiner über eine junge Mukoviszidose-Kranke, die nach Zürich fährt, um dort im Kreis der Familie zu sterben.

Da Mukoviszidoseerkrankte oft untergewichtig sind, habe ich in der Vorbereitung unter anderem abgenommen, um dem Krankheitsbild äußerlich gerecht zu werden. Ich habe mich auch ein knappes halbes Jahr mit dem Thema Mukoviszidose beschäftigt. Ich habe zwei Patienten, die unter dieser Krankheit leiden, an der Charité im Virchow-Klinikum begleitet, um diese Krankheit erst einmal kennenzulernen und sie dann bestmöglich darstellen zu können – um

nur ansatzweise zu beschreiben, was ich unternommen habe, um dieser Rolle gerecht zu werden. Das gesamte Projekt hat mich bis jetzt in meinem Leben die meiste Zeit, Disziplin und Hingabe gekostet. Mir war von Anfang an klar, dass ich da keine halben Sachen machen kann. Und es auch nicht wollte. Entweder ganz oder gar nicht. Alles oder nichts.«

Was fällt dir zu dem Titel unseres Projekts »Legenden von morgen« ein?
»Das Wort ›Legende‹ ist natürlich schon sehr überhöht. Selber sagt man das von sich eher nicht. Aber ich hatte früher drei Lexika, in denen ich immer alles und jeden nachgeschlagen habe – und es wäre schon eine Lüge, wenn ich behaupten würde, dass ich es nicht schön finden würde, wenn ich später mal unter F ›Fries‹ lesen würde. Da ich mir die Anerkennung selbst meist nicht geben kann, ist es etwas, das ich von anderen, ab einem bestimmten Punkt hin und wieder, brauche.«

Mit welchen Leuten umgibst du dich privat, was brauchst du für Leute, um glücklich zu sein?
»Was ich mag und was ich brauche, sind lustige, ehrliche Menschen. Ich bin oft sehr ernst, und ich finde es einfach wunderbar, wenn mich jemand zum Lachen bringt und meine häufige (An-)Spannung dadurch löst.

Menschen, die mir nahestehen, sagen oft, dass ich vieles zu schwer nehme. Und vieles, was ich erzähle, ist immer sehr bedeutungsgeladen. Ich glaube, dass ich Dinge oft leichter sehen könnte. Aber ich denke, ich nehme es gar nicht unbedingt schwer, sondern einfach nur ernst.

Ich weiß, dass die Kunst mich oft rettet. Manchmal nervt mich das Leben, und vieles strengt mich an. Aber ein guter Film oder eine Ausstellung, das rettet mich. Genauso wie Freunde und Familie. Die Harmonie zwischen der Arbeit und dem restlichen Leben ist wohl eine Lebensaufgabe.«

MEHR SEELE, WENIGER HÄME

Philipp über Vincent Sahin, Rapper, Jahrgang 1994, Hamburg

Rap war nie als Musik der breiten Masse gedacht. Er kam aus dem amerikanischen Untergrund und war das einzige Sprachrohr einer Generation von unterprivilegierten Musikern, die sich von Staat und Gesellschaft verraten und im Stich gelassen fühlten. Durch den kulturellen Austausch, der mit der Globalisierung einherging, schwappte dieses Lebensgefühl von freier Schnauze und dem Gegenanreden auch nach Deutschland, wo es heute von selbsternannten Rappern nur so wimmelt. Die seit den Neunzigerjahren entstandene, große Szene, in der die verschiedensten Stile kopiert, neu interpretiert und zusammengeworfen werden, um einem Lebensgefühl einen Klang zu geben, besteht aus einem diffizilen Konstrukt von Untergattungen und Lebensphilosophien. Doch bei all den verschiedenen Gesinnungen geht es, runtergebrochen, um zwei Dinge: Leidenschaft zur Musik und Talent.

Als ich an diesem Abend mit einem wahrlich arschkalten Bier aus einem Kiosk in die anbrechende Ausgehzeit der Hamburger Schanze trete, um mich auf den Weg zu einem kleinen Fischrestaurant zu machen, in dem ich mich mit Vini treffe, versuche ich zu zählen, wie viele der männlichen Passanten ihrem Aussehen nach Rap machen könnten. Ich komme auf 13, innerhalb von nicht einmal fünf Minuten. Der typische Mix aus Baggypants, Cap und Hoody, der von den frühen Vertretern der amerikanischen Szene zum – inzwischen stereotypen – modischen Merkmal Gleichgesinnter wurde und den auch Gangs übernahmen (um in den weiten Klamotten Messer, Schusswaffen, Drogen und/oder Wertgegenstände zu verstecken), wirkt im Kontext des abendlichen Flanierens mit der Freundin im Arm etwas seltsam. Hamburg und allgemein Deutschland ist eben nicht Chicago, Detroit oder Harlem, hier scheint das Gangstertum des Raps fehl am Platz. Diese ganze Aufspielerei um die damit einhergehende Kriminalität hat auch dem Ruf der deutschen Rapmusik übel mitgespielt. Der Retrogott, einer der besten Rapper im Universum, drückte es einmal so aus: »Ein Gangsterrapper ist kein Gangster, oder ist ein Müllmann Müll?«

Vini und ich, gleichermaßen geflasht von diesem Vertreter des deutschen Sprechgesanges, treffen vor dem Eingang zum Schabi, einem nach Imbiss anmutenden, aber sich als Feinschmeckertempel entpuppenden Fischrestaurants am Schulterblatt aufeinander und fangen nach der Bestellung des auf haufenweise Eis gekühlten Fisches an, uns über seine Entwicklung innerhalb des Raps zu unterhalten.

»Ich bin damit aufgewachsen, ich hab schon in der ersten oder zweiten Klasse angefangen, Eminem zu hören, hab damals natürlich null gecheckt, worum es geht, aber ich habe die Musik an sich einfach hart gefeiert. Meine erste Deutschrap-Begegnung hatte ich mit acht Jahren, als ich Nico Suaves *Vergesslich* auf MTV gesehen hab, als da noch Mucke lief. Ich fand seinen Stil einfach wahnsinnig lässig, sein Rap hat mir auch gefallen, ich wusste noch nix von den Themen, um die es geht, aber so habe ich den Gefallen am Rap gefunden.«

So gingen die Jahre ins Land und durch die Sucht nach Beats, die in Vini aufgekeimt war, kam dieses spezielle Lebensgefühl in ihm an. In der fünften Klasse schrieb er dann, beflügelt von Sidos *Mein Block*, seinen ersten Text.

»Der war auf jeden Fall schlecht. Es war ein Lehrerdiss, obwohl ich echt ein Streber war. Aber der erste Text … was erwartet man? Ich fragte mich, was bei jedem irgendwie ankommen könnte, und da man als Schülerschaft unisono gegen die Lehrer war, musste das dann sein. Im Kopf hatte ich mir alles aufgebaut, das Setting vom Video, mein Aussehen, wie ich durch die Schule laufe und dabei rappe, ich hab mir da echt mein eigenes Kopfkino gemacht«, lacht er zwischen zwei Happen Fish 'n' Chips und kramt weiter in der Zeit seiner musikalischen Selbstfindung.

»Ich hatte 'ne Akustikgitarre, die ich nicht vernünftig spielen konnte, also habe ich einfach rhythmisch darauf rumgesponnen und dazu gefreestylt. Nur aus dem Spaß, den mir das gemacht hat. Technisch gesehen, war das wohl schlecht, da ich damals nicht mal wusste, dass man mit einer Technik rappen kann. Ich habe über die Zeit dann angefangen zu schreiben, nicht auf Beats, sondern einfach so. Ich habe letztens erst wieder Collegeblöcke gefunden, voll mit Texten von mir. Ich wusste damals auch, dass das jetzt nix unfassbar Krasses ist, was ich da fabriziere, aber die stete Übung war natürlich förderlich.«

Mit 13 holte er sich sein erstes eigenes Mic und ein billiges Aufnahmeprogramm zum Selber-Musikmachen. Ein interessanter Zufall bescherte ihm aber schon davor seinen ersten Kontakt mit professionellen Kreisen.

»Das Bo, einer der Deutschrapper der alten Schule, war der Freund einer Bekannten meiner Familie, die immer auf uns aufgepasst hat, als wir Kinder waren. Ich habe meinen Mut zusammengenommen und habe ihm Texte von mir gezeigt, und er fand es cool. Als er dann aber erfahren hat, dass ich immer ohne Musik schreibe, hat er mir eine seiner Beats-CDs gegeben und meinte, ich solle es mal damit probieren, und so kam ich erst dazu, über meinen Tellerrand hinauszuschauen.«

Mit dem nötigen Schwung, den er durch die ersten kleinen Bestätigungen erhielt, meldete er sich dann bei dem Internet-Forum MZEE an, in dem alles rund ums Beats-Machen, Rappen und Reimen diskutiert und analysiert wird.

»Ich habe da viel gelernt über Rap-Techniken, über Abmischung von Tracks – allgemein technische Fragen konnten dort beantwortet werden. Ich habe da erste Uploads getätigt und kam bei den Mitgliedern sehr gut an, die waren alle beeindruckt davon, dass ich so jung war und mich da trotzdem so reingehängt habe. Ich habe mir extra ICQ geholt, weil einer der Leute ganz besonders interessiert daran war, mir weiterzuhelfen. Er wurde dann sozusagen mein Mentor, empfahl mir bessere Ausrüstung und ein Interface zum Aufnehmen meiner Lieder, und so steigerte ich mich souverän.«

Mit mehr Musik und mehr Erfahrung ausgerüstet, fing Vini an, sich mehr darum zu kümmern, außerhalb von Internetforen mit seiner Musik Anklang zu finden.

»Ich hab 2009 beim VBT* mitgemacht, damals, als ich es noch cool fand, aber inzwischen kann ich mir das nicht mehr geben. Ich bin dann aber in Urlaub gefahren und konnte nicht weitermachen, bin also da nicht über die Quali hinausgekommen. Aber ein Jahr später trat ich an zu den SAE Jam Sessions hier in Hamburg, wo ich dann tatsächlich Erster wurde. Allzu viele Auftritte hatte ich noch gar nicht, da ich echt faul war und wenig produziert habe. Deshalb hatte ich nur wenige Songs, die ich live spielen konnte, und das hat dann immer nur zu Kurzauftritten gereicht. Ich war auf einigen Bühnen hier in Hamburg, hatte mit ein paar Freunden 'ne kleine Crew formiert, und wir waren die Vorgruppe von Artifacts, das war schon cool, aber noch nicht das Ziel, das man vor Augen hatte«, gibt er zu, trinkt noch einen Schluck Bier und dippt Fladenbrot in die Sauce auf seinem Teller.

»Die Sachen, die ich bis heute veröffentlicht habe, sind vor allem Ausschussware. Die sind inhaltlich anspruchslos und nicht das, was ich inzwischen und in Zukunft als meine Musik deklarieren möchte. Ich habe die ganze Zeit im Schutz des Schulalltags gelebt und hatte gar keinen Bezug zur richtigen und wirklich knallharten Welt da draußen. Das hat sich erst im Abitur ergeben, als ich mich mehr über die Gesellschaft und unser System informiert habe. Das hat mein Weltbild schon verändert. Ich wurde dadurch in meinen Texten nicht politischer, aber es hat meine Herangehensweise an das, worum sich meine Texte drehen sollen, schon sehr verändert.

Früher war für mich der Lebenstraum Geldverdienen, und dann war gut. Doch das ist mir inzwischen in keiner Weise mehr wichtig, um mein Leben als erfolgreich zu erachten. Diese Fuck-the-World-Einstellung, die ich da entwickelt habe, hat mir klargemacht, dass einiges in der Welt verdammt schiefläuft, das aber keinen zu interessieren scheint und niemand drüber redet. Das habe ich in einem Text aufgegriffen, also eher die sozialkritische Thematik des Wegsehens und Geschehenlassens. Als rappender Besserwisser mit erhobenem Zeigefinger rumzurennen wäre mir aber schon zu überheblich. Ich mache mich lieber über die Ignoranz der Gesellschaft lustig, als mich als Prophet aufzuspielen, der jedes Problem lösen kann.«

»Wenn man einen Track zum Mischen immer an jemand anderen schicken und dem dann mit Worten klarmachen muss, wie man den Sound haben will, ohne dabei etwas von Kompressoren, Frequenzen und allgemein Plugins zu verstehen, ist es eigentlich unmöglich, einen eigenen Sound zu kreieren. Es ist immer anders, als man es haben möchte. Da ich lange Zeit so

** Anmerkung der Autoren: Abkürzung für »Videobattleturnier«*

verfahren bin und die Tracks bei anderen Leuten mastern lassen habe, wurde mein perfektionistischer Ansatz ans Musikmachen nur selten bis gar nicht erfüllt. Das hat mich demotiviert und einfach genervt, kurzum: faul und unproduktiv werden lassen. Ich hatte Angst davor, in eine Schublade gesteckt zu werden vom Stil her, schon bevor ich meine eigene Schublade überhaupt entdeckt habe. Das wollte ich nicht. Das passiert zum Beispiel beim VBT, wo alle einen sehr ähnlichen Stil haben, und deren Fans dann gar nicht mehr daran interessiert sind, wie die einzelnen Artists eigentlich klingen, sondern immer meinen: ›Mach mal mehr so VBT-Sachen, das bockt.‹«

So bringt er sich Stück für Stück alle Arbeitsschritte selbst bei, um die Oberhand in seiner Produktion zu gewinnen und selbst für alles verantwortlich zu sein. In seinem jungen Alter wohnt er ja auch noch zu Hause – nicht der richtige Ort, um bis tief in die Nacht Musik aufzunehmen.

»Mein Zimmer ist direkt neben der Treppe und der Eingangstür, man hat immer Störgeräusche in der Aufnahme und kann auch nur vernünftig arbeiten, wenn niemand da ist. Das verzögert den Kreativprozess umso mehr, und da es mir unmöglich war, in Hamburg einen bezahlbaren Raum zu mieten, habe ich aus Spaß nachgeguckt, wie das denn in Berlin aussähe, und siehe da – Bäm! –, auf einmal so viele Angebot wie in Hamburg in einem Jahr zusammen. Da bin ich jetzt in einem neuen Kreativprojekt in Marzahn untergekommen, wo alte Büros zu Aufnahmeräumen werden«, erzählt er überglücklich, und man sieht dieses Glitzern in

seinen Augen, das von einem in Erfüllung gegangenen Traum rührt. Endlich sein eigener Herr sein, endlich ausziehen, endlich die Welt entdecken und sich selbst verwirklichen. Doch muss man dafür auch Opfer in Kauf nehmen.

»Ich bin zum letzten Sparfuchs geworden, um mir das leisten zu können. Aber um mir das zu verwirklichen, würde ich auf so einiges verzichten! Endlich habe ich die Möglichkeit, meine Produktion so klingen zu lassen, wie ich will, denn das ist mir wahnsinnig wichtig – meine Musik soll Klasse haben, ob sie erfolgreich wird, oder nicht. Ich habe es lieber, dass 200 korrekte Leute es feiern, als mich mit dem Tohuwabohu des angepassten Musikstiles dieser Zeiten zu befassen, weil ich der nächste tolle Hipster-Rapper werden will oder so ein Scheiß. Meine YouTube-Videos waren zwar schon gut besucht, doch die Kritik, die da zustande kommt, ist oft lächerlich und inhaltslos. Da wird dann gehatet, einfach so, und man kriegt null brauchbares Feedback. Allgemein wird in Deutschland zu wenig gegönnt, alles muss immer negativ behaftet werden, sehr nervig.«

Bei Vini hat man das Gefühl, dass er an einem Punkt in seinem Leben steht, an dem es umso wichtiger ist, die Welt, wenn auch nur für sich, durchschaut zu haben. Wenn man merkt, dass es alle Möglichkeiten der Welt gibt und man sich bewusst für seine Leidenschaft entscheidet, dann geht man einen Bund mit dem Schicksal ein und ist dazu angehalten, ihn ebenso kämpferisch und diszipliniert zu verteidigen wie Vini, der schon sehr viel von der Wirkungsweise der Welt verinnerlicht und für sich angewandt hat. Es geht, wie damals am Anfang der Rap-Musik, schlichtweg um den Traum, sein eigenen Baby zu haben und es der Welt zu zeigen.

Dass man als Rapper kein Kleinkrimineller sein muss, um sich »real« zu nennen, das steht außer Frage. Dass man in der Rap-Szene mit Intellekt besser ankommt als mit oberflächlichem Lamborghini-Gelaber, das sowieso. Als Vini und ich uns verabschieden, lässt er noch verlauten, dass er lieber sauviel macht, um erfolgreich zu werden, als darauf zu warten, dass ihm der Erfolg in den Schoß fällt.

Möge der Rap-Gott diese Initiative belohnen.

15. PORTRÄT: JENNY-MAI NUYEN

DAS GEHEIME LABYRINTH DER FANTASIE

Katharina über Jenny-Mai Nuyen, Schriftstellerin, Jahrgang 1988, Berlin

Am Anfang war das Wort – so heißt es in der Bibel, dem meistverkauften Buch der Erde. Die gewaltigsten Welten, zu deren Erschaffung wir Menschen fähig sind, entstehen in unserer Fantasie. Einfangen können wir sie zum Beispiel in Büchern. Manchen Fantasiebegabten gelingt das so authentisch, dass wir uns wirklich zwischen den Buchseiten verlieren und uns plötzlich auf einer abenteuerlichen Mission im Gedankenpalast von jemand anderem wiederfinden.

Insbesondere Geschichten, die unsere Realität überhöhen, weil sie voller Magie und Andersartigkeit stecken, begeistern die Altersgruppe der 10- bis 15-Jährigen. Die Fülle der Fantasyromane schlägt sich seit Beginn der Nullerjahre aber auch sehr stark in technisch hochentwickelten Blockbustern nieder. Angefangen mit der legendären *Herr der Ringe*-Triologie, bis zum fünfteiligen *Twilight*-Kinoevent. Mitreißende Fantasy ist selten, aber wenn man mal eine Geschichte gefunden hat, die einen fesselt, dann entkommt man ihr nicht so schnell. In Deutschland wird als Übermutter dieses Genres gern Cornelia Funke mit ihrer *Tintenwelt*-Trilogie angeführt. Wundervolle, atmosphärisch dichte Bücher mit allen

Schreckgespenstern und Heldenfiguren, die das Kinderherz begehrt. Aber eben nur das Kinderherz, denn wer mit zwölf Jahren noch Staubfinger und Farid liebte, wird mit 18 etwas zwischen den Zeilen vermissen: Den ganz konkreten Kampf der Protagonisten mit dem Erwachsenwerden, mit Verantwortung und Leidenschaft.

Jenny-Mai Nuyen, die mit 17 ihren ersten Fantasyroman *Nijura – Das Erbe der Elfenkrone* bei cbj veröffentlichte, schafft es, in ihre Geschichten ganz subtil jene Wendungen und Andeutungen einfließen zu lassen, mit denen sich Leser identifizieren können und die sie – auf fast schon zeitlose Art und Weise – berühren. Ähnlich wie bei J.K. Rowling kann man auf den zweiten Blick unschwer die tiefere Bedeutungsebene ihrer Charaktere und der geschilderten Begebenheiten erkennen, die einem mit lesenden Kinderaugen noch verborgen bleibt. Nur fünf Jahre und sechs wundervolle Fantasyromane später veröffentlichte sie 2012 ihren ersten »Erwachsenenroman« *Noir*, in dessen Mitte ich mich gerade hoffnungslos festgelesen hatte, als wir uns nahe ihrer Zweizimmerwohnung in Berlin-Friedrichshain treffen.

»*Noir* war ein sehr extremer Vorstoß in eine neue Richtung. Nachdem ich den Roman beendet hatte, war ich mir ganz lange nicht sicher, was als Nächstes kommen würde. *Noir* war ein Befreiungsschlag und hatte dementsprechend auch viel übermütigen Schwung. Es bricht mit allem, was ich vorher gemacht hatte.«

Statt mythischer Parallelwelten ist der Handlungsort unsere reale Welt, die dunkle, abgefuckte Seite von Berlin. Das Buch ist manchmal schwer und melancholisch, es thematisiert Drogen und Sex – ist also voll von dem, was Jenny in den Fantasyromanen für die jüngere Zielgruppe nicht schreiben konnte.

»Alles, was man vorher immer zensieren musste, staut sich halt so an, und deshalb ist der Prozess in *Noir* sehr exzessiv. Es hat vielleicht auch viel mit meinem Lebenswandel zu tun, weil ich als Jugendliche sehr zurückgezogen war und vieles verurteilt habe, was andere in meinem Alter gemacht haben. Und dann wurde ich 19 und habe in New York damit angefangen, Filmwissenschaften zu studieren, und ich fragte mich: Was, wenn ich etwas verpasse und dann plötzlich am Ende viel weniger weiß als alle anderen, weil ich immer so altklug war? Und die einzige Gegenreaktion, die dann wahrscheinlich möglich ist, ist die, dass man sich total in alles reinstürzt und gar nichts mehr verurteilt. Ich war ’ne Zeit lang viel sozialer, als ich eigentlich sein kann – jeden Abend feiern, was unternehmen, viele Freunde haben. Das ist eigentlich gar nicht meine Art. Es war aufregend, aber dann auch zu kräftezehrend. *Noir* musste passieren, als Erwiderung auf alles, was ich vorher richtig fand. Ich glaube, das war die ehrlichste Weiterentwicklung, auch wenn ich mich in diesem Extrem mittlerweile nicht wiederfinde.«

Sie spricht sehr leise, aber mit Betonung, und man muss nahezu auf ihre vollen Lippen starren, die sie in einem gleichmäßigen, wohlklingenden Satzfluss bewegt, der den eigentlichen Inhalt oft auf undurchsichtige Weise einhüllt und viel Platz für das Mysteriöse, manchmal Einsame lässt, das Jenny so reizvoll umgibt.

»Ich arbeite immer an irgendwas, aber nicht aus allem wird was. Ich bin auch sehr wählerisch geworden, was die Bücher anderer Autoren betrifft, die ich gerne lese. Gut geschriebene Fantasy kann mehr Spaß machen als jedes andere Genre. Aber allein von der Vermarktung der Verlage und vom Cover her kann man überhaupt nicht sagen, was totaler Schrott und was genial ist. Eine großartige Empfehlung habe ich mal von meinem Biologielehrer bekommen. Weil ich auf die Tests was gezeichnet habe und er meinte, dass meine Zeichnungen aussehen wie von einem Typen, der auch gut schreibt: Mervyn Peake. Und er hat mir dann ein Buch ausgeliehen, aus der *Gormenghast*-Serie. Zuerst habe ich mich damit schwergetan, weil ich noch nicht so gut Englisch konnte, aber mit 19 habe ich mich erneut daran gewagt, und diese Serie ist wirklich toll. Er hat zwei geschrieben, eigentlich sollte es eine Trilogie geben, aber dann ist er wahnsinnig geworden und gestorben. Wenn jemand so subtil gesellschaftskritisch und psychologisch schreibt, ist das sehr inspirierend.«

Zum Zeitpunkt unseres Treffens, in einem ihrer Lieblingscafés in der Nähe der Frankfurter Allee, komme ich gerade von einigen Wohnungsbesichtigungen. Für den neuen Job lasse ich die bayrische Heimat hinter mir, um fortan in Berlin zu leben und zu leiden. Ähnlich wie ich kommt auch Jenny aus dem bayrischen Provinzparadies – und wie wir herausfinden, trennen unsere Heimathütten keine 100 Kilometer. Zusammen mit ihrem vietnamesischen Vater, ihrer Mutter, einem jüngeren Bruder und einer älteren Schwester ist sie in Germering bei München aufgewachsen.

»Das Gefühl, im Recht zu sein, ohne dass die Welt um einen herum das erkennt, hat mich früher stark beschäftigt. Ich glaubte, das Erwachsenwerden würde eine gewisse Dummheit mit sich bringen. Ich hatte ganz stark das Gefühl, dass ich Bücher schreiben müsste, solange ich noch zur Schule gehe. Sobald ich mit der Schule fertig bin, muss ich ums Überleben strampeln und Geld verdienen und einen richtigen Job ausführen, und dann wäre für so was keine Zeit mehr. Und wenn ich erwachsen werde, dann bin ich auch eine Frau. Ich glaube, ich hatte ein sehr negatives Bild davon, was es heißt, eine Frau zu sein. Ich bin mit einem ganz klassischen Frauenbild aufgewachsen. Meine Mutter ist immer zu Hause geblieben, und der Mann hat das Geld verdient. Sie hat nie so etwas wie 'ne Meinung geäußert, und ich bekam das Gefühl: Sobald du eine Frau bist, existierst du gar nicht mehr, sondern definierst dich nur noch dadurch, dass du dich um andere kümmerst. Das war ziemlich trostlos anzuschauen und hat mich eher verängstigt, und ich dachte: Ich muss meine Gedanken voll ausschöpfen, solange ich noch ein Kind bin. Aber diese Angst war eigentlich ganz unbegründet, weil ich sogar mehr Freiheiten erfahren konnte, seit ich ausgezogen und älter geworden bin.«

Wir sprechen über das Gefühl, die erste eigene Wohnung zu beziehen, und über den düsteren, gefährlichen und unwiderstehlichen Charme, den Berlin auf die Kreativen der Nation ausübt. Wahrscheinlich ist Berlin nicht mal annähernd so liberal und voller Möglichkeiten – aber wir und all die anderen, die ihren kleinen und großen Träumen nachrennen, wollen genau daran glauben. Und deshalb ist diese Stadt auch der große Sehnsuchtsort der deutschen Jugend. Hier sind wir genauso verzweifelt, arm, untalentiert oder verlassen wie anderswo. Aber es findet sich immer jemand, der uns in einer anderen, selbst zusammengebastelten Version vom Leben in der Metropole als Neo-Bohemien bestärkt.

»Jeder Charme besteht aus Geheimnissen«, meint Jenny, und dabei geht es dann auch um die Menschen, die uns faszinieren, und um Jenny selbst. Einige Menschen lieben wir, weil sie uns so offen empfangen wie ein von Kronleuchtern erhelltes Kaminzimmer – dann wiederum lieben wir aber auch Menschen wie Jenny, weil sie uns eher auf eine Reise durch die spärlich von Fackeln beleuchteten Geheimverstecke ihres fast schon unheimlichen Märchenschlosses mitnehmen.

»Leidenschaft ist nicht mehr und nicht weniger als die beste Begleiterscheinung von mangelndem Verstehen«, erinnere ich mich an ein Zitat aus *Noir*.

Das erklärt auch unsere oftmals zweifelhafte Begeisterung für einen ungewohnten Menschenschlag, wenn wir uns nach einem Umzug oder einer Trennung in ein neues Leben stürzen.

»Ich war vor New York und Berlin total snobistisch und habe alle abgewiesen, die mich nicht von Anfang an total überzeugt haben. Und irgendwann war es dann so einsam, dass ich gesagt habe: Ich lasse jetzt alle an mich ran. Natürlich hatte ich auch romantische Freunde, aber eben auch viele weniger außergewöhnliche Freunde. Doch es war trotzdem spannend, weil sie mir immer wieder neue Aspekte des Lebens beigebracht haben. Aber das sind immer Beziehungen, Freundschaften auf Zeit. Weil auf Dauer willst du nicht mit Leuten zusammen sein, die deine intellektuellen Interessen und deine Seelenbedürfnisse nicht teilen«, stellt Jenny fest und streicht sich über die schwarz glänzenden Haare.

»Aber daran glaubst du natürlich nicht, wenn du gerade euphorisch mit denen an der Warschauer Straße sitzt oder ein bisschen angeknallt bist …«, spinne ich die Theorie weiter. Jenny widerspricht: »Doch, selbst dann ein bisschen. Ein Rest Einsamkeit bleibt immer. Aber du wirst erst später erkennen, dass du in diesen Augenblicken – selbst in der Intimität mit ihnen – einsam warst. Und zwar erst dann, wenn du jemanden triffst, mit dem du diese Nähe hast und gleichzeitig auch noch eine geistige Nähe. Und wenn man das einmal erlebt hat, dann kann man nie wieder zurück und das gut finden, was man vorher gut fand.«

Wenn Jenny schreibt, dann bewegt sie sich gedanklich genauso viel in ihrer aktuellen Fantasiewelt wie in der realen Welt ihrer Freunde. »Aber trotzdem ist es anders. Wenn es um meine Freunde geht, bin ich in der Gleichung mit drin. Dann denke ich über mich nach. Wenn ich schreibe, dann existiere ich gar nicht.« Dann ist sie das Bewusstsein von verschiedenen Figuren, aber niemals ihr eigenes. Und genau das genießt sie auch so. »Das ist vielleicht auch der Grund, warum Leute Drogen nehmen. Es ist aus irgendeinem Grund ein unbeschreiblich erstrebenswertes Gefühl für Menschen, nicht bei Bewusstsein zu sein. Du bist nicht mehr in dir, und im Gegensatz zu sonst dreht sich nicht alles um dich.«

Drogen und Kunst – ein ebenso klassisches Thema wie das eng verwandte: Genie und Wahnsinn. So ziemlich jeder, der sich schon mal mit der eigenen Künstleridentität und dem nebulösen Prozess der Ideenfindung beschäftigt hat, sieht einen gewissen Reiz darin, sich die Zeilen oder Melodien quasi vom Unterbewusstsein diktieren zu lassen, indem man ebendieses mit meist illegalen Substanzen stimuliert.

»Ich persönlich hatte immer eine eher negative Vorstellung von Drogen, das heißt, Drogen waren für mich nie ein Experiment, um zu sehen, ob ich dadurch besser werde. Es war immer schon ein Akt der Selbstzerstörung und ein Grund, mich selbst bemitleiden zu dürfen. Ungefähr: Jetzt hast du das Recht, dir alles zu geben, weil's dir schlecht geht, und jetzt darfst du auch sagen, dass es dir schlecht geht, weil du ja so viele Drogen genommen hast. Ich hab dann dabei auch mal geschrieben, und es war angenehm, weil ich nur so halb bei Bewusstsein war. Es gibt gerade bei Jugendlichen ja eine arge Romantisierung von Drogenabhängigkeit sowie von Selbstmördern. Weil man meint, dass diese Leute, die sich selber zerstören, etwas Besonderes haben und viel sensibler sind, weil sie das ganz normale Leben nicht aushalten. Und deswegen viel schöner als alle anderen Menschen sind. Sie faszinieren bis zu dem Moment, wo sie ihre Schönheit verlieren und einfach nur noch Wracks sind.«

»Oder wo du sie riechst«, füge ich hinzu, an mein Erste-Reihe-Erlebnis mit Pete Doherty denkend. »Wahrscheinlich ist es ziemlich enttäuschend, seine Idole persönlich zu treffen.«

»Und auch die Leute, in die du früher mal verliebt warst, solltest du nicht wieder treffen, wenn du Mitte 20 bist«, lächelt Jenny wissend. »Als ich so 16 war, war ich mit einem Jungen in einer Zeichengruppe, und in den war ich total verknallt, weil er so ganz anders war als die anderen und nur Musik aus den Siebzigern gehört hat. Und vier Jahre später habe ich ihn wiedergetroffen, und er war so pseudocool und hat von seinen Drogenerlebnissen erzählt. Er war anders auf die Art, auf die alle – gerade hier in Berlin – versuchen, anders zu sein, und nicht mehr auf eine ehrliche Art.

Ich hatte da auch solche Anwandlungen, ich dachte zum Beispiel, dass ich nicht in Deutschland bleiben möchte. Das Filmstudium in New York war dann zunächst das große Ziel, das ich mir ja auch nur aufgrund des Erfolgs der Bücher finanzieren konnte. Ich hatte das Gefühl, wenn ich es da schaffe, dann bin ich unantastbar. Und man denkt immer, dass es schwierig ist, erst mal auf die Uni dort zu kommen, aber letzten Endes hängt alles vom Geld ab.«

Und während sie sich das Leben in der hippen Metropole einzurichten versuchte, musste sie auch kontinuierlich weiterschreiben, um alles bezahlen zu können. Immer nur auf Deutsch zu schreiben, aber eigentlich englisch zu sprechen war kompliziert, und als Jenny dann für die Buchpromo in Deutschland war, fiel ihr auf, dass das eigentlich alles gar keinen Sinn ergab: »New York war für mich so, als wäre ich mit dem beliebtesten Jungen der Klasse zusammen, dabei stehe ich gar nicht auf ihn. Es war aufregend, aber keine Heimat. Auch Filmemachen hat mich zwar interessiert, war aber eigentlich nicht meine Leidenschaft.«

Sie bestellt sich noch einen Kaffee mit Sojamilch, und ich gehe meiner Kirschsaftsucht nach, dann quatschen wir ein bisschen über Verlage und Manuskriptabgaben, bis wir schließlich zu ihrem ersten Versuch kommen, ein Buch auf dem Markt zu platzieren:

»Ich glaube, dass das allererste Buch, das man schreibt – egal ob man 15 oder 50 ist –, selten so gut ist, dass man es veröffentlichen sollte. Mein allererstes Buch, das ich geschrieben habe, habe ich natürlich überall eingesendet. Und es wurde überall abgelehnt. Ich verstehe schon auch warum – darin war alles, was ich mir bis dahin unter ›Romanschreiben‹ vorgestellt hatte, zusammengeworfen. Und manche Wendungen haben nicht funktioniert, und Charaktere haben nicht reingepasst, und die Handlung ist mir außer Kontrolle geraten. Dann habe ich mir gedacht, das Beste wäre, jetzt einfach ein komplett neues Buch zu schreiben. Ich glaube, der Fehler, den viele junge Leute machen, ist, dass sie ein Werk verfassen, und das ist dann so ihr Lebensepos.«

Und daran wird dann herumgedoktert bis zum Gehtnichtmehr, weil alles so voll vom eigenen Leben und so voller Emotion ist, dass man sich von keiner noch so seltsamen Figur und Begebenheit trennen kann.

»Man kann es vielleicht mit jemandem vergleichen, der das Talent mitgegeben bekommen hat, gut zu tanzen. Die Anatomie, die Körperspannung – alles stimmt. Und jetzt kannst du entweder so lange trainieren, bis du die perfekte Primaballerina bist. Oder du übst nur so viel, dass du eine Ahnung davon entwickelst, wie es ist, die Primaballerina zu sein. Aber du kannst es nicht genauso, und dann entwickelst du deinen eigenen Tanzstil.

Entweder du triffst damit gleich voll ins Schwarze, und es wird ein ganz neuer Trend – oder der Zuschauer beziehungsweise der Leser empfindet es einfach nur als seltsam. Deshalb sollte nicht jeder davon ausgehen, dass er jemand ist, der ohne Übung Trends setzen kann.«

Eines meiner Lieblingsbücher von Jenny, *Nocturna – Die Nacht der Schatten*, dreht sich um die Nocturna, einen Geheimbund, dessen Mitglieder den Menschen ihre Vergangenheit rauben, indem sie ihre Erinnerungen aufschreiben und daraus fesselnde Bücher von magischer Schönheit entstehen lassen. Wenn sie zu weit gehen, bleiben nur emotionslose Körper zurück. Denn wir sind, so fasst es das Buch zusammen, eine Summe unserer Erinnerungen und Entscheidungen. Ein – seiner Geschichte beraubter – Straßenjunge, die altkluge Oberschichtentochter Apolonia und der Kleinganove Tigwid versuchen, gegen die Nocturna anzukämpfen. Hauptschauplatz ist Eck Jargo, eine atmosphärische Unterwelt, mit Rotlichtmillieu und Opiumhöhle. Die »Dichter« der Nocturna, allesamt Angehörige der Oberschicht, bedienen sich der Geschichten dieser Unterweltbewohner. So wie sich, im übertragenen Sinne, auch viele Schriftsteller in schmuddelige, chaotische Milieus begeben, um neue Inspiration zu sammeln. Im Endeffekt klauen Autoren immer ein Stück weit die Geschichten ihrer Freunde und Bekannten. Und wenn sie dann veröffentlicht werden, gehören sie nicht mehr ihnen allein.

»Wenn man schreibt, macht man sich natürlich Gedanken darüber, was es eigentlich bedeutet zu schreiben. In *Nocturna* besteht die Seele aus Erinnerungen, aber im echten Leben gibt es tausendmal mehr Antwortmöglichkeiten. Ich habe mir auch überlegt, Religionswissenschaften zu studieren. Dabei war ich nie gläubig, überhaupt nicht eigentlich … Aber Religion und Glaube sind so nah am Menschen dran wie nichts anderes. Und ich interessiere mich für Menschen. Und es ist so mystisch. Und jetzt gerade, wo ich mit dem Philosophiestudium angefangen habe, in dem es ja viel um Logik geht und darum, was man wirklich wissen kann – desto mehr lerne ich, dass man Gott eigentlich überhaupt nicht ausschließen kann. Es ist wirklich ein totaler Trugschluss zu denken, dass es unlogisch sei, an Gott zu glauben. Es gibt überhaupt keinen Beweis dafür. Es gibt natürlich auch keinen konkreten Beweis, dass es ihn gibt. Aber es gibt philosophisch konkrete Beweise dafür, dass die Welt um uns herum vollkommen wahnwitzig ist und nicht von unserem Verstand begriffen werden kann.«

Genauso unmäßig und willkürlich scheint die Sache mit den kreativen Eingebungen zu sein. Manche haben Dutzende, einige zwar wenige, aber dafür geniale, und andere werden ihr ganzes Leben nie damit gesegnet. Bei Jenny kommen sie, ganz klassisch-künsterlisch, oft im Schlaf.

»Einer meiner coolsten, aber gleichzeitig auch tragischsten Träume war, als ich mich in einen bulgarischen Taxifahrer verliebt habe. Und ich habe mit ihm zwei Wochen meines (Traum-)Lebens verbracht,

und ich wusste genau, wie er aussieht, und ich habe seine Familie kennengelernt. Und er hat immer kriminelle Dinger gedreht, und ich habe mir furchtbar Sorgen um ihm gemacht, weil ich so furchtbar verliebt war. Und dann bin ich neben meinem damaligen Freund aufgewacht. Und ich war so aufgeregt und habe ihm erzählt, dass ich mich verliebt habe, und dann langsam habe ich realisiert, dass mein bulgarischer Taxifahrer nicht existiert. Es war schlimm. Manchmal träume ich auch von Personen oder Begebenheiten, die dann so den Weg in meine Geschichten finden.«

Zum Schreiben braucht Jenny vor allem Einsamkeit. Zunächst muss sie allein sein, um sich konzentrieren zu können, und die Einsamkeit ist wichtig, damit man in sich den Drang entstehen lässt, zu flüchten.

»Wenn du einsam bist, dann sehnst du dich vielleicht nach etwas, das es in deiner Umgebung gar nicht gibt, und dann hast du die Notwendigkeit, etwas zu erfinden. Und es ist natürlich einfacher, eher traurig als glücklich zu sein.«

»Diese Melancholie ist ja auch total schön, vielleicht, weil man sich in seinem Leiden wie etwas Besonderes fühlt.«

»Ja, dabei ist das eigentlich ein totaler Trugschluss, weil viel mehr Menschen traurig als glücklich sind.«

Traurig ist es für den gebannten Leser auch, wenn eine Figur, die er über mehrere Hundert Seiten liebgewonnen hat, plötzlich ihren Lebensatem aushaucht. Im Gegensatz zu ihren Lesern hat Jenny aber noch nie geweint, als es zu der Stelle kam, an der die Figur ihren letzten Auftritt hatte.

»Ich finde, dass der Tod nicht das Schlimmste ist, das einer Person zustoßen kann. Im Gegenteil. Es ist ja oft eine Weiterentwicklung. Etwas Sinnhaftes, im großen Ganzen der Geschichte. Auch im wirklichen Leben finde ich den Tod wesentlich weniger schlimm als ein immerwährendes Weitervegetieren.«

Dieses Pathos unserer Jugend, die Chance auf Heldentaten und der Anspruch unserer Liebe auf Unendlichkeit – das alles schwingt mit, wenn wir uns in einer epischen Fantasygeschichte verlieren, die so fantastische Bilder entwirft, dass wir darin gerne unsere kleinen, unbedeutenden Probleme zu erkennen versuchen. Auch für den Schöpfer der Geschichte spielen die kleinen Tragödien des Lebens eine entscheidende Rolle: »Wenn man Schriftsteller ist, dann ist man eigentlich von Natur aus narzisstisch, weil man so viel Zeit mit sich selber und seinen Gedanken verbringt – und die dann auch noch für so wichtig hält, dass man sie mit der ganzen Welt teilen will. Ich bin aber wesentlich lieber mit Narzissten befreundet als mit total langweiligen Leuten. Weil sich Narzissten immer ins Zeug legen, um interessant zu bleiben. Und letztendlich ist es wohl das einzig Unverzeihliche an Menschen – wie an Büchern –, wenn sie nicht unterhaltsam sind.«

16. PORTRÄT: JOHN BRAASCH

DER WEG DES KRIEGERS

Philipp über John Braasch, Thai-Boxer, Jahrgang 1994, Hamburg

In der Literatur werden die größten Helden oft so eingeführt, dass man denkt, sie seien hoffnungslose Fälle – also dem Bild entgegengesetzt, das man eigentlich von einem Helden hat. Das Prinzip gilt oft auch für die realen Helden, die erst einiges durchmachen müssen, um zu checken, dass es einen höheren Sinn für sie gibt, eine bessere Art, ihr Leben zu gestalten und zu sich selbst zu finden.

John und ich sind langjährige Freunde und hätte mir vor drei Jahren jemand gesagt, dass er zum disziplinierten Kampfsportler werden würde, wäre ich sehr lange Zeit aus dem Lachen nicht herausgekommen. John und ich waren wie zahllose andere die typischen Chaoten, die auf Hamburger Hauspartys für Verwüstung gesorgt haben, wobei es die von John mitbegründete NETTO-Crew dabei noch um Längen höher hergehen ließ. Dieser stetig wachsende Haufen von Trunkenbolden war das, wovor dich deine Mutter immer gewarnt hat, als sie sagte, dass du dich nicht von anderen zu wilden Trinkspielen hinreißen lassen sollst. Der Kultstatus dieser Bande von Vagabunden ist ungebrochen und noch heute geht auf guten Hauspartys der Eimer um – das härteste Trinkspiel des Landes.

»Was soll man sagen, schlechte Entscheidungen schreiben gute Geschichten«, kommentiert John unsere Rückblende auf diese alten Zeiten. »Es ging einiges ab, auch unser werter Herr Zumhasch darf dabei sein Licht nicht unter den Scheffel stellen!«

Wir sitzen bei einem Glas zivilisiertem Rotwein in Johns Wohnung, haben uns auch schon eine lange Zeit nicht mehr gesehen und genießen es, uns gegenseitig Erinnerungen zu entlocken, die aus dem Nebel der Vergangenheit zu uns wabern. Wir waren Skate-Buddys und beide nicht von der kommunikationsschwachen Sorte. Ganz besonders John begab sich oft in Situationen, deren Echo er nicht abfangen konnte. »So war es eben, ich hatte oft eine große Klappe und noch nix dahinter. Das führte dann eines Tages an der Elbe zu einer unschönen Situation, aufgrund derer ich heftig aufs Maul bekam und mir dezent der Kiefer angebrochen wurde, weil ich definitiv die falschen Leute angemacht hatte. Im Zuge der Ereignisse dachte ich dann bei mir: Ich muss was machen. Ich hatte keinen Bock mehr, nur das wehrlose Großmaul zu sein. Erst wollte ich mit Wing Tsun anfangen, aber man kennt das ja – man kommt nicht ausm Arsch, und dann waren Sommerferien und dieser Plan wurde auf den Sankt-Nimmerleins-Tag verschoben.«

John ist auch ein versierter Zeichner, und so saß er eines Tages mit einem Freund zusammen, und sie arbeiteten an einem Bild.

»Er meinte zu mir, dass er bald los müsse, zum Thai-Box-Training. Ich sagte nur: ›Waaas? Dieser Assi-Sport?! Du lässt dir freiwillig auf die Fresse hauen?‹ So war mein anfängliches Bild des Sports, aber ehrlich gesagt wird er hier in Deutschland auch so kommuniziert und oft auch so ausgeübt. Nun denn, eines Tages siegte dann doch die Neugier, und ich ging mit ihm zum Training.«

Dieser erste Kontakt mit dem Kampfsport, im Alter von 15 Jahren, war der berühmte »Klick«-Moment, den es braucht, um von einer Sache sofort beeindruckt und überzeugt zu sein.

»Ich fing dann an mit Schnupperkursen und habe sehr schnell Blut geleckt. Da ich mit zwei Freunden zusammen trainierte, kam auch irgendwann ein Konkurrenzdenken zustande, ich wollte besser sein als die anderen, und so steigerte ich mich da rein und trainierte immer härter und regelmäßiger. Meine Woche bestand also aus Training und dann hart ans Limit gehen am Wochenende. Aber ich habe es immer hingekriegt, irgendwie die Waage zu halten, und habe mein Training nichtsdestoweniger durchgezogen.

Bei meinem ersten Kampf kam ich in die Halle und sah nur all die Schränke mit durchgedrücktem Kreuz und »Ich fresse dich auf«-Blick und merkte, dass ich der Einzige dort mit langen Haaren war – die Differenz zu den anderen betrug gute 30 Zentimeter. Direkt nach diesem Tag habe ich mir die Haare kurz geschnitten.«

Mit diesem metaphorischen Ablegen des alten Äußeren verschrieb er sich dem Sport und trainierte von da an fünfmal die Woche.

»Muay Thai hat mir eine Identität gegeben, wie ich sie vorher nicht erlebt habe. So drin in der Sache, wurde ich dann immer besser, bestritt Kämpfe und kam nach einiger Zeit in die Profiklasse. Es gibt noch eine Vollprofiklasse darüber, aber ich verdiente damals schon mit jedem Kampf Geld und bekam bereits fürs Antreten 100 Euro – es wurde also langsam professionell.«

Doch trotz der Leidenschaft, die in ihm für Muay Thai aufgekeimt war, vertrieb sich John das Wochenende immer noch vorwiegend damit, mit der NETTO-Crew zusammen die Grenzen des möglichen Alkoholkonsums neu zu definieren. So kam es dazu, dass von Sachschäden bis zu Alkoholvergiftungen eine Reihe von haltlosen Aktionen geschahen, an deren Ende John anfing, sich die Frage zu stellen, ob sich das alles wirklich lohnt.

»Es kam mir selber irgendwann bescheuert vor. Ich riss mir in der Woche den Arsch auf, um mein Können im Kampfsport zu steigern, und schoss mich am Wochenende komplett aus dem Leben. Da ich langsam, aber sicher auch mit besseren Gegnern konfrontiert wurde, musste ich eine Entscheidung treffen. Und so habe ich dann eisern entschlossen, mit dem Trinken aufzuhören, um meinen Körper zu schonen und vollends im Sport aufzugehen. Das war im Februar 2012. Seitdem besteht mein Leben nur noch aus Schule und Sport – und ich fühle mich blendend dabei.«

Geboren war der neue John, der sich von nun an mit den tieferen Zyklen beschäftigte, um die sich Muay Thai rankt. Eine Trainingsreise nach Bangkok ließ ihn endgültig feststellen, dass es in dem Sport eigentlich mehr als alles andere um den Respekt geht, den man seinem Körper und auch seinem Gegner entgegenbringt.

»In Deutschland wird das Thai-Boxen immer noch als Haudraufsport angesehen, und dieses Bild hat sich in den meisten Köpfen auch so festgesetzt. Es herrscht einfach noch nicht die Art von Kultur um Muay Thai, wie sie in Holland und Thailand entstanden ist. Dort ist es ein Volkssport, und niemand denkt dabei an Angeberei oder muss sich durch den Sport profilieren. Auch beim Thema Fairness hinkt Deutschland da noch hinterher, hier herrscht eine viel stärkere Betrugsrate bei Kämpfen als andernorts. Ich glaube, bis der Sport hier komplett fair ist, bin ich schon alt und zauselig.«

Deswegen hat John auch schon die nächste Reise ins Mutterland des Muay Thai geplant, wo er der Kultur und Philosophie dieser Kampfkunst wieder aus erster Hand begegnen will.

»Da ist das eine ganz andere Sache. Man hat viel mehr inneren Frieden und Ruhe, wenn man dort trainiert. Man ist einerseits sowieso schon von der Magie des Landes eingenommen und kann andererseits auch historische Stätten besuchen, an denen Muay Thai entstanden ist. Man ist seinem Weg als Krieger viel näher, als wenn man nur in einer Halle fünfmal die Woche trainiert. Mein Trainer ist zum Glück sehr erfahren und weise in diesem Punkt, er war einer der Ersten in Deutschland und behandelt den Sport mit dem nötigen Respekt. Von ihm habe ich viel mitgenommen, und allgemein ist das Gym für mich zu einer Familie geworden. Wenn man Probleme hat, findet man immer jemanden, der einem weiterhilft, egal bei welchem Thema. Das ist super und stärkt den Zusammenhalt.«

Aus dem Selbstverteidigungswillen eines jungen, versoffenen Skaters wurde erst ein tägliches Fitnessprogramm und dann eine tiefschürfende Leidenschaft, die inzwischen die gesamte Lebensqualität für John ausmacht, ihm mentale und körperliche Stärke brachte und ihn in seinem Selbstfindungsprozess unterstützte.

»Ich stand damals an einem kritischen Punkt in meinem Leben, an dem wohl jeder danach Ausschau hält, ob der Hafen des Lebens ein seetaugliches Schiff für ihn birgt. Die Frage, wer ich bin und was mein Ziel ist, hat mich umgetrieben, und ich habe mich für einen ganz besonderen Weg entschieden. Für mich geht es im Leben nicht mehr um das Streben nach Luxusartikeln und all diesem westlichpompösen Quatsch. Der Sport erfüllt mich ganz und gar, und für mich ist das schon ein echt geiles Leben, wie ich es mir anders gar nicht vorstellen möchte. Ich kann es schon gar nicht mehr abwarten, nach Thailand zurückzukehren und all die tollen Menschen da zu treffen, die so unendlich gastfreundlich und nächstenlieb sind. Anfangs haben mir viele Freunde gesagt, dass ich mich zu sehr da reinsteigere, aber das ist nun mal meine Art, Begeisterung für etwas auszudrücken. Man lebt dort auf einem so viel niedrigerem Level als hierzulande, und trotzdem habe ich nichts vermisst. Die Hektik, die Geschäftigkeit der Menschen, den Lärm … Man lebt in Thailand einfach zu 100 Prozent, und wenn das die Begleiterscheinungen sind, dann ist das eben so.«

Seinen Rücken ziert ein Tattoo, das er sich vor Ort hat stechen lassen. Es symbolisiert den Schutz im Kampf. Weitere Tattoos sind geplant.

»Ich will mein komplettes linkes Bein stechen lassen mit Szenen aus der östlichen Mythologie, von Kämpfern und Drachen, um meine Überzeugung von der Philosophie des Landes zu verdeutlichen. Wenn man einmal alle fernöstlichen Kampfkünste miteinander vergleicht, dann geht es in allen um das Erreichen eines Seelenheils. Sei es bei den Shaolin in China, den Samurai oder eben den Muay-Thai-Kämpfern. Und wenn mir der Sport in Verbindung mit seinem Mutterland eines gebracht hat, dann ist es genau diese Seelenreinigung, die mich mit einem tiefen Frieden erfüllt.«

Es ist eine Geschichte wie aus einer alten Sage und umso schöner, da sie komplett wahr ist und aus John einen Menschen gemacht hat, der abwägen kann, welche Art der Erfüllung für ihn wichtig ist und dass das nicht mehr das harte Saufen ist, welches sein Leben lange Zeit aus den Fugen gerissen hatte. So witzig die Storys auch waren, die man sich im Nachhinein erzählt hat, und so kurios die Aktionen auch gewesen sind: Ich habe einen kotzenden John in der Notaufnahme im Arm gehalten und kann bestätigen, wie sehr der Sport ihn verändert hat und wie gut ihm dies tat. Ich will hier auch nicht auf die Tränendrüse drücken, ich möchte an dieser Stelle nur den Wandel, dem er sich unterwarf, Tribut zollen und damit zeigen, wie wild es sein kann, sich selbst zu finden, und wie gut man es meistern kann. John konnte sein ganz anderes legendäres Potenzial zeigen, aus dem ein talentierter professioneller Kämpfer hervorging, der sich heute von Woche zu Woche im Ring beweist und Halt im Leben gefunden hat. Und darum geht es eigentlich auch nur im Leben – den persönlichen Seelenfrieden zu finden, den Geld nicht kaufen kann und der nicht von alleine kommt, sondern das Resultat von Eigeninitiative und Mut ist, sich auf Neues einzulassen. Zähne zu zeigen, den inneren Schweinehund zu besiegen und daraus einen Nutzen zu ziehen.

Auch wenn er sehr erfahren klingt – John empfindet sich als noch grün hinter den Ohren und möchte nicht, dass es so wirkt, als hätte er die Thai-Weisheit mit Löffeln gefressen. Doch genau diese ständige Weiterentwicklung und der Lernprozess im Sport reizen ihn so sehr. In diesem Sinne: Fight!

17. PORTRÄT: MAX HEGEWALD

DIE AUGEN DES OZEANS

Katharina über Max Hegewald, Schauspieler, Jahrgang 1991, Berlin

Was macht einen Schauspieler aus? Kantige Gesichtzüge? Eine sonore, dramatische Stimme? Ein Hauch von Unnahbarkeit? Und was ist, wenn man diese klassischen Vorstellungen umdreht, wenn man einer tragischen und negativen Rolle ein unverbrauchtes Gesicht gibt? So polarisiert die Rolle umso mehr, der Zuschauer muss sich zwangsläufig die Frage stellen, wie weit er seiner Wahrnehmung trauen kann.

Regisseur und Schauspieler Max Reinhardt sagte einmal: »Der wahre Schauspieler ist von der unbändigen Lust getrieben, sich unaufhörlich in andere Menschen zu verwandeln, um in den anderen am Ende sich selbst zu entdecken.«

Schizophren kommt uns Vornamensvetter Max Hegewald bei unserem Treffen unter der Weltzeituhr am Alexanderplatz nicht vor. Er scheint nicht in eine seiner tiefgründigen, oft düsteren Rollen versunken zu sein – wie wir bald erfahren, hat die Privatperson Max überhaupt wenig mit seinem schauspielerischen Wirken zu tun. Eine im Nachhinein als totalen Umweg ausgemachte U-Bahn-Reise später sind wir vor dem Michelberger in der Warschauer Straße angelangt, welches mit seiner weitläufigen, offenen Bauweise und seinem typischen Berliner Kreativpublikum wie eine sichere Bank für ein geistreiches und ausführliches Interview anmutet. Zu Beginn haken wir gleich mal

den Standardteil unseres journalistischen Auftrags ab. Grob zusammenzufassen unter: »Woher kommst du?«

»Ich habe in der Jugendtheatergruppe P14 angefangen und viel beim Jugendensemble an der Volksbühne hier in Berlin gespielt. Dann kamen so die ersten Fernsehrollen, *Rosa Roth* zum Beispiel. Und so richtig losgetreten wurde das Ganze dann durch *Keine Angst*.«

2009 kam dieser im Fernsehen, erinnere ich mich, denn dadurch wurde ich auf Max aufmerksam. Der Film war so berührend, weil dieses Sozialdrama nicht durch Wut und Trauer, sondern durch die Unschuld der Jugend und die Reinheit der dargestellten Teenagerliebe bestichte. Der Film erhielt den Grimme-Preis. Wir finden aber noch viel spannender, dass Max selber auch als Regisseur tätig ist. »Es ist natürlich toll, ein Drehbuch, das man selber verfasst hat, auch umsetzen zu können. Meine beiden bisherigen Projekte, *Goldfische fliegen nicht* und *Die Angsthasen*, waren natürlich Low-Budget, aber es hat riesigen Spaß gemacht, und die Reaktionen waren ermutigend. Wenn man eine Zeit lang in diesem Bereich arbeitet, als Schauspieler oder in einer federführenden Rolle hinter der Kamera, macht man sich natürlich so seine Gedanken. So ein abgedrehter Film wie *Harold und Maude*, abseits jeglicher Moralvorstellungen, der trotzdem witzig ist – so was bleibt hängen, weil es echt ist.«

Im Zusammenhang mit Max ist es wohl das Einfachste, zu allererst seine großen Ozeanaugen zu beschreiben. In die schaut man wirklich gerne hinein – da sind Phil und ich uns absolut einig. Denen würde man stundenlang beim Umherschweifen zusehen und Max nebenbei sein Herz ausschütten. Ein spannender Kontrast, denn seine kantigen Wangenknochen, der Bartansatz, das Brusthaar scheinen auf den ersten Blick so gar nicht zu den Kinderaugen zu passen – auf den zweiten aber umso mehr.

»Schauspiel hat immer was mit Widersprüchen zu tun, das fesselt den Zuschauer. Zerstören macht ungeheuren Spaß, Aufbauen aber auch. Oft zerstückelt man seine Figur zuerst systematisch, um sie dann neu zu erschaffen.«

Ein Autor, dessen Figuren ihm besonders gefallen, ist Hermann Hesse. Die frühen, romantischen Sachen, wie *Heumond* zum Beispiel. Aber auch das *Harry Potter*-Universum beherbergt Charaktere, die Max liebgewonnen hat. Als wir einige Tage später eine gute Bekannte von ihm zum Interview treffen, Liv Lisa Fries, rufen wir ihn kurz an und verabreden mal einen *Harry Potter*-Fan-Abend zu viert. Mit Liv

Lisa verbindet ihn zudem eine ganz besondere Auszeichnung. 2011 wurde ihm die Goldene Kamera verliehen, 2012 bekam Liv Lisa ihre.

»Wir standen damals gemeinsam draußen, und ich hab ihr so erzählt, wie das bei mir im letzten Jahr war. Und sie hatte gar nicht gedacht, dass es sie dieses Mal trifft.«

Wie seine Schauspielkollegin war auch er nicht auf einer klassischen Schauspielschule.

»Mein letztes Vorsprechen war furchtbar, ich hab davor gekotzt. Ich bin absolut kein Prüfungsmensch!«

Abgesehen davon konfrontiert er sich aber ganz gerne mit seinen Ängsten. Mit Max kann man nicht nur prima über *Titanic* schwärmen oder Lars von Triers Meisterwerke erörtern, er ist auch durchaus bewandert, was das Genre Horrorfilm angeht.

»Geister, Außerirdische und die ganzen Kreaturen spielen ja subtil mit deiner Urangst, daraus ergibt sich eine sehr spannende Selbstanalyse.«

Oft geht es ihm auch nach einem fertig gedrehten Film so, dass er sich erst mal wieder eingehend Gedanken über sich selber machen muss, um die Rolle ganz abzustreifen.

»Die Rollen verändern einen. So viele Aspekte, so viele verschiedene Arten von Liebe, Wut, Sinn – man stellt sich selber den Fragen, mit denen die Person, die man spielt, konfrontiert ist.«

Besonders die Selbstdarstellung in den Medien findet Max eher anstrengend.

»Eigentlich sollte man so wenig wie möglich von sich preisgeben. Ich will nicht, dass alle Menschen, die mich neu kennenlernen, sich schon ein Bild von mir gemacht haben. Dann fühlt man sich immer in so einer Rechtfertigungsposition und ist unsicher, ob die das öffentliche Bild richtig verstanden haben. Je weniger ich in Zukunft erzähle, desto mehr Freiheit gebe ich mir im persönlichen Erstkontakt, dass mich jemand richtig kennenlernen kann und sich sein eigenes Bild macht, ohne Vorurteile.«

Wir sprechen zwischendurch auch immer mal wieder über das Reisen, Tansania, den Kilimandscharo, und während Max von seinen kleinen Abenteuern berichtet,

stellen wir uns vor, wie er mit einem riesigen Rucksack durch den Dschungel wandert und sich ganz frei fühlt.

»Ich könnte einfach immer losreisen, ohne Ziel. Irgendwann mache ich das mal! Ich will Asien noch weiter entdecken, Südamerika steht noch auf meinem Plan.«

»Und wenn du einfach so abhaust, hättest du nicht Angst, keinen Zugang mehr zu denen zu finden, die du zurücklässt?«, frage ich Max. Phil, der ja ebenfalls ein Weltenbummler ist, schüttelt nur den Kopf.

»Freundschaften kommen und vergehen, einige kommen dann eben wieder zurück.«

»Ja, aber ich meine auch, ob du keine Angst vor der Einsamkeit hast?«

»Einsamkeit ist nur das Bewusstsein, allein zu sein. Und das habe ich auf Reisen nie. Allerdings hänge ich auch durchaus an meinem ›Nest‹. Ich glaube, ich kann ganz gut Verantwortung übernehmen, für meine Freunde, und später mal für Kinder. Ich stehe auch total auf Weihnachten und die Adventszeit, dieses Familiäre, Geborgene. Ich bin nicht direkt kirchlich gläubig, aber mein Prinzip ist, dass es das Gute in jedem Menschen gibt, wir finden überall Zuversicht, die uns Halt gibt. Das ist auch meine Vorstellung von Heimat.«

Momentan wohnt er in einer WG. Wir wandern so langsam die Warschauer Straße hinunter und suchen nach etwas Essbarem. Vor einem kleinen Restaurant mit Quiches bleiben wir stehen und genießen noch ein bisschen unseren Feierabend. Max muss dann auch recht früh los – er hat am nächsten Morgen ein wichtiges Casting.

»Mein nächster Plan ist jetzt aber erst mal eine Afrikareise.«

Danach steht vielleicht wieder Drehen auf der Agenda. Während wir zur S-Bahn laufen, erzählt Max noch eine witzige Anekdote: »Ich hab letzten Winter 'ne Serie gedreht, und da hat mich jemand von der Aufnahmeleitung verarscht. Und zwar kamen irgendwelche Mädels ans Set und haben ihn gefragt, was denn hier passiert, was hier gedreht wird. Und er flunkerte: ›Na, ist 'ne amerikanische Produktion, mit Justin Bieber, da hinten ist sein Wohnwagen.‹ Ich saß da nichtsahnend drin, hör schon so die Kichergeräusche und plötzlich klopft es. Und da standen echt zehn, zwölf Mädels mit Blöcken in der Hand und fragen mich, ob da Justin Bieber im Wohnwagen ist. Es war so grotesk.«

Phil und ich sind uns ganz sicher: In wenigen Jahren werden sie direkt nach Max Hegewald fragen. Und dann wird er sie nicht mehr so schnell los!

EHRLICHER AKTIVISMUS

Philipp über Michi von Fintel, Skateboarder & Filmemacher, Jahrgang 1989, Hamburg

Das Brett, das die Welt bedeutet. Im Hier und Heute ist das Skateboard ein Teil der urbanen Kultur, verhasst bei jedem Hausmeister und vergöttert als Statussymbol von einer gigantischen Szene. Wer einmal erlebt hat, was Skate-Kids nach einem Contest alles anstellen, um die umsonst verteilten Decks zu fangen, weiß, dass in dieser Herzblutgemeinschaft eine unbändige Leidenschaft diesem Objekt gegenüber herrscht. Von kreativ bis destruktiv hat das Skaten viele Gesichter, viele Formen und eine tief verwurzelte Philosophie, nach der jeder Skater lebt.

Und wenn es jemanden gibt, der diese Philosophie wirklich verinnerlicht hat, dann ist es Michi von Fintel, ein junger erfolgreicher Skater, der das geschafft hat, wovon jedes Szenemitglied träumt: mit seiner Passion Geld zu verdienen und sich professioneller Skateboarder nennen zu dürfen. Was bei ihm als Rebellion gegen den Stress zu Hause begann, entwickelte sich zu einem Lebensstil, der von der Freiheit des Andersseins gezeichnet ist, von einer Erweiterung der Möglichkeiten des Alltags, einem nahezu schwärmerischen Ansatz gegenüber der Fortbewegung. Wenn man mit Michi redet, spürt man mit jedem Wort seine Liebe für diese Art des Lebens und kann schnell nachvollziehen, warum er es geschafft hat, so weit zu kommen.

Wir treffen uns im Schanzenviertel in der Sofabar, seinem Lieblingscafé direkt um die Ecke von seiner Wohnung. Dass er mit dem Skateboard kommt, ist selbstverständlich. Es herrscht das typisch geschäftige Treiben des frühen Abends, die Dynamik des angeregten jungen Volkes, das sich hier zum Austausch trifft, uns eingeschlossen. Michi ist einer dieser Menschen, von denen eine große Ruhe ausgeht, man ist sich sofort sympathisch, was sicherlich auch daran liegt, das ich selber skate – zugegeben nicht ansatzweise auf seinem Level. Diese Seelenverwandtschaft, die wohl größte Stärke der Szene, sorgt dafür, dass so einige interessante und kuriose Fakten ans Tageslicht kommen.

»Ich skate, seit ich 13 bin, lebte früher als Kid noch nicht in Hamburg, sondern erst im niedersächsischen Tostedt und danach sogar noch ein Dorf weiter, mitten aufm Lande. Allerdings war direkt nebenan der Skatepark, der mein zweites Zuhause wurde«, stellt er seine Anfänge über den Lärm eines schreienden Babys hinweg dar und springt dann zu der Zeit, in der er sich entschied, lieber zu skaten als einem normalen Job nachzugehen. »Ich wurde wegen eines Kreuzbandrisses ausgemustert, der Arzt dort meinte, dass ich quasi ein Krüppel sei und mit meiner körperlichen Verfassung wenig mit mir anzustellen wäre. Ich meinte nur ›Okay, dann nicht‹, und als Nächstes begann ich

meine Karriere als professioneller Skater. Ich musste selber feiern, wie widersprüchlich das war.«

Vom Staatsdienst befreit begann der damals 18-Jährige, sein so gewonnenes freies Jahr zu nutzen, um seinen Traum zu verwirklichen und sich aufs Skaten zu fokussieren. Das lief so gut, dass er bis heute dabeigeblieben ist. So gut, dass er bis heute nicht einmal auf die unter Skatern klassischste Art des Sponsoren-Fischzuges zurückgreifen musste.

»Ich habe noch nie ein Sponsor-me-Tape gemacht und abgeschickt. Normalerweise schickt ein Skater davon in seinem prä-professionellen Leben Dutzende ab. Doch ich hab einfach nur für mich geskatet und habe einen anderen Einstieg in den Job gefunden.

Ich wurde mit 16 entdeckt von Richie Löffler, einem der Hamburger Skate-Urgesteine und Besitzer des Mantis Skateshops. Er meinte zu mir, dass ich mal im Shop vorbeikommen soll, damit er mir Sachen zum Skaten geben kann – Schuhe, Griptape, Decks, all so was –, weil ich mit meinem völlig verranzten Set-up rumgeheizt bin, das fast auseinanderfiel, weil ich mir nix Neues leisten konnte damals. So hat sich das entwickelt, er nahm mich dann erst als Shopfahrer unter Vertrag, dann auf seiner eigenen Skateboardfirma, Trap, und von da an ging es dann gleich zu adidas und Quicksilver Deutschland. Man muss wissen, dass Skaten vor allem hierzulande ein relativ kleines Business ist und man schnell alle entscheidenden Manager kennt, die einem ein Sponsoring ermöglichen können«, erzählt er lebhaft und ohne eine Spur des Hochmuts von seinem schnellen Aufstieg in der deutschen Skate-Szene.

Die Sponsoring-Manager arbeiten entweder speziell für eine bestimmte Marke oder für sogenannte Distributions, die meistens mehrere Marken unter einem

Dach beherbergen und auf der Suche nach neuen Gesichtern und Repräsentanten an Michi herantraten. Für diese Marken drehte er Skate-Videos, sogenannte Parts, das A und O des professionellen Skatens und Referenz für die Marke einerseits, aber auch für den Stand des Skaters in der Szene. Wer einen wirklich guten Part abliefert, wird in den Himmel gehoben, denn nichts macht der gemeine Skater lieber, als sich von neuen Videos inspirieren zu lassen, und je krasser die Lines in diesen sind, umso mehr bleibt man als Protagonist im Gespräch.

Doch beließ er es nicht beim Skaten, sondern organisierte für den Mantis Store das jährliche Skatevideo.

»Es war so, dass der Verantwortliche für das Video aus irgendwelchen Gründen abgesagt hat, aber ich wollte unbedingt, dass es eins gibt. Deshalb hab ich gesagt, dass ich das an seiner statt machen möchte. Ich bin zu Richie und hab ihm das erklärt, er fand das super und hat mir dann eine Kamera und einen Computer gegeben, da ich selber nicht dieses Equipment hatte. Damit habe ich mich dann vier Monate eingeschlossen, mir alles beigebracht und dabei dann das Mantis-Mixtape produziert – recht schäbig im Prinzip, aber es ging um die Qualität des Skatens, nicht darum, dass ich jede Überblende perfekt hinkriege. Beim ersten Video war ich echt glücklich, dass ich es so hinbekommen habe, beim zweiten sind Sachen schiefgelaufen und ich hab mir eingeredet, dass ich derbe versagt hätte, und mir echt krass Gedanken gemacht. Es meinten zwar alle, dass es cool sei von mir, dieses Video überhaupt gemacht zu haben, aber ich fand es einfach nicht gut. Hab die Kamera und den Laptop abgegeben und gesagt ›Scheiß drauf‹. Daraufhin hab ich mir eine eigene Kamera geholt und erst mal für mich selber gefilmt, um ein besseres Gefühl dafür zu bekommen. Das hat mich dann so

sehr motiviert, dass ich dann das nächste Mantis-Video doch wieder gedreht habe, dieses Mal in schick, in HD und mit mehr Plan von dem, was ich da genau machen muss. Damit bin ich auch sehr zufrieden gewesen. So hab ich mir über knapp drei Jahre die Filmerei selber beigebracht – bin vielleicht jetzt nicht der beste Kameramann, aber ich habe einiges gelernt«, führt er aus und erzählt dann von seiner selbstgedrehten Skate-Dokumentation *Not 2 Serious!*, für die er im Sommer 2011 zu drehen begann.

»Darin geht es um das reine Gefühl, das Skaten auslöst, und es sollte von Szenemitgliedern so beschrieben werden, dass auch Leute, die sich nicht so sehr damit auskennen, es verstehen können. Dafür habe ich Skater der alten Schule interviewt, die für sich definieren, was Skateboarding ist, ohne viele Fachbegriffe oder Ähnliches, damit es jeder nachvollziehen kann. Es ging mehr um die Emotionen als um den Lifestyle. Das fertige Produkt wurde dann einmal gezeigt im Zeise Kino hier in Hamburg. Alle fanden es super, aber ich hatte damit so viel Arbeit, dass ich das Ding erst mal liegen lassen habe, und außerdem habe ich die CD mit der Datei bei der Feier nach der Premiere irgendwo aufm Kiez verloren, hab die Datei jetzt nur noch auf meinem Laptop und bin grade dabei, die zu überarbeiten und ihr den letzten Schliff zu geben, es hatten sich nämlich ein paar Fehler eingeschlichen.«

Er hat diese Doku nicht des Geldes wegen gemacht und wurde auch nicht dazu beauftragt, es entstammt alles seiner eigenen Planung und Feder, er will das wahre Skaten mit seiner eigenen Handschrift nachzeichnen und nicht, dass die Doku zum Kassenschlager avanciert.

»Skaten ist kein Business, es ist eine Kultur. Es war natürlich früher viel stärker eine Antikultur, die sich gegen das Establishment richtet, gegen den vorherrschenden Lebensstil und die öffentliche Kleiderordnung. Als Skater ist man eben immer schmutzig, verschwitzt, muffig und lümmelt auf der Straße rum. Doch mit dem popkulturellen Einschlag, der in den letzten Jahren immer bemerkbarer hochkommt, wird Skaten immer mehr zu einer Mode-Erscheinung, die nicht des Lebensgefühls, sondern der Mode wegen ausgeübt wird. Es ist im Mainstream angekommen und selbst als Teil des professionellen Skatens wird man immer mehr zu einer Puppe, die des Geldes und der Werbung wegen angezogen wird und dann eine Art Schaulaufen in den Klamotten ihrer Sponsoren abzieht«, beschreibt er mit sichtbarem Ärger die Entwicklung der jüngsten Zeit. Ihm war dieser Aspekt nie wichtig, dafür ist er mit dem Skaten zu sehr verwachsen, dafür hat es ihm in schweren Zeiten zu oft Halt gegeben.

»Ich unterscheide bei der Definition eines Skaters zwischen zwei Arten: erstens Jungs wie mir, die dem Stress zu Hause entfliehen wollen und die merken, dass es viel geiler ist, wenn man sich mit seinen Freunden jeden Tag draußen trifft und zusammen skatet, als nur langweilig drinnen rumzugammeln und nix zu tun. Das geht nicht von jetzt auf gleich, aber man merkt nach ein paar Wochen, dass man hier ein ganz besonderes Umfeld gefunden hat, man wird sozial integriert, man kann einfach unendlich lange Stunden auf der Straße rumheizen und den ganzen scheiß Stress vergessen – sei es zu Hause, in der Schule, im Job oder sonst wo. Es wird dein Auffangbecken, wo du immer so bist, wie du bist. Man braucht nicht mal lange Konversation zu betreiben mit den Jungs, man ist einfach vereint im Moment und im Skaten.

Dann gibt es die andere Kategorie, die aus dem Gedanken, dass es cool ist, jetzt Skater zu werden, anfangen. Da geht's dann nur um das Posing, um die Marke, die man auf der Brust spazieren trägt, um Nichtigkeiten, die einen nicht weiterbringen, weder technisch noch sozial. Klar, es gibt auch Ausnahmen, Leute, die merken, dass ihnen Skaten was gibt und die deshalb ernster und ehrlicher zu der Sache stehen und ihren Ansatz noch mal überdenken. Aber der Rest hört recht schnell wieder auf damit, sie werden auch innerhalb der Szene nicht akzeptiert und schmeißen dann die Flinte schnell ins Korn.«

Michi spricht ganz klar für sich von der Sucht Skaten, einem Gefühl, das ihm nichts anderes gegeben hat und das nicht vergleichbar ist mit anderen Arten des Zeitvertreibs. Er sieht es nicht als Sport, aber kein Skater wird sagen, dass Skaten ein Sport sei, dafür steckt noch zu viel Rebellion gegen den Rest der Welt in der Szene.

»Deswegen hat es auch nicht geklappt, als versucht wurde, Skaten olympisch zu machen. Es scheiterte nicht daran, dass keiner der Sponsoren sich dafür interessierte oder so was, sondern daran, dass man als Skater einfach nicht diesen nervigen Wettbewerbsgedanken hat, wie das im Sport nun mal üblich ist. Kein guter Skater wäre da mitgefahren, das wäre peinlich gewesen für ihn, eher ein Ansehensverlust als -zugewinn. Man genießt es vielmehr, sich mit anderen zu messen und auszutauschen, zusammen eine gute Zeit zu haben, aber man muss nicht immer besser sein als der oder der. Ich selber habe auch nicht viel für Contests übrig, die einzig wettbewerbsgeprägte Veranstaltung innerhalb des Skatens. Man gibt sich lieber gegenseitig Props und Anerkennung für die Tricks und Sachen, die man geschafft hat, als dem anderen stetig seinen Erfolg zu missgönnen. Das ist doch scheiße«, manifestiert er die Philosophie des Miteinanders endgültig und lächelt zufrieden.

Wenn man Skateboarding personifizieren würde, gelänge man wohl zu einer Person wie Michi von Fintel. Jemandem, der stets versucht, andere für sich zu gewinnen, ohne dabei zu schleimen oder heuchlerisch zu sein. Jemanden, mit dem du die Nacht zum Tage machen, dich aber auch am nächsten Tag noch voll auf ihn verlassen kannst, wenn ihr zusammen etwas geplant habt. Einer Person, der es egal ist, was andere über sie denken, solange sie weiß, dass sie auf dem richtigen Weg ist. Und damit Erfolg hat. In den Zeiten der Seelenberaubung nahezu jedes Trendgegenstandes zur Dekoration in Musikvideos bildet er eine letzte Festung gegenüber der Fame-'n'-Fake-Mentalität, sucht stattdessen eigene Wege, um dem Phänomen Skateboarding dokumentarisch gerecht zu werden. Seine Auszeichnung zum norddeutschen »Skater of the Year 2011« war hinsichtlich der Kriterien Qualität des Skatens, Präsenz in der Szene und Aktivität rund ums Skaten mehr als gerechtfertigt, und wenn die sogenannten Krachmacher und Vagabunden der Straßen so viel Ehrlichkeit und so ein starkes soziales Gefüge bilden können, warum ist das dem gut betuchten Spießbürger eigentlich nicht möglich? Die Ansage an dieser Stelle sei klar: Stock aus dem Arsch und rein ins Leben! Mehr als dieses eine gibt es einfach nicht.

NIEMAND IST ZU JUNG

Katharina über Felix Finkbeiner, Gründungspräsident von Plant-for-the-Planet, Jahrgang 1997, Tutzing

So ein Baum ist etwas Mächtiges – symbolisch wie ökologisch gesehen. Ohne unsere großen grünen Freunde würde uns allen die Luft wegbleiben, das realisiert man spätestens in der fünften Klasse, wenn sie einem das mit der Fotosynthese ganz genau erklären. Bereits unsere 68er-Eltern entdeckten in der Liebe zum Baum ihre Liebe zur Natur und somit zum Leben. Man denke nur an die Bilder von langhaarigen Studentenrevoluzzern und leicht bekleideten Hippiemädchen, die sich an Bäumen gekettet haben, um gegen die großflächige Abholzung zu demonstrieren. Die Hug-a-tree-Mentalität hat sich mit der rebellischen Euphorie der wilden Siebziger verflüchtigt, lange Zeit waren »Umweltparteien« mehr Randerscheinung und die Klimakrise drohte bei Weitem nicht so angsteinflößend wie der Kalte Krieg. Doch seit dem Vormarsch der GRÜNEN und spätestens seit kürzlichen Erweckungserlebnissen wie Fukushima sind wieder andere Themen in den Vordergrund gerückt. Insbesondere die Integration unseres sozialkapitalistischen Wirtschaftssystems in einen verträglichen Umgang mit unserem Planeten.

Im Winter 2007 sollen Felix Finkbeiner und seine Klassenkameraden zu genau diesem Thema ein Referat halten.

Der damals Neunjährige recherchiert im Internet und sieht sich den Film *Eine unbequeme Wahrheit* von Al Gore an. Die Konfrontation mit den extremen Mengen an Kohlendioxid (CO_2) und anderen Treibstoffgasen, mit denen wir die Atmosphäre zerstören, machte ihn sprachlos. Und er beschloss, etwas dagegen zu unternehmen. Ein Versuch, die Welt zu retten. Im Büro seiner Organisation Plant-for-the-Planet in Tutzing treffe ich den mittlerweile 15-Jährigen an einem Freitagnachmittag. Da er auf eine internationale Schule geht, sind die Schulzeiten etwas anders eingeteilt: Der Unterricht fängt zwar später an, hört aber dafür auch erst am Nachmittag wieder auf. Direkt aus dem Klassenzimmer zum Interview, das ist für Felix nichts Neues.

»Ich versuche, jeden Tag nach der Schule eine Stunde oder so herzukommen, um die Neuigkeiten zu erfahren, mit der Presse zu sprechen oder Projekte zu verfolgen. Danach nimmt mich mein Vater, der auch hier arbeitet, mit nach Hause.«

Wir machen erst ein paar Schnappschüsse, dann isst Felix schnell Lasagne und fängt nebenbei zu erzählen an: »Ich konnte damals nicht verstehen, warum die Erwachsenen nichts tun. Jeder wusste doch, dass durch die aufgeheizte Atmosphäre das natürliche Gleichgewicht geschädigt wird und deshalb beispielsweise die Gletscher schmelzen. Im Rahmen meines Referats stieß ich auf Wangari Maathai aus Kenia.«

Die 1940 geborene Professorin wird nicht umsonst Mama Miti, die Mutter der Bäume, genannt. Ihr engagierter Kampf gegen die Verwüstung ihrer Heimat, die auch mit den für die Kaffee- und Teepflanzung kaputtgerodeten Wäldern zusammenhängt, ist legendär. Zusammen mit anderen Frauenverbänden organisierte sie erste Pflanzungsaktionen. Aber noch viel wichtiger war die Saat ihrer Idee. Das letzte offene Ziel wurde unter dem Namen »Billion Tree Campaign« bekannt, was nicht weniger bewirken soll, als 1.000 Milliarden neue Bäume zu setzen. Die Mutter der Bäume ist 2011 verstorben, aber ihre Vision lebt weiter. Felix, der sie noch persönlich kennenlernen und mit ihr zusammenarbeiten durfte, benennt sie als sein großes Vorbild.

»Es war so inspirierend zu sehen, dass sie alleine den Anstoß dafür gegeben hat, 30 Millionen Bäume in 30 Jahren zu pflanzen. Bei meinem Referat habe ich dann spontan dazu aufgerufen, dass es doch auch möglich sein müsste, in jedem Land der Erde wenigstens eine Million zu setzen, wenn wir Kinder uns zusammentun.«

Am Anfang glaubte natürlich keiner an eine aussichtsreiche Erfüllung dieses ehrgeizigen Ziels. Seine Eltern fanden das ganz nett, aber mit den Folgen dieses Ausspruchs hätte damals keiner gerechnet.

Doch Felix war eben schon immer ein Macher. Nachdem er irgendwann der ganzen Schule von seinem Vorhaben berichtet hatte und auf begeisterte Zuhörer gestoßen war, bereiste er mit seinem Laptop auch die Schulen der Umgebung. Als er mit seinen Freunden eine Pressekonferenz im Münchner Literaturhaus gab, war die Medienresonanz erschlagend.

Nicht nur, weil hauptsächlich Kinder beteiligt waren, sondern auch, weil das Konzept so einfach wie genial ist. Schon der

Name ist einprägsam und zeitlos: Plant-for-the-Planet. Und die dazu passende Kampagne ist witzig und kritisch. Unter dem Slogan »Stop talking. Start planting« sind auf großflächigen Postern Kinder zu sehen, die einem Erwachsenen die Hand vor den Mund halten.

»Das steht natürlich dafür, dass die Erwachsenen endlich aufhören sollen, nur über Problemlösungen zu reden! Taten sind gefragt! Wir freuen uns natürlich ganz besonders, dass uns Prominente wie Fürst Albert von Monaco, Harrison Ford, Til Schweiger oder Giselle Bündchen unterstützen.«

So abgeklärt, wie er das sagt, könnte man gar nicht meinen, dass er ein 15-jähriger Junge ist, der das bestbezahlte Model der Erde treffen durfte. Überhaupt wirkt nichts an Felix aufmerksamkeitssüchtig, ganz gezielt weist er immer wieder auch auf andere jugendliche Aktivisten innerhalb der Organisation hin.

»Wir sind aber bei Weitem nicht nur hier in Deutschland aktiv. Mittlerweile haben wir Partnerorganisationen in fast allen Teilen der Welt. Russland ist noch ein unerobertes Pflaster, aber da haben wir auch gerade Projekte am Laufen. Oftmals kommen auch andere Organisationen auf uns zu. Es wäre ja blöd, wenn jeder für sich alleine kämpft. Wir müssen zusammen gegen die Klimaerwärmung antreten. Ich hätte damals, vor sechs Jahren, selber nicht gedacht, dass das alles mal so groß wird. Und es werden immer mehr Kinder, so viel Freiwillige, so viel Motivation.«

Er ist definitiv kein typischer 15-Jähriger, aber es hat auch nicht den Anschein, als wäre er zu schnell gealtert. Aus dem niedlichen Neunjährigen ist ein großer Junge mit sicherer Stimme und ungebrochener Begeisterung im Blick geworden. Er ist vor allem deshalb ein interessanter Gesprächspartner, weil er sich seiner Sache ziemlich sicher ist und man oft partout kein Gegenargument finden würde. Grünes Gewissen ist gutes Gewissen? Zumindest bei Plant-for-the-Planet geht die Gleichung auf.

»Das Wichtige sind bei uns die Akademien, das sind bei uns Tages-Workshops. Wir laden dafür alle Schulen der Umgebung ein, und die schicken ihre interessiertesten Vertreter. Und dadurch haben wir bei 80 Teilnehmern eine Reichweite von circa 20 Schulen. Und so verbreitet sich das!«

Felix ist natürlich perfekt im Englischen, da das auf der internationalen Schule die Unterrichtssprache ist. Seine Klassenkameraden kommen aus der ganzen Welt, viele sind Diplomatenkinder – die besten Anlagen für internationale Zusammenarbeit.

»Es gibt Kinder in 193 Ländern, die dabei sind, also so richtig überall.«

Besonders spannend ist die Partnerschaft mit iMatter, einer amerikanischen Jugendorganisation, die immer mal wieder gewaltig für Wirbel sorgt. Felix hält Vorträge auf der ganzen Welt, meist ohne Manuskript und vor einem größtenteils erwachsenen Publikum. Aber wenn man weiß, was man sagen will, dann braucht man keine Redenschreiber, wie die meisten unserer Politiker. Das ganze Reisen prägt natürlich, und er hat einige witzige Geschichten von seinen Auslandserfahrungen zu berichten.

»Ganz cool waren immer die Busreisen, einige davon waren ziemlich abenteuerlich. In Afrika gibt es zum Beispiel Busse, die in der Mitte, also auf dem Gang, noch einen Klappsitz haben. Wenn der Bus dann gerammelt voll ist, kommt keiner mehr normal raus, man muss dann immer übereinander drüberklettern. Was aber ziemlich cool war, ist, dass die an den Haltestellen durch die Busfenster hindurch frisches Obst und andere Sachen verkaufen. Kenia, Tansania und Lesotho waren richtig beeindruckende Reisen. China war auch interessant, das war so komplett durchgeplant von der Organisation, fast schon gruselig. Da waren die Löcher schon akkurat ausgehoben, und wir durften nur noch die Bäume hineinstellen. Ich will auf jeden Fall auch mal nach Indien, gerne auch als Backpacker oder so.«

Zwischendrin quatschen wir noch über Felix' Lieblingsbücher, und ich stelle meine absolute Lieblingsfrage: Was war eigentlich dein liebster Zeichentrickheld? Lustigerweise sagt Felix nach kurzem Grübeln: »Asterix und Obelix. Ich fand Obelix immer ziemlich cool.«

Dabei reißt Obelix doch immer die armen Bäume raus, was sein Hund Idefix mit herzzerreißendem Gejaule betrauert – woraufhin Obelix sie zumeist brav zurückpflanzt. Zum Schluss gibt er mir noch drei Tafeln von der »guten Schokolade« mit.

»1 Euro kostet die Tafel, 20 Cent davon gehen in unsere Organisation. Ganz viele kaufen die Schokolade nicht speziell, weil sie uns unterstützen wollen, sondern weil sie Schokolade essen wollen. Und innendrin sind ständig wechselnde Botschaften zu finden, dadurch werden noch mehr Leute auf unsere Projekte aufmerksam. Übrigens: Für fünf Tafeln können wir einen Baum pflanzen.«

Ich nehme mir vor, in Zukunft mehr Schokolade zu essen.

20. PORTRÄT: MATHIAS ARTUR LEMPART

DER MONDSCHEIN BEI NACHT

Philipp über Mathias Artur Lempart, Modeschöpfer, Jahrgang 1990, Berlin

Was haben wohlwollende Klassenlehrerinnen, ein Bildhauer, 80 internationale Kreative im Plattenbaugetto, eine Anziehpuppe übersät mit gekauten Kaugummis und Schnurrbart-Prints gemeinsam? Richtig: nichts. Richtig? Nichts? Weit gefehlt! Sie alle stellen Wegsteine für Matthias Lempart dar, der durch Eigeninitiative mit einem Schuss Wagemut zu einem Designer wurde, der Ansehen in verschiedenen Kunstsparten genießt und darüber hinaus ein Sonnenschein erster Güteklasse ist. Dabei sah alles am Anfang eher danach aus, als ob etwas Lukratives wie eine eigene Marke in kaum erreichbarer Ferne lag, da auch ein Edelstein wie Mati erst ein weniger schillerndes Leben als Rohdiamant führen musste, bevor er mit seinem Händchen für die richtigen Leute zur richtigen Zeit am richtigen Ort eine Existenz aufbaute.

»Das erste Mal aktiv mit Kunst in Berührung gekommen bin ich eigentlich in der Grundschule, als die Lehrerin uns wegen des anstehenden Wechsels auf eine höhere Schule nach unseren Zukunftsvisionen fragte«, hebt er an, während wir Kaffee trinkend in seinem Atelier sitzen.

»Da hat dann jeder so was wie Feuerwehrmann, Polizist oder Richter gesagt, ich aber eben Künstler, obwohl mir das damals vor meinen anscheinend rechtsstaatlich perfekt geprägten Mitschülern schon etwas peinlich war.«

Wie bei den meisten Kreativen kam da von anderen die Frage auf, ob man mit so einer Vision überhaupt überleben kann, ob Geld für die Miete und für Essen reinkommt und ob das nicht überhaupt alles Quatsch ist. Als Vorbild diente da Matis Onkel, der als Bildhauer den einzigen künstlerischen Zweig der Familie bildete – er war der einzige Bezugspunkt für so einen Zukunftsplan und durch ihn hat sich Mati detailliert mit Kunst und deren Bedeutung und Verständnis auseinandergesetzt.

»So vergingen die Jahre bis zum Abitur, ich hing immer noch mit einem Bein in der Luft und wollte mich unbedingt selber kennenlernen, bevor ich einen ersten Anlauf in Richtung Jobfindung vornehmen würde. Ich fand immer, dass es sich die anderen zu einfach gemacht haben und dass man in diesem Schulendphasenalter eigentlich auch noch zu jung ist, um sich wirklich durchdacht auf eine Karriere zu fixieren, die womöglich von Papa und Mama voreingenommen implementiert wurde. Nur mit schulalltäglicher Lebenserfahrung ist die Lebensplanung hart«, holt er aus und fährt mit Enthusiasmus und wahnsinnig detailreich fort, von seinem Werdegang zu erzählen.

Mit 18 machte er ein Praktikum bei einem Karlsruher Grafikdesigner, um in seiner Heimatstadt die ersten Schritte in ein kreativ subventioniertes Leben zu gehen. Schnell stellte er hier fest, dass es ein riesengroßer Unterschied ist, ob man eigenständig arbeitet oder als Dienstleistender nur Aufträge für Unternehmen ausführt.

»Das war mir zu wenig«, schiebt er hinterher, »ich brauchte meine eigene Freiheit, meine Arbeit sollte von mir für mich sein, da ich sonst schnell das Interesse an dieser Berufssparte verloren hätte.«

So bewarb er sich dann 2010 im Alter von 19 Jahren für ein Crossover-Projekt von Jochen Gerz, welches in der damaligen europäischen Kulturhauptstadt Dortmund (das Ruhrgebiet als Gesamtes war als »Kulturhauptstadtgebiet« ausgewählt) stattfand.

»*2-3 Straßen*, der Name des Projekts, war etwas vollkommen Neues, ein ganz anderer Ansatz und eine Möglichkeit für mich zu zeigen, dass ich mich umgeben von klugen und kreativen Köpfen beweisen kann.«

Es bewarben sich mit Mati etwa 1.400 andere Menschen jeglicher Herkunft und Altersklassen, die eine Vielzahl an Fragen schriftlich beantworten mussten – und schlussendlich blieb Mati lang genug am Ball, um unter den finalen 78 Bewerbern für das Projekt ausgewählt zu werden.

»Ich war 19, ich war der jüngste Teilnehmer, und im Prinzip hieß es dann: ›Ciao, Mutti, ich zieh jetzt für ein Jahr in ein Kunstprojekt nach Dortmund, bis dann.‹ Ich konnte dort mietfrei in einer der zur Verfügung gestellten Wohnungen leben, musste mir mit den typischen Studi-Jobs die Nebenkosten finanzieren und war sonst frei.«

Das Projekt beschreibt sich selbst wie folgt: »Jochen Gerz nennt seine Arbeit *2-3 Straßen* eine Ausstellung. Die Straßen werden für ein Jahr mit ihren Bewohnern, Passanten und Besuchern, mit ihrem Alltag zu Kunst. Im Vordergrund steht nicht nur das Schreiben, geplant sind keine Künstlerquartiere, keine Events. Vielmehr geht es bei *2-3 Straßen* um einen gesamtgesellschaftlichen Prozess – aus Lesern und Nichtlesern werden Autoren, aus Konsumenten werden Produzenten.«*

Dabei wurden die leerstehenden Wohnungen mit den Kreativen aufgefüllt, um das Viertel aufzuwerten und besonders zu machen, eine Art Gentrifizierung auf Zeit, was auch als Kritik gegenüber der Politik

** Quelle: http://www.2-3strassen.eu, abgerufen am 25.2.2013*

großer Städte hinsichtlich der Vertreibung von Künstlern aus ihren Vierteln durch Aufwertung für liquide Kunden, wie zum Beispiel in Hamburg im Schanzenviertel, in Berlin-Friedrichshain und Prenzlauer Berg, zu sehen ist, da diese Neukunden sich die steigenden Mieten leisten können.

»Wir haben da wirklich im Getto gewohnt, also Berlin-Marzahn ist dagegen ein Witz, wirklich!«

Das Ergebnis dieses Projektes waren um 3.000 Seiten Fließtext, in dem Künstler wie Besucher ihre Eindrücke oder ganz einfach nur ihre Alltagsempfindungen dokumentierten.

»In dieser doppelten Bibel steht wirklich nahezu alles, was dir in so einem Jahr widerfahren kann. Deshalb sind viele Abschnitte wirklich nur Wiedergabe des Alltags. Ich hatte in dem Projekt die Rolle des Besucherschullehrers, der die Besucher durch unser Viertel führte und sich immer wieder ansah, wie enttäuscht sie waren, dass sie keine vollgesprayte Kommune mit freier Liebe und Anarchie vorfanden, sondern wirklich nur Alltag. Dadurch waren sie selber das einzig Neue. Die Besucherrolle wurde damit sozusagen aufgehoben, denn man stellte sich schnell die Frage: Wer beobachtet hier eigentlich wen?«

Durch die so entstandene Suche nach dem Was und Warum ergaben sich viele Gespräche und Diskussionen, die dann wieder im Text auftauchen, da sie von den Besuchern ebenfalls niedergeschrieben wurden. Eine gemeinschaftliche Kunst, ein kooperatives Miteinander für den Sinn und Zweck des Neudenkens.

»So …« Mati, erfreut über diese Retrospektive, verlässt kurz den Raum, versorgt uns noch einmal mit Kaffee, und Kathi ist aufgrund so vieler, nicht von ihr gesprochener Worte sichtlich beeindruckt. Menschen mit Geschichte sind die journalistischen Goldgruben, und wir graben jetzt schon sehr tief. Zurück im Raum mit Kaffee und Geschichten, berichtet Mati weiter.

In der Rolle des Besucherschullehrers war es ebenfalls seine Aufgabe, die meisten Presseinterviews zu führen. Und

hier kommt der Katalysator in Mati zum Vorschein.

»Mitte 2010 habe ich angefangen, meine ersten modischen Entwürfe zu kreieren. Hier entstand das Schnurrbart-Logo. Das visuelle Vorbild dafür gaben die im Ruhrgebiet weit verbreiteten »Wife-Beater«, wie man sie in Amerika nennt: dickliche Typen in Unterhemd, Jogginghose und Trainigsschlappen. Und mit Goldketten … und eben Schnurrbärten.«

Dabei hat die Geschichte des Schnurrbarts, oder auch »Mustache«, schon fast den Schneid, mit Matis Geschichten mitzuhalten. Der Wortstamm machte eine Reise vom alten Griechenland aus als *mustax* (Lippe) nach Rom (wie es sich für einen modischen Trend gehört), wo er als *mustacium* und später *mostaccio* Bekanntheit erlangt und sich dann nach einer langen Zeit im 16. Jahrhundert nach Frankreich durchschlägt (wieder voll auf der Fashion-Welle). Dort wurde er dann zu dem nun bekannten *moustache*.

»Neben der sexuell geprägten Bedeutung bemerkte ich auch, dass nahezu alle kontroversen Diktatoren ebenfalls Schnurrbartträger waren oder sind, also hatte der Bart auch etwas damit zu tun, dass man damit etwas verstecken oder kaschieren will, man will sein Gesicht nicht ganz natürlich zeigen und sich somit nicht als Angriffsfläche zur Verfügung stellen. Es ist so gesehen eine Art Maskierung.«

Der Schnurrbart als Indikator für sexuelle Unterdrückung oder auch als Politikum – so zeigte sich auch der Unternehmer Carsten Maschmeyer nach dem Auffliegen der Schröder-Wahlspenden-Affäre von 1998 auf einmal bartlos in der Öffentlichkeit. Imagewechsel durch Unternasenglatze. War also etwas drunter versteckt, insofern hat Mati mit seiner These da sicherlich nicht ganz unrecht.

»Um das dann auf Mode runterzubrechen, stellte ich mir die Frage: Warum tragen Männer weg von Sex und Skandalen einen Schnurrbart? Weil sie es können. Eine Frau hat im Regelfall keinen. Es ist ein Attribut, mit dem sich der Mann schmückt, es zeugt von Potenz und Stärke, eine Art ›Schaut auf mich!‹ geht von dem Bart aus. Als Print angewandt haben so auch Frauen die Möglichkeit, sich mit diesem patriarchalischen Symbol zu schmücken. Doch muss das nicht dauerhaft sein, da man sein Shirt ja einfach wieder ausziehen kann, wenn man keine Lust mehr darauf hat.«

Angezogen hat Mati sein Shirt im Dortmund von 2010 immer dann, wenn er als erwähnter Besucherschullehrer vor den Kameras der Presse stand. Bessere und dazu noch kostenlose Promo konnte er zu dieser Zeit kaum bekommen. Nach nicht allzu langer Zeit kamen so schon die ersten Anfragen aus dem engeren und auch erweiterten Bekanntenkreis nach der Bedeutung, der Herkunft und, am wichtigsten, der Möglichkeiten zum Erwerb dieser Shirts.

»Ich steckte also mit knapp 80 sehr schöpferisch begabten Menschen noch knapp ein halbes Jahr in unserem Projekt und konnte dort ein beinahe unerschöpfliches Talentenetzwerk aufbauen. Eine Teilnehmerin konnte gut nähen, also hieß es dann ›Machst du mir noch zehn Shirts fertig?‹, ein Weiterer stellte sich als Web-Designer heraus, also half er mir maßgeblich bei der Online-Präsenz meiner Kleidungsstücke. So geht es weiter und weiter. Noch jemand anderes war ein PR-Berater, der mich mit Tipps und Erfahrung dahingehend unterstützte, dass ich meine Sachen auch effizient vertreiben konnte.«

Nichtsdestoweniger war es Mati persönlich, der sein erstes Shirt an der Nähmaschine schuf und somit einen landesweiten Hype um das Oberlippenhaar auslöste. Mati Stache war geboren. Doch die Mode war ihm damals bei Weitem noch nicht genug.

europäische Abgeordnete ihrer Klebewut freien Lauf lassen konnten.

»Die Securitys dachten einfach, dass das ein Kamerastativ sei, groß, länglich. Wer kommt da auf den Gedanken, dass das eine Anziehpuppe ist. Aber somit habe ich jetzt offiziell im Europaparlament ausgestellt … Ungewöhnlich.«

Dieser Ausstellung folgten weitere, unter anderem in Tel Aviv und Istanbul. An letzterem Ort stellte er bei der größten türkischen Kunstmesse aus, einmal mehr als Jüngster, und erlebte aus erster Hand, was alles im Leben eines weit von zu Hause entfernten Künstlers schiefgehen kann.

»Nach Ende des Dortmunder Projektes war ich Teil einer Karlsruher Ausstellung. Dort stellte ich am Eingang der Ausstellung einen Kaugummispender auf, aus dem man sich als Besucher bedienen konnte. Mein Aushang dazu war *Kau dich zur Kunst*«, erzählt er mit breitem Grinsen. Nachdem man sich also durch Ausstellung sowie Kaugummi gekaut hatte, war es jedem Besucher freigestellt, sein ausgekautes Kaugummi auf eine von Mati aufgestellte Anziehpuppe zu kleben, wie immer man es wollte. Hunderte nahmen diese Möglichkeit wahr, ihr Kaugummi auf etwas zu kleben, dazu noch im Rahmen einer künstlerisch wertvollen Veranstaltung – ein Jugendtraum.

»Darstellen sollte es, wie alles langsam, aber sicher seinen Geschmack verliert und sich im wahrsten Sinne des Wortes abkaut.«

Gesellschaftskritisierende und – hinterfragende Performance-Art, bei der jeder seinen Beitrag leistet und das Mosaik sich langsam formt. Die Geschichte der Puppe geht weiter bis in die Eingangshalle des Europa-Parlaments. Von den Sicherheitskräften durchgewunken, machte die vielleicht klebrigste Puppe der Welt einen Ausflug in die Empfangshalle, wo

»Ein paar Stunden vor meiner Ankunft am Flughafen in Istanbul gab es in der Stadt ein Bombenanschlag – ich kam also in einer nicht wirklich entspannten Lage dort an. Dann steige ich ins Taxi, um zu meinem Hotel zu gelangen, werde vom Taxifahrer verarscht, der mich sonst wo hinfährt außer zum Hotel, mir den doppelten Fahrpreis berechnet, aber von mir jedoch nur die wirkliche Summe bekommt.« Wer schon einmal versucht hat, einem Taxifahrer weniger zu geben, als dieser verlangt hat, weiß, dass das kein Geschäft ist, mit dem man sich als Fahrer einfach abfindet.

»Kurzum: Ich stehe gegen Mitternacht mit all meinem Hab und Gut auf einem türkischen Basar und muss mich in Istanbul nach dem Hotel ›Istanbul‹ durchfragen …«

Einfach ist definitiv anders. Trotzdem ließ er sich davon nicht entmutigen und lernte kurz darauf als Teilnehmer bei der Ausstellung in Tel Aviv wichtige Leute kennen, die sich interessiert über die nichtkommerzielle Performence-Art und seine anderen Projekte informierten.

So flatterte bald eine Anfrage aus Österreich in Matis Postfach, wie es denn möglich sei, seine Shirts in den dortigen Gefilden zu erlangen. Diese Möglichkeit gab es nicht, aber die Person hinter der Nachfrage stellte sich als ein österreichischer TV-Redakteur heraus. Wieder ging alles Knall auf Fall.

»Ich wurde bei meinem ersten Mitwirken an einer Modenschau also von einem österreichischen TV-Team begleitet. Hat auch nicht jeder. Dort habe ich dann festgestellt: Warte mal, wieder nur Teilnehmer oder Mitwirkender zu sein ist eigentlich gar nicht mehr mein Ding! Ich will was Eigenes! Und so habe ich dann angefangen, eigene Modenschauen zu ersinnen«, sagt er froh und zeigt uns alsbald das Video zur letzten Schau, welche im Rahmen der Berliner Fashionweek abgehalten wurde. Zu dem Thema *Aufgetischt* ließ er seine Models auf einem als Laufsteg zweckentfremdeten Tisch im Rahmen eines Dinner-Empfangs mit Live-Klaviermusik und Sektempfang laufen – auch hier mit seinem Gedanken zur Loslösung von Geschlechterrollen, so laufen auch die Frauen in der Kleidung der Männerkollektion und vice versa.

»Ich hatte ›hinterm Vorhang‹ riesige Angst, dass etwas schiefgeht. Zumal ich von der Show ja wenig bis nichts sehe, da ich damit beschäftigt bin, alle Models richtig einzukleiden. Hat aber nicht ganz geklappt, ein Stoffkleid, sehr durchsichtig, wurde mit dem Rückenteil nach vorne getragen, sah aber passabel aus«, mit lautem Lachen und einem gehörigen Schuss gesunder Selbstironie spult er noch einmal zu besagter Stelle zurück, um es uns zu zeigen.

Aber da auch die Mode von dem Reiz des Unvorhergesehenen lebt, ist dies für ihn weniger ein Manko denn ein menschlicher Touch, der dem Ganzen auch etwas Originelles verleiht. Jeder kann mit perfekter Schau und perfekten Abläufen überzeugen, doch wenn man merkt, dass jemand diesen engstirnigen Perfektionismus gar nicht braucht, um gut dazustehen, macht das denjenigen gleich interessanter. Und da interessante Performances Matis Leidenschaft sind, setzte er im Januar 2012 noch einen drauf. So wurde er eingeladen, bei einem offiziellen evangelischen Gottesdienst in Berlin-Mitte, direkt neben dem Fernsehturm, über Mode zu predigen.

»Dafür habe ich alle Ratzinger-Posen verinnerlicht, um auch authentisch auf der Kanzel zu stehen und alle Stilmittel draufzuhaben«, wirft er verschmitzt ein, »im Grunde ging es inhaltlich in meiner Predigt darum, welche Möglichkeiten die Mode zur persönlichen Befreiung bietet, was man damit eigentlich doch verändern kann, und um Oberflächlichkeit in unser Gesellschaft, denn machen wir uns nichts vor, Mode *ist* oberflächlich, wir bedecken unsere Oberfläche damit, wenn man so will. Und unsere Oberfläche ist der erste Schritt für Kommunikation: Wenn ich mich einladend anziehe, lade ich damit bewusst ein.«

Etwas Besonderes war es für ihn ohne Frage, die ganze Zeremonie einmal als aktiver Prediger und nicht als Kirchgänger zu erleben.

»Es war sehr besonders, eine große Verantwortung, vor Gläubigen über ein solches Thema zu predigen, und das in so einer autokratischen Rolle.«

Es ist spät geworden, und draußen neigt sich der Tag langsam gen Ende, was uns nicht davon abhält, noch einen kleinen Ausflug an einen nahe gelegenen See zu unternehmen. Als wir im dunklen Treppenhaus knapp dem Tod durch Absturz entrinnen, interessiert es uns sehr, wie Mati eigentlich zu dieser schicken Adresse gekommen ist.

»Vorweg: Leisten könnte ich es mir alleine nicht. Die Wohnung plus Atelier ist Teil meines Kunststipendiums, also gestellt auf Zeit. Übrigens hat sogar Yoko Ono hier schon einmal gewohnt vor unzähligen Jahren.«

»Ein guter Ort also für Leute, die gerne aus Säcken heraus schief singen?!«, werfe ich ein.

»Krass«, entfleucht es Kathi.

Sobald wir mit einem Fausthalben bewaffnet gegen eventuelle nächtliche Angreifer am See sitzen, reden wir noch etwas über die Sachen, die Mati im Alltag inspirieren.

»Bist du auch privat immer auf der Suche nach Ästhetik?«, fängt Kathi an.

»Nun, vieles kann ästhetisch sein, Menschen, Formen, sagt euch Poesie der Gravitation etwas? Es bedeutet so viel wie, dass auch eine Mülltüte schön aussehen kann, wenn sie flatternd durch den Wind getrieben wird, da sie so ihre ursprüngliche Form verliert. Das ist, was ich meine: Nahezu alles kann eine Ästhetik besitzen, auch Sachen, von denen man es nicht erwartet.«

Schönheit ist ihm bei diesem Stichwort vor allem für seine eigene Schöpfung wichtig, was bedeutet, dass alle seine Fabrikate aus deutscher Handarbeit stammen und aus ausgewählten Stoffen gefertigt werden, weshalb der Preis höher, aber eben auch die Haltbarkeit und Ästhetik dieser Kleidung längerfristiger ist. Vor allem in der neuen Kollektion, in der Anzüge und etwas mehr nicht casual gestylte Produkte vertreten sein werden. Wenn er so viel wert auf diesen Eindruck legt, hat er da nicht auch Angst, einmal nicht ins Schwarze zu treffen?

»Eigentlich mache ich mir da wenig Gedanken. Bisher läuft es alles sehr rund, daraus schöpfe ich den Mut, noch gewagtere Projekte anzugehen. Das alles kommt ja nicht von ungefähr – wenn ich Mist machen würde, wäre ja kein Abnehmer dafür da und das hätte ich inzwischen mitbekommen. Das gibt mir schon Ruhe und Gelassenheit.«

Mati Stache ist mit seiner Schnurrbart-Power ungebremst im Geschäft und stets zu neuen Höhenflügen bereit. Dass auch er sich Fragen stellen musste, wie »Findet man mit so einer Idee eigentlich einen Job?«, »Hat das Zukunft?«, »Was tust du hier eigentlich gerade?« und »Wer gibt mir eigentlich eine Art Diplom dafür, was ich hier mache?«, zeigt, dass nicht jeder Designer und Mitwirkende in der Modebranche arrogant, selbstgefällig und megalomanisch sein muss, um erfolgreich darin zu werden. Mati bewarb sich aus eigenem Antrieb ungeachtet seines bisherigen Erfolgs für einen Studienplatz, da er diese Sicherheit haben wollte, und sagt, dass er sich eines Tages bestimmt ärgern würde, wenn er niemals Student gewesen wäre.

Geärgert hätte er sich sicher auch, wenn ihm nie die kosmische Relevanz des Schnurrbartes aufgefallen wäre. Man wundert sich ja immer wieder, was ein wenig Haar an einem Menschen ausrichten kann. An Mati hat es wahre Wunder vollbracht, und die Zukunft scheint mit so viel Unternehmergeist und Kreativität auch nicht haarig für ihn zu werden.

21. PORTRÄT: JOHANNA JACOB

VIRTUELLE WUNDERLÄNDER

Katharina über Johanna Jacob, Game-Designerin, Jahrgang 1986, Berlin

Wenn sich zwei Kumpels die Spielekonsole ihrer Playstation schnappen und mit dem Zocken loslegen, dann sollte sich lieber kein Mädchen in diese Situation verirrt haben. Dem drohen sonst, dem gängigen Klischee nach, ein paar endlose Stunden voller Langeweile. Denn während sich die Jungs in Call of Duty oder Fifa verlieren, bleibt der unfreiwilligen Beisitzerin nur das monotone Anstarren des Monitors. Zocken ist eine klare, wenn auch als unattraktiv geltende Männerdomäne. Dabei starren viele Mädchen auch interessiert auf den Bildschirm. Und die wütende Reaktion nach drei Fifa-Partien rührt nicht selten von überheblichem Desinteresse her, sondern eher von resignierter Frustration, dass man schon wieder nicht gefragt wurde, ob man denn nicht selber mal mitspielen will. Klar, die meisten Mädchen spielen nur Ponygames oder Sims. Was eben daran liegt, dass sich die Marketingexperten dieser Produkte ganz besonders auch um ihre weibliche Zielgruppe kümmern. Viele Mädchen Schrecken vor dem Erstkauf eines klassischen Computerspiels zurück, weil bereits die Promotion und diverse Demoauszüge in eindeutiger »Jungsästhetik« aufgebaut sind, und halb nackte Heldinnen für weibliche Gamer auch nicht gerade den ausschlaggebenden Anreiz bieten.

Höchste Zeit also, bereits in der Spielentwicklung mehr Frauen zu integrieren, die dass Ganze dann mit einer anderen Perspektive bereichern. Und dabei stellen wir uns nicht vor, dass statt Blut nur noch Blümchen aus den Schusswunden gefallener Soldaten schießen oder bei Grand Theft Auto die heißen Maschinen durch pinkfarbene Einhörner ersetzt werden.

Weitaus besser in unsere Zukunftsvision passt eine junge Frau, die sich seit ein paar Jahren in dieser Branche behauptet. Nachdem mich ein Game-süchtiger Kumpel auf sie aufmerksam gemacht hat und ich ein paar Wochen später ein kleines Porträt von ihr in der *Brigitte* entdeckte, dachte ich mir: Die müssen Phil und ich haben, getreu unserem Motto: Packen und schleifen! Wir treffen sie nahe ihrem Wohnort, in Kreuzberg, und wandern dann erst mal die Spree entlang. Phil hatte schon ein freakiges Nerdgirl mit World-of-Warcraft-Fanshirt befürchtet, aber Johanna ist ziemlich niedlich und auf den ersten Blick nicht nur knutschtauglich, sondern auch eloquent. Das mit der rauen, männlichen Monstergrafik spreche ich gleich zu Beginn an:

»Ja, ich denke, die präsentierte Spielästhetik ist ein wichtiger Grund für den ›Überschuss‹ männlicher Spieler. Als anderen wichtigen Grund erachte ich die unterschiedlichen Vorlieben und Verhaltensweisen in Bezug auf Wettbewerb, Kooperation, Aufbau, Pflege, Verwaltung, taktisches oder strategisches Handeln, das Lösen von Rätseln, Geschicklichkeit und Geschwindigkeitsrausch. Ich denke aber, dass hier die Geschlechter auch nur Tendenzen aufweisen. Man sollte nicht alle Gamer über einen Kamm scheren – weder in Bezug auf Stichwörter wie Amoklauf, noch auf das Geschlecht.«

Sie selbst ist gerade an der Entwicklung eines Spiels beteiligt, bei der es auch immer wieder Diskussionen um das Erscheinungsbild der Helden gibt.

»Im Lauf der Zeit wurden die Brüste der weiblichen Hauptfigur immer größer, der Rock dagegen immer kürzer.«

Dass Typen es total abfeiern, ihre virtuelle Traumfrau zu erstellen, ist die eine Sache. Dass die Figuren aber oft wie Prostituierte aussehen und sich nicht nur der erwachsenen Frau, sondern bereits einem 13-jährigen Mädchen ein einseitig sexistischer Eindruck aufdrängt, ist etwas anderes. Man denke nur an Lara Croft, Protagonistin sämtlicher feuchter Zockerträume.

Phil will ganz zu Beginn erst mal wissen, wie Johanna eigentlich in diesen nicht unbedingt naheliegenden Job reingerutscht ist.

»Ich hatte seit meiner Abiturzeit begonnen, an einem eigenen Adventure zu arbeiten, und das Projekt während meines Landschaftsarchitektur-Studiums weitergeführt. Bei der Arbeit daran wurde mir klar, dass ich in Zukunft Spiele beruflich und nicht nur als Hobby entwickeln wollte. Ich hatte damals das Magazin *GameStar/dev* (heute *Making Games*) abonniert, und eines Tages entdeckte ich darin die Stellenausschreibung zum Junior Game Designer bei The Games Company. Ich dachte mir, dass mal bewerben ja nicht schaden könne, und fuhr also zum Bewerbungsgespräch nach Berlin.

Ich war erfolgreich, und mir wurde ein Vertrag angeboten. Ich nahm die Chance wahr, brach mein Studium ab und ging nach Berlin, um Spiele zu machen.

Bei The Games Company arbeitete ich unter anderem an Simon the Sorcerer 5. Später starteten wir das Projekt Demonicon. The Games Company ging allerdings im Jahr 2009 pleite und aus den Überresten heraus wurde unter der Schirmherrschaft des Publishers Kalypso die Firma Noumena Studios gegründet, in der ich heute das Kampfsystem von Demonicon entwickle. In meinem Arbeitsalltag konzipiere ich die »Spielregeln« für das Kampfsystem unseres Spiels. Ich denke mir aus, welche Fähigkeiten Held und Monster haben sollen, und bespreche mit den Grafikern und den Programmierern, wie die Ideen umzusetzen sind. Ich trage außerdem die Spielwerte – zum Beispiel Lebensenergie und Schaden, aber auch Geschwindigkeit und das Timing der Angriffe – in Tabellen ein und nehme dort das Balancing vor, für welches ich mir die Formeln überlege. Ich verfasse Fragen an Tester und führe Dialog mit ihnen, um herauszufinden, welche Spielelemente gut funktionieren und wo Verbesserungsbedarf besteht. Und natürlich teste ich auch sehr viel selbst, bevor ich die Tester ›darauf loslasse‹.«

Nachdem sie vom betrieblichen Feierabendbier mit ihren überwiegend männlichen Kollegen erzählt, fragen wir, welche Spiele sie speziell jungen Mädchen empfehlen würde, die ins Zocken einsteigen wollen.

»Die Frage ist seltsam. Ich denke, die Mädchen steigen ins Zocken ein, weil ihnen die Spiele gefallen. Nicht umgekehrt. Wie gesagt kommt es darauf an, was an einem Spiel Spaß macht. Viele Frauen, die ich kenne, mögen Aufbauspiele wie zum Beispiel Die Siedler oder die Anno-Reihe, Adventures wie zum Beispiel Black Mirror oder Deponia, Musikspiele wie Singstar oder Social- und Casual-Games im Internet. Sehr berühmt sind natürlich auch Die Sims.«

Die Sims – da wären wir bei meinem persönlichen Lieblingsspiel. Ich habe in der Zeit von neun bis zwölf Jahren vermutlich mehr Zeit damit verbracht, meine pubertären Sims zu verkuppeln, als selber die Hormone spielen zu lassen. Auch Johanna ist ziemlich fasziniert von der Idee, für ein paar Stunden in andere Identitäten zu schlüpfen – aber nicht nur innerhalb der Spielwelten.

Im Rahmen des Real-Life-Rollenspiels Mythodea kämpft sie gelegentlich auf einem Rittergut bei Hannover gegen die dunklen Mächte.

»Du wirst als sogenannter NSC (Nicht-Spieler-Charakter) einem Team zugeteilt, und dann auf in die Schlacht. Du hast ein paar Stunden Spaß, und irgendwann

kannst du ganz theatralisch sterben. Das ist auch ziemlich anstrengend. Das McFit-Abo habe ich gekündigt.«

Auch wenn viele das Rollenspiel-Genre belächeln, Phil und ich haben nach ihren ausgedehnten Erzählungen über diese spezielle Festivalart total Lust, auch mal einzusteigen. Auch bei einigen Computerspielen bedauern wir gelegentlich, nicht wirklich Teil dieser Welt zu sein.

»Wenn ich für einen Tag in einem Spiel leben könnte, wäre meine Wahl: Myst. Die Hintergrundgeschichte ist sehr komplex und durchdacht, allem liegt eine spezielle Weltanschauung zugrunde. Plattform sind unendlich viele Welten, die man durch besondere Bücher verbinden und bereisen kann. Diese Kunst ist aber verloren gegangen, und nun versuchen einige, sich diese Macht anzueignen, indem sie das Weltenverbinden missbrauchen. Dagegen kämpft der eigene Avatar an. Die Inselwelten in diesem Spiel wurden durch das Schreiben von Büchern geschaffen. Ein faszinierendes Handwerk, was ich zu gern erlernen würde. Vermutlich würde ein Tag dafür aber gar nicht ausreichen.«

Um wenigstens einmal virtuell als Schöpfergeist zu agieren, beschäftigen sich viele leidenschaftliche Spieler früher oder später auch mit dem Erstellen von eigenen Spielwelten. Auch ohne Studium kann man sich viel im Alleingang aneignen, indem man Fachzeitschriften wie *Making Games* liest oder in diversen Foren nach Entwicklertreffen sucht.

»Neueinsteiger, die sich für Game-Design interessieren, sollten sich mit Unity 3D oder Unity 4 (Nachfolger, erscheint demnächst) beschäftigen. In dieser kostenlos erhältlichen Engine lassen sich recht schnell erste Ergebnisse erzielen, insbesondere wenn man sich im Asset Store fertige Grafikmodelle, Scripte, Tools und dergleichen besorgt. Man benötigt allerdings etwas Zeit, um sich mit der Engine zurechtzufinden.

Wer sich an Adventures versuchen möchte, sollte sich das Adventure Game Studio oder die Engine Wintermute anschauen. Für Rollenspiele im Stil von The Legend of Zelda ist der RPG Maker zu empfehlen. Vor- und Nachteile kann ich zu den Engines nicht aufzählen, es kommt am Ende darauf an, welchen Typ Spiel man gern machen möchte. Um Scripting-Kenntnisse kommt man früher oder später nicht herum, es ist also zu empfehlen, sich mit einer Scriptsprache wie zum Beispiel C# oder Java Script auseinanderzusetzen.

Viele Spiele wie zum Beispiel Skyrim bieten außerdem einen Editor, mit dem der Spieler selbstständig Levels, Quests und vieles mehr für sein Lieblingsspiel ›modden‹ kann«, klärt Johanna und Phil nickt wissend, während ich schon verzweifelt über die Buchstabierung einiger Worte nachdenke.

Allmählich setzt die Dämmerung ein, und wir stellen uns drei weiße Liegestühle an eine Straße. Zeit also, ein bisschen kuschliger zu werden. Johanna und ich schwärmen ein bisschen von Jake Gyllenhaal, der als *Prince of Persia* zur fleischgewordenen Verkörperung des traditionsreichen Actionhelden wurde. Ausnahmsweise mal eine männliche Hauptspielfigur, die auch die ganze Zeit halb nackt rumrennt und sich das erlauben kann!

»Ein Verflossener von mir ist die ganze Zeit im Ritterkostüm rumgerannt«, berichtet Johanna an dieser Stelle, und ich stelle mir einen tapferen Recken vor, der so heldenhaft wie Aragorn im *Herr der Ringe*-Spiel agiert. Überhaupt sind die meisten Computerspiele darauf ausgerichtet, in der Rolle des Guten die Bösewichte zu beseitigen. Also dieselbe Perspektive, aus der wir auch mit dem Hauptdarsteller eines Films mitleiden oder, wenn wir ganz zurückgehen, für die wir in den Märchen aus Kindertagen zitterten. Trotzdem haben PC-Spiele und ihre Nutzer ein eher negatives Image.

»Der Generalverdacht der ›Amokläuferbranche‹ ist natürlich ärgerlich, da oberflächlich, einseitig und reißerisch – kurz: populistisch. Im Dialog weise ich meist darauf hin, dass die Branche mehr ist als die berühmt-berüchtigten ›Killerspiele‹: Lernspiele, Spiele, welche richtige Kunstwerke sind, Spiele, die berührende und mitreißende Geschichten erzählen. Ich denke aber, dass sich das Problem in ein paar Jahren von selber löst. Romane, Filme, Pen-and-Paper-Rollenspiele, Comics, Musikstile und so weiter galten auch alle mal als ›jugendverderbend‹, und heute sind sie ein fester Bestandteil unserer Kultur geworden.«

Egal ob Jung oder Alt – jeder liebt kleine Spielereien, um sich die Zeit zu vertreiben.

»Ich glaube, dass sich in den nächsten Jahren viel auf den mobilen Geräten tun wird. Die Technik der Smartphones und Tablets entwickelt sich schnell. Auch Augmented Reality (zu Deutsch: ›erweiterte Realität‹) wird in den nächsten Jahren bestimmt ein großes Thema, gerade im Zusammenhang mit den immer verfügbaren Handhelds.«

Die elektronischen Spielwelten sind längst keine Attraktion mehr, die nur ein Spartenpublikum anspricht. Klar, nicht jedes Game macht uns schlauer. Aber je besser die Technick und je intelligenter die Systeme, desto mehr bekommen wir von diesem Gefühl, in der Mittagspause nebenbei noch ein paar Abenteuer erleben zu können. Eben nicht nur 480 Mails checken, sondern auch noch virtuell die Welt retten.

MAN-EATING-MUSIC

Philipp über Elisa Schmidt, Sängerin & Songwriterin, Jahrgang 1990, Berlin

Der kalte Wind des winterlichen Berlins pfeift mir um die Ohren, während ich durch die weiten Straßen der Stadt laufe, auf dem Weg zu einem Treffen, das mir sicherlich das Herz wärmen wird. In meinem Kopf spielt die Kapelle rund um Schmidt ihren Song *Shadowman*, der mich einfach nicht mehr loslässt und bei jedem neuerlichen Hören mehr verzaubert. Diese melodramatische Klarinette, die mich vom Sound her ein Jahrhundert zurückversetzt, gepaart mit Schmidts rauchiger Stimme in den Strophen, dann heller im Refrain, allerdings mit einer sonoren Männerstimme zusammenfließend …

Von tiefroten Lippen gehauchte Melodien, die wie dunkler Regen an den Fenstern der Seele herabrinnen. Es ist schwer vorstellbar, dass dieser Sound erst ein gutes Jahr alt ist und trotzdem so viel nostalgische Verzückung versprüht. Doch genau dieses Gespür für die Mischung von neuzeitlicher musikalischer Dynamik, gepaart mit dem Sound lang vergangener Tage, von feucht-fröhlich bis dunkelmelancholisch, vor allem die Goldenen Zwanziger definieren das Klangbild einer Musikerin, die seit Veröffentlichung ihres Debüt-Albums 2012 als neue Hoffnung der jazzdurchflossenen Musik gilt. Sie teilte gerade mit Elton John, Lionel Richie und Melanie C auf verschiedenen Kontinenten die Bühne und steht kurz vor dem Start ihrer eigenen Tournee.

Endlich bibbernd im Café angelangt, treffe ich Schmidt an einem Ecktisch. Bei der Begrüßung werde ich aus hinreißenden smokey eyes heraus gemustert, einem der Markenzeichen, welche die geheimnisvolle Kulisse für die Künstlerin Schmidt bilden. Man ist diese Art von in sich ruhendem Understatement wohl einfach heutzutage nicht mehr gewohnt, und genau deshalb geht diese ganz bestimmte

Aura von ihr aus. Trotz des Trubels um ihre Person ist sie sehr nahbar, sie weiß, was sie kann und will, und man hat zu keiner Zeit das Gefühl, dass sie irgendetwas verstecken müsste.

»Ich habe mit zehn Jahren den festen Entschluss gefasst, Sängerin zu werden. Es war nicht so, dass ich einfach vor mich hin gespielt hätte und auf einmal zufällig im Studio von Guy Chambers gelandet wäre. Das passierte mir erst zehn Jahre nach diesem Entschluss, ging also nicht von jetzt auf gleich. Mit sechs habe ich angefangen, Klavierstunden zu nehmen – zur Musik, die ich inzwischen mache, bin ich aber durch das Hoch-und-Runter-Singen von Größen wie Norah Jones oder Billie Holiday gekommen, daher kommt der Jazzeinfluss«, leitet sie ihre Geschichte ein, lächelt mich einnehmend an und schürzt nachdenklich ihre Lippen zu einer Schnute, bevor sie fortfährt.

»Ich weiß noch, wie ich *Come Away With Me* zu Weihnachten bekommen habe und mich sofort in dieser Klangwelt verlor. Allgemein bin ich sehr träumerisch, aber ich träume mit offenen Augen und fand meine Tagträume schon immer faszinierender als die nächtlichen.«

So begab es sich, dass sie mit 16 auszog und sich in ihrer Selbstfindungsphase in einem Musikinternat in London einschrieb. Die weite Welt schien ihrem Ideal des Lebens zu entsprechen, mit 17 zog es sie nach Amerika, und von da an war Elisa in der weiten Welt zu Hause.

»Die Jugend wird heute sehr schnell in ein System reingedrückt und hat gar keine Zeit mehr dazu, sich zu verlieren und neu zu definieren. Man muss immer nur erfüllen, erfüllen, erfüllen, mit 23 den Bachelor, dann eine gute Position im Unternehmen XY und so weiter. Ich habe mir meine Zeit der freien Entfaltung genehmigt und davon auch sehr profitiert. Ich habe es nicht so mit Regeln«, ergänzt sie kokett.

Dann kam es dazu, dass die inzwischen weltläufige Elisa 2011 im Alter von 20 Jahren in London auf den Produzenten Guy Chambers stieß, der als der Mann hinter Robbie Williams bekannt ist, und eine tiefe, künstlerische Verbindung zwischen den beiden entstand.

»Ich habe in London in diversen kleinen Jazzclubs gespielt und mich musikalisch weiterentwickelt. Die Stadt war in einer sehr interessanten Phase, da die Zwanziger dort gerade ein wildes Revival feierten und es überall Maskenbälle, Kostümpartys und schräge Mottofeiern zum Schlagwort Berlin–Weimar gab. In dieser Zeit begann ich dann, mit Guy in seinem Studio mitten in der Stadt zu arbeiten, was eine unglaublich spannende Kollaboration war, während der wir uns gegenseitig zu Höhenflügen inspirierten. Er nannte mich seine Muse, aber ich muss dieses Kompliment vollkommen erwidern, wir haben einander eine sehr schöpferische Kraft gegeben.«

Mit ihrer nostalgischen Ader und dem Interesse, das sie bereits in ihrer Schulzeit für die Zwanzigerjahre aufbrachte, sog sie die Energie dieses Zeitgeistes der Stadt in sich auf und formte daraus ihre eigene Definition der musikalischen Entfaltung.

»Ich hatte nicht vor, mit meiner Musik die Zwanziger oder irgendeine andere Ära wieder aufleben zu lassen, ich lebe im Hier und Heute und fühle mich dort auch sehr wohl. Doch die ständige Neudefinierung ist für mich eine sehr motivierende Kraft im Kreativprozess, und die Melange aus den Klängen einer vergangenen Epoche und der Rhythmik aktueller Popmusik kommt meinem Musikideal sehr nah. Ich hatte endlich das Gefühl, mich als Künstlerin gefunden zu haben, und das war eine unglaublich schöne und zufriedenstellende Entdeckung«, formuliert sie die Entstehung ihres Stiles und streicht sich eine renitente Haarsträhne aus dem Gesicht.

»Ich war in einem Alter, in dem ich meinen Selbstfindungsprozess noch nicht richtig abgeschlossen hatte, und ich habe gemerkt, dass ich mit jedem Song und mit jeder Aufnahme mehr zu der Frau wurde, die ich sein wollte. Der Entstehungsprozess des Albums war gleichzeitig der Entstehungsprozess eines stärkeren Ichs, was auch daran liegt, dass ich zu 100 Prozent in meiner Musik aufgehe und es – abgesehen von dem geringen Prozentsatz, den jedermann zu Hause im Geheimen lässt – keinen Unterschied zwischen dem Menschen Elisa und Schmidt gibt. Nur dass Schmidt vielleicht ein bisschen mehr Man-Eating-Woman ist als Elisa.«

Diese Einstellung ist unter dem Aspekt Authentizität von großem Vorteil, doch wird durch diese persönliche Einbindung auch die Angriffsfläche der Privatperson größer. Ein Umstand, dessen sie sich bewusst ist, aber der aufgrund ihres starken Charakters noch keinen gravierenden Einfluss auf sie hatte.

»Es ist natürlich klar, dass du dich angreifbar machst, wenn du ein Stück deiner Seele für 99 Cent bei iTunes verkaufst, aber ich teile meine Gedanken und Gefühle ja auch gerne, und was in meinen Texten dann Wirklichkeit ist und was meiner weiter gefassten Fantasie entspringt, das ist eben mein kleines Geheim-

nis, meine Art der Anonymität innerhalb meiner Kreation.«

Doch ist diese Anonymität nicht das vorrangige Ziel ihrer Arbeit, sie ist ein Fan des Visuellen, eine bekennende Kämpferin gegen die berechenbar und langweilig gewordene Alltagsgesellschaft, und will ihre Hörer bewusst aus ihrem Trott reißen, sie an die Hand nehmen und in die schillernde Traumwelt ihrer Musik geleiten.

»Ich war schon immer anders, kein Rebell oder Anarchist, aber ich habe mir schon immer viele Gedanken über das Leben gemacht. Und wenn ich es schaffe, Menschen mit meiner Musik aus ihrer momentanen Situation zu nehmen, und sie sich in meiner Welt verlieren können, dann habe ich meine Aufgabe als Künstlerin erfüllt.«

Dieser Wille nach dem Eröffnen neuer Wege für andere mag daher rühren, dass auch Guy Chambers ihr seinerzeit die Möglichkeit gab, ihren eigenen Weg einzuschlagen, und sie weiß, wie gut es tut, mit jemand anderem in eine neue Welt einzutauchen.

»Aus den Unternehmungen zusammen mit Guy kamen die tollsten Inspirationen für Songs, die ich je erlebt habe. So fuhren wir eines Abends, als uns nach tagelangen Studiosessions langsam, aber sicher die Decke auf den Kopf fiel, per Taxi quer durch London in eine alte Videothek. Dort angekommen, legten wir uns eine Box mit sämtlichen Alain-Delon-Filmen zu, fuhren zurück und schauten uns alle an. Daraus entspann sich der Gedanke, über diesen Mann ein Lied zu schreiben, und ehe ich mich versah, war der Song geboren und ist nun auf meinem Debütalbum wiederzufinden«, erinnert sie sich mit freudigem Ausdruck an diese Begebenheit. Aber auch sonst entstehen ihre Lieder nicht an den gewöhnlichsten Orten. Bei einem außergewöhnlichen Charakter wie ihr jedoch eigentlich kein Wunder.

»Texte schreibe ich am liebsten in Konzerten, wo ich mein eigenes Wort nicht verstehen kann und es um mich herum wirklich hoch hergeht. Das ist ein perfektes Umfeld zum Kreativsein, da man von nix und niemandem abgelenkt werden kann. Man lässt sich in die Musik fallen und kann dann ganz frei von nervenden Alltagsgeräuschen schreiben – das bereitet mir große Freude. Ich lasse den Text auch oft vor der Melodie entstehen, da ich sehr textverliebt bin und mir der Inhalt meiner Songs genauso am Herzen liegt wie ihr Klang.«

Außerdem entstehen die meisten Stücke im Co-Writing, dem gemeinsamen Schreiben über einen bestimmten Begriff mit einer zusätzlichen Person, mit der sie sich während des Schreibprozesses reflektiert und damit die meiste kreative Energie freisetzt. Sie merkte, dass sie auf diese Weise am schöpferischsten war. Doch die Stadt London an sich verlangte schon eine andere Herangehensweise an ihr Schaffen.

»Die Stadt ist sehr energetisch, sehr treibend und schnell. Man muss dort viel machen, um mit den anderen mithalten zu können. Alle sind sehr ambitioniert. Das ist auch ein Unterschied gegenüber Berlin, wo man sehr schnell faul werden kann, da alles entspannter abläuft. London war anfangs ungewohnt, aber dann eben auch sehr reizvoll.«

Doch nichtsdestotrotz hat auch Berlin sie zu einem Song auf ihrem Album inspiriert, für den sie dann sogar einen Filmwettbewerb ins Leben rief.

»Ich hatte den Song *Sin City* über Berlin geschrieben, über eine Stadt, die etwas verwunschen und geheimnisvoll ist, in der man nie genau weiß, was einem passiert, wenn man abends loszieht, und in der immer wieder neue, einem noch nicht bewusste Orte zu entdecken sind. Ich habe mich dann mit Guy in eine sehr lange Diskussion über die Eigenarten von Sin Citys vertieft. Und durch den 99Fire-Films-Award, der jährlich im Rahmen der Berlinale jungen Filmemachern eine Plattform bietet, entstand schließlich die Idee für einen Video-Contest, um zu sehen, wie junge Filmer aus allen Ecken der Welt die Charakteristika einer solchen Stadt zeichnen würden. Wir haben sehr imposante Ergebnisse bekommen. Ein tolles Projekt!«

Das Erschaffen eben so eines Projektes ist ganz Schmidt, die sich selbst gerne mit der Metapher des fest verwurzelten Baumes mit Ästen weit in alle Richtungen beschreibt, einem stets nach neuen Wegen und nach Spannung suchenden Lebewesen, das keine Herausforderung scheut, sondern an ihnen wächst und gedeiht.

»Du selbst musst an dich glauben, denn wenn du es nicht tust, dann tut es niemand. Es ist bestimmt schon so manches Talent aufgrund von Selbstzweifeln untergegangen. Man sollte nicht an seinen Träumen zweifeln, sondern seine Zweifel infrage stellen – und dann erscheint der Weg auf einmal schon viel geebneter«, lässt sie zum Abschluss unseres erwärmenden Gespräches verlauten, während wir in die brutale Kälte der gefrorenen Hauptstadt hinaustreten.

Vor der Tür trennen sich unsere Wege. Am Abend steht der Auftritt bei einer exklusiven Modenschau an. Schmidts Terminkalender ist prall gefüllt, doch sie wirkt dabei so entspannt, dass man beinahe neidisch werden könnte, wie tief ihr die Übereinkunft mit sich selbst gelungen ist. Als sie im Taxi entschwebt, ist es fast so, als käme ich langsam aus einem Traum zu mir, als ließe mich erst jetzt die Aura los, die von dieser beeindruckenden Künstlerin ausgeht. Auf einmal trete auch ich wieder aus der Traumwelt Schmidt heraus und stehe im kalten, grauen und tristen Berlin. Ein wahrhaft legendärer Eindruck, ich würde mich nicht wundern, wenn ich in der Nacht von smokey eyes träumen würde und von Frauen mit Zylinder und Zigarettenspitze.

Auf dem Rückweg zur S-Bahn versuche ich zu ergründen, ob mir Elisa oder Schmidt gegenübersaß, doch nach reiflicher Überlegung wird mir klar, dass auch ich in den Bann von Schmidt geraten bin. Wie es noch so vielen nach mir passieren wird.

DER SCHATZ DER SEHNSUCHT

Katharina über Jonas Meyer, Herausgeber & Markenberater, Jahrgang 1982, Berlin

Manchmal trifft man sich unter so skurrilen Umständen, dass die Frage egal ist, ob man unter gewöhnlichen Bedingungen je zueinandergefunden hätte. Jonas Meyer und mich trennt fast ein Jahrzehnt, etliche Meinungen und die Ausrichtung unserer popkulturellen Interessen. Aber nach einem ziemlich privaten, verrückten und feucht-fröhlichen Abend im Hotel Michelberger an der Warschauer Straße war klar, dass uns diese bizarre gemeinsame Erfahrung unendlichen Gesprächsstoff liefern würde. So wurde Jonas mein fester Anlaufpunkt in Berlin, fast wie eine Insel der Heimat. Und irgendwann, ganz still und unbemerkt, stellten wir fest, dass wir Freunde sind. Noch lange vor jener Michelberger-Nacht hatte ich einen Beitrag für sein Online-Magazin *MYP* verfasst. Sein kleines Design-Projekt hat seitdem nicht nur grafisch immense Fortschritte gemacht, sondern auch inhaltlich ist das *MYP* wohl eines der aufregendsten »Kunst- & Menschen-Magazine« unter den deutschen Lifestyle-Seiten im Netz geworden.

Neben Schülern oder Hobbyfotografen kann das alle drei Monate erscheinende Magazin mittlerweile Stars wie Two Door Cinema Club, Yann Tiersen, Nora Tschirner oder Jennifer Weist vorweisen. Hier in Berlin kann es auch schon mal passieren, dass man mit Jonas feiern geht und jemand ihm plötzlich auf die Schulter tippt und fragt: »Du bist doch dieser *MYP*-Typ!?«

Seine Anfänge fand das Ganze, wie so vieles bei Jonas, in einer unbedingten Sehnsucht, einem drängenden Fernweh. Und obwohl wir uns sowieso ständig sehen, treffen wir uns extra für dieses besondere Kapitel am U-Bahnhof Rosa-Luxemburg-Platz. In Mitte, dem Viertel, in dem für ihn alles irgendwie begann.

»Generell finde ich die roheren Ecken Berlins ja viel inspirierender, da passiert einfach mehr in meinem Kopf als bei all dem Herausgeputzten. Aber als ich 2010 zum ersten Mal bewusst und mit offenen Augen in Berlin zu Besuch bei meinem jüngeren Bruder war, habe ich den Charme des Lebens zuerst hier in Mitte entdeckt. Ich war damals total angefüttert – und der Hunger ging nicht mehr weg!«

Wenige hundert Meter entfernt findet sich auch seine Lieblingsbar, das Mein Haus am See, in dem er oft Stunde um Stunde mit seinem Mac an der Bildästhetik seiner Arbeit feilt. Wir betreten Monsieur Vuong, ein angesagtes Indochina-Restaurant mit abgefahrener Karte. Meine Begeisterung über die exotische Auswahl ist riesig.

»Solche kleinen Schätze wie dieses Restaurant, das schier unerschöpfliche Kulturangebot und die unkomplizierte Freiheit – das alles gab es in meinem kleinen Städtchen im Saarland leider nicht, obwohl es da landschaftlich total schön ist. Aber dadurch habe ich oft das Gefühl, viel verpasst zu haben, vor allem in meiner Jugend.«

Mit 13 erlebte er die Trennung seiner Eltern, wenige Jahre später wurde sein Elternhaus verkauft – der Ort, an dem er groß geworden ist und den er so unendlich geliebt hat. »Das fühlte sich damals an, als ob ein wesentlicher Bestandteil meines Lebens einfach weggebrochen wäre: Mein Zuhause war plötzlich weg.«

Danach begann eine jahrelange Odyssee mit etlichen Wohnungen und Übergangslösungen.

»Manchmal träume ich noch heute davon, wie ich durch unser Haus laufe, die einzelnen Zimmer betrete, in den Garten schaue. Ich habe dort einfach so unendlich viel Zeit verbracht. Bis ich 18 oder 19 war, hatte ich ja auch nicht wirklich viele Freunde, war groß feiern oder habe anderes wildes Zeug gemacht. Ich war ganz, ganz viel zu Hause. Und plötzlich war das Zuhause weg.«

Nach dem Abi hatte Jonas keinen Plan davon, wohin die Reise gehen sollte in seinem Leben. Nach dem Zivi fing er an, Jura zu studieren, wechselte aber nach zwei Semestern zu den Wirtschaftswissenschaften.

»Einen Plan hatte ich dadurch immer noch nicht, mein Herz hing einfach überhaupt nicht daran. Aber wer studiert schon BWL aus purer Leidenschaft?«

Neben dem Studium brachte er sich selbst Grafikdesign bei und erstellte Visitenkarten oder Flyer für Dorfdiscos. Das kreative Arbeiten machte ihm einfach Spaß. Und dazu versuchte er, ganz viel nachzuholen.

»Den ganzen Scheiß, den man zwischen 14 und 18 macht, habe ich dann mit 20 gemacht. Ich habe viel gelebt, viel gearbeitet und nicht ganz so viel studiert. So hat sich das Studium in die Länge gezogen. Wenn ich heute überlege, wohin diese Zeit verflogen ist, dann sind da bestimmt fünf Jahre, die ich nicht mehr greifen kann. Ich weiß nur, dass mich auch damals schon die innere Unruhe ständig dazu angetrieben hat, irgendetwas zu produzieren.«

Ich liebe Jonas' Stimme, sie ist total weich, aber auf eine männliche Art ruhig. Und er setzt an den besonderen Stellen wunderschöne Pausen. Nur manchmal ist zu bemerken, dass er sich eines doch sehr melancholischen Wortschatzes bedient. Wir essen seltsam aussehende Frühlingsrollen und ich frage ihn, an welchem Punkt er die Unzufriedenheit seines Herzens greifbar machen konnte.

»Im Herbst 2008 hatte ich einen schweren Autounfall. Nach einem Streit mit Freunden war ich emotional total geladen, habe überreagiert und bin in tiefer Nacht nach Hause gefahren. In einem kurvigen Waldstück kam ich von der Straße ab. Zwar habe ich noch versucht gegenzulenken, aber keine Chance: Der kleine VW Lupo lag plötzlich auf dem Dach. Das Auto war absolut Matsch, aber mir ist so gut wie nichts passiert: Ich habe gelebt! Das war ein Zeichen, glaube ich. Es gibt im Leben ja so Situationen, in denen man denkt: Das ist ein Hinweis. In den ersten Wochen nach dem Unfall habe ich die sonderbare Erfahrung gemacht, dass man alles viel intensiver wahrnimmt, zum Beispiel wenn man im Wald spazieren geht und alles um sich herum viel deutlicher hört oder riecht. Man merkt dabei, wie wertvoll das Leben ist. Die darauffolgenden Monate waren dann ziemlich hart: Ich war nicht mehr mobil. Und jeder, der auf dem Dorf wohnt, weiß ja, was das bedeutet: eine ungeheure Abhängigkeit von Eltern, Geschwistern und Freunden, die einen fahren. In dieser Zeit wurde ich sehr demütig. Gleichzeitig habe ich aber endlich einen Deckel auf mein Studium gemacht. Und ehe ich mich versah, hatte ich meinen Abschluss – und war frei!«

Zufälligerweise lernte er in diesem Zeitraum Lukas Leister kennen, einen jungen, talentierten Fotografen, der sich mit ähnlich sehnsuchtsvollen Gedanken durch die Kleinstadt schleppte.

»Wir sind zwar zwei extrem unterschiedliche Menschen und hatten in der ersten Zeit nicht wirklich eine Ahnung, was der andere so für ein Typ ist, aber wir merkten recht schnell, dass wir seine Leidenschaft für Fotografie und mein Steckenpferd Design irgendwie unter einen Hut bringen wollten. Beide hatten wir die Sehnsucht, uns mit anderen Kreativen auszutauschen. Aber leider gibt es davon in eher ländlichen Bereichen nicht so viele. Also haben wir gedacht, wir können das nur durch ein Magazin schaffen – und *MYP* war geboren.«

Während Jonas von seinem Magazin erzählt, tröpfelt mir etwas Soße in die Haare, weshalb wir erst mal eine Minute lang lachen müssen. Dann wird es wieder ernst. Bei *MYP* geht es darum, dass meist junge, eigentlich immer kreative und oft ebenso sehnsuchtsvolle Künstlerseelen das Thema der jeweiligen Ausgabe auf ganz persönliche Art und Weise interpretieren und ihre Gedanken kombiniert mit einem Foto in einem eigenen Artikel der Öffentlichkeit mitteilen. »Meine Reise« ist zum Beispiel so ein Thema, oder »Meine Liebe«, »Mein Traum«, »Mein Tag«. Ergänzt werden diese selbst verfassten Texte stets mit einem auf den Inhalt bezogenen Foto.

Ziel ist der gegenseitige Austausch, das Sich-erkannt-Fühlen – aber ohne Verlust der eigenen Einzigartigkeit durch sein individuelles Leiden.

»Zunächst glaubten natürlich wenige außer uns an das Projekt, niemand wollte mitmachen. Aber nachdem wir mit Müh und Not die erste Ausgabe zusammenbekommen hatten und das den Leuten mal zeigen konnten, entwickelte sich langsam alles in die richtige Richtung. Mit dem Umzug nach Berlin – in eine WG mit einem Hippie-Opa, seiner Tochter und einer skurrilen Katze – kamen dann die direkten und persönlichen Kontakte zu anderen Kreativen und für *MYP* die Chance, sich weiterzuentwickeln.«

Da er bis jetzt klassische Werbung und Produktplatzierung ablehnt, wird *MYP* von seinem Gehalt als freiberuflicher Markenberater und Designer finanziert.

»Mir ist wichtig, von jedem, den ich zum Interview treffe, mindestens einen Satz mitzunehmen, der mich mein ganzes Leben lang begleiten könnte. Einer der Ersten, die ich damals interviewt hatte, war der junge Schauspieler Rick Okon. Ich litt gerade sehr stark an mir selbst, weil trotz des *MYP*-Erfolgs in Berlin sonst nicht wirklich viel in meinem Leben klappte und die Gesamtsituation eher miserabel war. Als ich Rick davon erzählte, strahlte er mich an und meinte: ›Jonas, das ist doch großartig! Wenn es dir schlecht geht, dann spürst du, dass du lebst – viel intensiver, als wenn es dir gut geht!‹«

Jonas hat ohnehin einen leichten Hang zur Melancholie. Er nimmt die Dinge des Lebens oft sehr schwer, aber gleichzeitig kann er freudig und rein lachen wie ein Kind. Trotzdem weigert er sich standhaft, mit mir die herrlichen Freuden des Karaoke-Singens zu erleben.

»Ich stelle lieber andere in den Mittelpunkt, schenke selbst unendlich gerne, bin einfach froh, wenn andere glücklich sind. Aber mir selbst das zu gestatten … Da muss ich erst noch hinkommen. Ich ertappe mich manchmal dabei, dass ich anderen Leuten gefallen will. Das ist so irgendwie in mir drin. Aber ich habe eingesehen, dass man das nicht kann – es ist nicht möglich, immer jedem gerecht zu werden. Ich glaube auch, dass niemand so hohe Ansprüche an mich hat wie ich selbst. Sie sind so hoch, dass ich sie wahrscheinlich nie erfüllen kann. So entsteht eine gewisse Unzufriedenheit. Viele haben ja dieses Bedürfnis, von allen geliebt und verehrt zu werden. Aber Karaoke singen tue ich trotzdem nicht!«

Tragisch, man kann von seinen Freunden eben nicht alles haben. Dafür ist Jonas immer für eine politische Debatte zu gewinnen.

»Ich bin ein sehr politischer Mensch. Mir ist wichtig, dass man diese Freiheit, sich zu informieren, auch nutzt. Ich glaube, dass die Menschen diese Freiheit sehr schnell vergessen, wenn sie jeden Tag in ihren Genuss kommen. Hier in Berlin ist es so krass, man wohnt ja mitten in der Geschichte. Manchmal schaut man auf den Boden oder an einem Gebäude hoch und bemerkt: Oh Gott, ich bin gerade über den ehemaligen Todesstreifen gelaufen. Noch vor 25 Jahren sind hier Leute gestorben, weil sie von einem Teil Deutschlands in den anderen wollten. Mir ist wichtig, dass den Menschen diese Sachen im Bewusstsein bleiben. Ich finde es immer erschreckend, wenn ich sehe, wie wenig sich manche für das interessieren, was um sie herum passiert oder passiert ist«, sagt er mit seinen traurigsten Jonas-Augen. Die sind eigentlich sehr schön, weil sie immer auch etwas unschuldig in die Welt blicken.

Als ich von ihm wissen will, was für ihn eine schöne Seele ist, verbleibt er ratlos: »Ich habe eigentlich die These, dass man jedes Gefühl auch in Worte fassen kann. Aber dafür finde ich gerade nicht die richtigen. Ich glaube, es hat etwas mit Wahrhaftigkeit zu tun.«

Wenn er recht hat, und erfahrungsgemäß hat Jonas oft recht, dann hat er auf jeden Fall eine schöne Seele. Ähnlich wie bei mir ist auch sein Anspruch an Freundschaft sehr hoch. Und trotzdem sind die, die unserer Wunschvorstellung sehr nahekommen, manchmal gerade deshalb schwer zu ertragen. Ich habe beispielsweise immer eine gewisse Ehrlichkeit und Direktheit von meinem Umfeld eingefordert. Aber durch Menschen wie Jonas, die diese an den Tag legen, habe ich über mich selbst herausgefunden, dass ich eine schöne Lüge oft bevorzuge.

»Wirklich kompliziert wird es dann, wenn Leute zu viel von dir wissen. Jeder Mensch sollte ein kleines Geheimnis haben, das er für sich bewahrt. Das macht einen Menschen einfach aus: Wenn er eine Sache besitzt, die ihm ganz alleine gehört. Ich finde es auch schade, wenn andere ihre Beziehungsdetails so auskippen. Ich teile mein Herz nicht gerne.«

Man muss dazu sagen, dass Jonas von sich beansprucht, in Herzensangelegenheiten einer der idealistischsten Menschen der Welt zu sein. Damit stehen wir in direkter Konkurrenz um diesen Titel, aber er legt mit seinem Kopfkino schon ordentlich vor.

»Irgendwann steige ich mit meiner Sitzplatzreservierung in ein Flugzeug oder in die Bahn. Und auf dem anderen Platz sitzt schon jemand, dem das Schicksal die Platzreservierung neben mir zugeteilt hat. Und wir sehen uns an, erkennen uns. Und wissen es einfach.«

Während unseres Gesprächs erzählt mir Jonas zum allerersten Mal von diesem speziellen Detail, dieser ausgefeilten Vorstellung. Ich bin richtig berührt. Wie schön wäre es, wenn man mit 60 vor seinem Haus am See säße und diese Geschichte mal genau so seinen Enkeln erzählen könnte …

»Aber es ist egal, wie ich leben will, wenn ich 60 bin. Vielleicht werde ich ja gar nicht so alt. Wichtig ist, wie ich jetzt lebe. Und wie sich die Differenz zu dem bestmöglichen Gefühl aufholen lässt. Ich bin auf der Suche nach meiner Identität, vielleicht liebe ich deshalb auch *MYP*. Ich finde es einfach schön, Ästhetik zu erzeugen. Nicht nur visuelle. Auch die der Seele.«

DIE LIEBE ZUM GROSSEN UND GANZEN

Philipp über Yannick Dekeyser, Shop-Inhaber, Jahrgang 1991, Hamburg

Einen eigenen Shop würden viele gern haben. Sei es für Essen, Platten oder Klamotten. Diesen Wunsch erfüllte sich Yannick mit seinen beiden besten Freunden Farid Mamedov und Torben Jungfer, als sie im Sommer 2011 die Einweihung ihres MAINE-Stores feierten. Ich treffe Yannick am Eingang des Shops am Grindel, circa zwei Minuten vom Campus der Hamburger Uni entfernt. Wir pilgern auf die andere Straßenseite, wo uns das Café Leonar mit seiner einladenden Wärme empfängt, ein angenehmer Rückzugsort im zugigen Winterwetter.

»Erst hatten wir geplant, eine Art Luxusimbiss zu machen, ich hatte so etwas in New York gesehen und wollte das dann auch unbedingt umsetzen. Ein Freund von uns, der selber in der Gastronomie arbeitet, meinte allerdings zu uns, dass Lebensmittel das Letzte wären, womit wir uns beschäftigen sollten, da das viel mehr Vorkenntnisse und Ausbildung verlange, als wir besäßen. Da wir alle aber auch sehr stark an Mode interessiert waren, haben wir dann entschlossen, einen eigenen Shop zu eröffnen, in dem wir unsere Lieblingsmarken und inzwischen auch eigene Designs verkaufen. Das war das Naheliegendste.«

Die drei Köpfe hinter dem MAINE-Store kamen aus unterschiedlichen Ecken und haben keine klassische Ausbildung wie zum Beispiel Einzelhandelskaufmann gemacht, bevor sie sich dafür entschieden, den Laden zu eröffnen. Ihre Motivation war das Erringen der Freiheit, sein eigener Chef zu sein und selbstständig dafür zu sorgen, dass alle etwaigen Schwierigkeiten überwunden werden.

»Wir sind alle Schüler des Lebens und haben in den zwei Jahren, in denen der Shop jetzt offen ist, so einiges an Erfahrung gewonnen, vor allem den Umgang mit Händlern und Zulieferern. Da muss man aufpassen, vor allem in der Anfangsphase, wenn man glücklich über jeden ist, der überhaupt mit einem zusammenarbeitet, und man die Relation zwischen Kosten und Nutzen noch nicht richtig kennt. Aber mit Menschlichkeit und einem sich entwickelnden Gespür für Menschen ist man nach einiger Zeit in diese Verantwortung hineingewachsen«, führt er aus und man spürt, dass der natürliche Lernprozess ihn und auch seine Kumpanen formte.

»Man merkt dann doch recht schnell, wer für welche Aufgaben am besten geeignet ist. Torben macht unsere Buchhaltung, Farid, Schulabbrecher so wie ich, ist die Verkaufskanone, und ich bin verantwortlich für die Bestellung und Abfertigung der Waren. Anfangs hatten wir da noch nicht diese Art der Struktur drin, wir haben erst mal drauflos gemacht und es ausgelebt, endlich das zu tun, worauf wir uneingeschränkt Bock haben. Doch das pendelt sich dann ein, man wird immer besser.«

Für Yannick ist es selbstverständlich, dass jede Investition und jedes Projekt Risiken birgt, doch das verdirbt ihm nicht die Laune.

»Das gehört einfach dazu. Wir mussten auch mit verschiedenen Krediten unsere Anfänge finanzieren, ein Risiko ist da immer. Man weiß ja schließlich nie, was passiert, letztens wollten welche bei uns einbrechen, haben es aber glücklicherweise nicht geschafft. Wenn man sich schon vom Risiko abschrecken lässt, dann kann man auch gleich aufgeben.«

Yannick ist ein Bauchgefühl-Mensch, zu lange über alles nachzudenken und sich dabei zwölfmal hin und her zu entscheiden ist nicht sein Ding, er trifft klare Entscheidungen und steht dann auch dazu.

»So war das auch mit unserer Location. Wir liegen ja jetzt nicht wirklich zentral, und die Bewohner der Gegend sind auch nicht unsere vorrangigen Kunden. Aber als wir den Laden sahen, mit den beiden kleinen Treppen rechts und links, die zu einer Art Mini-Vorhof führen, sodass man dort perfekt eine Bank und einen Tisch hinstellen konnte, an dem man verweilen kann – was dem Laden eine sehr einladende Aura verschafft ... Es war alles sehr stimmig. Und wir entschieden zusammen alle sofort, dass das unser Laden werden würde. Hätten wir noch gezögert oder uns noch andere Räume angeschaut, wäre dieser vielleicht inzwischen vermietet worden, und alles wäre anders und eventuell schlechter gekommen.«

Die gestalterischen Möglichkeiten wurden nur durch Auflagen des Vermieters eingeschränkt, und so mussten die drei darauf verzichten, den Hinterhof in ein kleines Café umzuwandeln, was ihrer Meinung nach die absolute Kirsche auf dem Kuchen MAINE-Store wäre.

»Es wäre super gewesen, einen Treffpunkt für Kunden, Freunde und Interessierte zu schaffen. Wir sind nun mal ein sehr kleiner Store, und viel Platz bleibt im Innenraum nicht zum Sitzen. Und nur auf den Sofas rumzuhängen wird mit der Zeit auch nicht wirklich spannender. Uns ist die Verbindung von Menschen sehr wichtig, wir wollen, dass sich alle bei uns wohl und willkommen fühlen. So mussten wir mit etwas Neuem kommen. Wir organisierten einige Zusammentreffen von Freunden und feierten ein wenig im Laden, doch die Nach-

barn waren alles andere als begeistert, obwohl es meiner Meinung nach echt gesittet zuging. Wir verlegten das dann in einen Club auf der Reeperbahn, doch es war nicht mehr das Gleiche.«

Den Kompromiss zwischen Feiern und Leuteversammeln bildeten dann Ausstellungen von befreundeten Künstlern und Fotografen, mit denen das Trio abermals sein Händchen für selbstlaufende Promotion bewies.

»Schon zu Beginn hatten wir mit einem sehr weiten Freundeskreis und diversen Stickeraktionen für einiges an Mundpropaganda gesorgt, wodurch der Begriff MAINE-Store sehr gut rumkam und viele, die den Laden nicht mal selber kannten, zumindest schon den Sticker und das Logo gesehen hatten. So verbreitete und etablierte sich der Name sehr zügig. Durch unsere Ausstellungen im Laden hatten wir die Möglichkeit, noch bekannter zu werden und Leute zu erreichen, die wir sonst nicht für uns hätten gewinnen können. Diese Verbindung von Kunst und Mode gefällt uns sehr gut. In beidem geht es um Neudefinierung, um das Finden eines Stils und darum, nicht mit jeden Trend mitzugehen, sondern Eigenes zu schaffen. Außerdem erweiterten sich so unsere Kontakte, und neue Projekte konnten geplant werden. Zurzeit sind wir voll darauf konzentriert, unsere eigene Linie zu entwickeln und eigene Designs zu pushen, weil die super ankamen und wir zum Beispiel über ein Jahr lang Anfragen für Caps bekamen, die eigentlich nur für uns waren, aber mal auf einem Shop-Foto mit drauf waren. Da haben wir erst gemerkt, was für ein Interesse eine eigene Marke auslöst.«

Darüber hinaus stellt es auch einen größeren Reiz für die drei dar, wenn sie mehr machen können, als nur andere Marken zu verkaufen.

»Es ist immer spannend, etwas Neues zu entwickeln. Unsere Logo-Prints waren immer sehr simpel gehalten, aber wir wollen jetzt mehr, als das Logo mal links, rechts oder vorne auf ein Shirt draufzuklatschen. Mit befreundeten Illustratoren arbeiten wir deswegen derzeit sehr eng zusammen und bringen unsere kreative

Energie unter einen Hut. Dabei ist es uns wichtig, dass das alles in einem möglichst persönlichen Kreis geschieht, wir wollen nicht fremde Agenturen damit beauftragen, für uns Logos zu basteln. Das ist unser eigenes Baby, und das soll es auch bleiben.«

So ist Yannick des Weiteren dafür zuständig, seine Fotografiekenntnisse einzusetzen und die Fotos für den Laden zu schießen. Hier kann er seine ganz eigenen Vorstellungen umsetzen und weiter zum persönlichen Image des Ladens beitragen.

»Ich habe lange in Amerika als Assistent für Fotografen gearbeitet, habe mit 16 die Schule beendet und bin dann rüber nach New York, wo ich viel gelernt habe. Die Stadt hat eine unglaubliche Geschwindigkeit, ich habe in sehr kurzer Zeit enorm viel geschafft und das sehr genossen. Diese Mentalität habe ich aufgesogen und kann sie immer wieder gut einsetzen. Ein weiterer Vorteil des freien Arbeitens ist, dass es nicht so schnell monoton wird wie ein geregelter Job, in dem du praktisch 40 Jahre dasselbe machst und dich nicht entfalten kannst. Ich bin durchaus bereit, für diese Art der Arbeit früh aufzustehen und mich da reinzuhängen, es ist jeden Tag etwas anderes auf der Agenda und das macht es einfach spannender.«

Zugute kommt ihm da ebenfalls, dass er sehr ambitioniert und ehrgeizig an seinen Ideen und Vorstellungen festhält, sich zu verkaufen weiß und so immer den Überblick bewahrt.

»Ich bin ein absoluter Perfektionist. Ich und die anderen beiden haben hart für das gearbeitet, was wir repräsentieren, und wir lieben, was wir tun. Allgemein glaube ich daran, dass Liebe ein starker Faktor ist, der den Erfolg einer Sache bestimmt. Wenn Leidenschaft und Feuer in einer Sache stecken, dann ist man auch bereit, die unangenehmen Seiten zu beleuchten und sich damit auseinanderzusetzen, Lösungen zu finden und zusammen daran zu arbeiten, dass es am Ende läuft. Doch darf man dabei nicht zu gutgläubig sein, und man muss lernen zu sagen, was Sache ist, klar und deutlich, auch wenn das in manchen Situation schwer ist. Das Große und Ganze muss stimmen, dann läuft eine Sache rund und glimpflich ab. Man muss eben selber Action machen, sich nicht auf andere verlassen, sondern sein eigener Herr werden. Deswegen finde ich eben auch, dass man sich nicht immer zu viele Gedanken um eine Sache machen sollte, das kann einem die Lust daran verderben und mit dem Lustverlust schwindet auch die Bereitschaft, sich für seinen Traum mal ein Bein auszureißen!«

Es tut gut zu sehen, dass es noch möglich ist, aus Freundschaft und Überzeugung heraus ein Geschäft zu entwickeln, das sich durchsetzt und die Anerkennung erhält, die es verdient. Der nächste große Schritt soll ein zweiter Laden sein, der auf dem Erfolg des ersten aufbauen soll. Mit dem Eindruck, dass dieser bei dem Ideenreichtum und Enthusiasmus der drei Jungs nicht mehr allzu lange auf sich warten lassen wird, trennen sich unsere Wege – Yannick eilt wieder zurück in den Laden, um eine kaputte Deckenleuchte auszutauschen. Eben ganz der Selfmademan, den er erfrischend natürlich rüberkommen lässt.

25. PORTRÄT: ISMAEL DUÁ

DIE FREIHEIT DER NORM

Katharina über Ismael Duá, Künstler,
Jahrgang 1981, München

Ich werde auch Fragen stellen«, kündigt Ismael Duá an, als ich mich mit einem Glühwein in der Hand auf dem Laubboden in seinem Atelier ausbreite. Philipp steckt irgendwo in Hamburg in seinen Zwischenprüfungen fest, und so treffe ich mich mit Ismael allein in seinem Kommunenzimmer im Maßmann-Studentenwohnheim. Der kleine Raum wird von einem hohen Holztisch dominiert, an den Wänden hängen etliche Bilder, und der Boden ist mit einer dichten Laubschicht belegt, deshalb raschelt es bei jeder Bewegung wohlig. Bereits mit seinem Eingangszitat lässt sich die Besonderheit dieses Gesprächs ziemlich gut verdeutlichen: Bei Ismael bekommt man nicht nur echte und manchmal erstaunliche Antworten. Oft verliert man sich in seiner Rolle des Interviewers und ist plötzlich selbst der Befragte.

Er erzählt zunächst ganz stolz, dass er vor 21 Tagen Vater geworden sei. Nach der Geburt seiner zweiten Tochter war er zum ersten Mal mit Kumpels einen Vaterschaftscocktail trinken: »Ich hab schon 'nen leichten Kater!« Mir geht es ähnlich, am Tag zuvor war eine Weihnachtsfeier gewesen. Nichts bringt einen auf der Sympathieskala von Anfang an so ebenbürtig zusammen wie das gemeinsame Beklagen von Kater-Kopfschmerzen.

Bei ihm stimmt das Gesamtkonzept, das leicht verplante, verschwenderische Klischee vom armen Künstler trifft ungebrochen auf einen wachen, reflektierten und pragmatischen Geist.

»Ich bin als Künstlermarke ja schon ganz okay, aber noch total desorganisiert!«, schätzt Ismael seinen momentanen Standpunkt ein, und liegt damit ziemlich richtig. Neben dem Laubboden ist sein kuscheliges Atelier mit lauter Bildern, Entwürfen und Werkzeug vollgestopft. Das berühmte kreative Chaos! Bereits nach ein paar Gesprächsminuten wird klar, dass er sozusagen im »echten« Leben ganz anders rüberkommt als in der arte-Show *Alles für die Kunst*. Der Kultursender startete damals ein kreatives Experiment, das sich grob als Castingshow für Nachwuchskünstler beschreiben lässt. Nach einer ziemlich aufwendigen, gereimten Online-Bewerbung in drei Sprachen und mit Kurzvideo war Ismael im Rennen. Auch wenn er Castingshows an sich eher kritisch beurteilt, fand er gerade den Aspekt des Zusammenpralls eines vermeintlichen Trash-TV-Formats mit dem elitären arte-Image spannend.

»Es ist ja jedem klar, dass man Kunst im eigentlichen Sinn nicht bewerten kann. Aber der Zuschauer bekommt einen Einblick in die Entstehungsprozesse und Kategorien.«

Die Zusammenarbeit mit der Produktionsfirma, die auch für *Bauer sucht Frau* verantwortlich ist, gestaltete sich während des Drehs dann doch eher schwieriger. Zu viel, zu eng, zu wenig Privatsphäre. Dennoch war es für Ismael natürlich interessant, von Kunstexperten und Kuratoren eine fachliche Meinung zu seinem Werk hören zu können. Abseits der Einschätzungen der Experten wurde natürlich viel Buntes und Zweideutiges an Zwischenmenschlichkeiten zusammengeschnitten. Damit sich der ans Privatfernsehen gewöhnte Zuschauer nicht langweilt. Ismael überspielte in einigen Szenen seine Unsicherheiten gekonnt mit fast schon dekadenten Sprüchen. Eine pinke Brille, die er während mehrerer Folgen trug, prägte zudem sein Bild vom abgehobenen, aber unendlich kreativen und überproduktiven Schöngeist. Einmal kam er fast zwei Stunden zu spät zum Drehtermin, und als ihn der Coach vor laufender Kamera kritisierte, entgegnete Ismael als Verteidigung nur cool: »Pünktlichkeit ist eine künstliche Tugend, keine künstlerische Tugend.« Solche lockeren Sprüche waren neben seinen großartigen Ansätzen einer der Gründe, warum ich ihn unbedingt für unser Projekt gewinnen wollte. Und ich wurde in meinen Erwartungen nicht enttäuscht, ganz im Gegenteil. Er ist sogar einer unserer vielseitigsten Protagonisten. Sein Alter und die Erfahrung mit verschiedenen Lebenswelten, in denen er bisher steckte, machen ihn zu einer Konversations-Schatztruhe.

Charakteristisch an seiner Arbeit ist, dass er sich vor allem auf DIN-A4-Blättern austobt.

»Das Format der Deutschen Industrienorm von 1922 dient mir als Handschrift eines Globalisten, denn es wird in den meisten Ländern der Welt benutzt. Zugleich kann ich durch die Strenge des Maßes 21 mal 29,7 mal 7,42 (denn eine dritte Dimension war noch nötig) inhaltlich und formal alle Stile bedienen: von realistisch gemalt bis abstrakt collagiert. Die totale Freiheit. Als kleines Format steht es dem Kampf um »größer und mehr« entgegen. Als Kritik an dem megalomanen Kunstmarkt zum Beispiel, oder der Industrie. Ich arbeite schon seit Jahren damit und finde in jedem Gespräch neue Aspekte und Bedeutungen dieses konzeptuellen Grundsteins meiner Arbeit.

Nach der Schule war für mich klar, dass ich zwei Optionen für meine Berufung habe: Entweder ich mache Kunst, oder ich studiere internationale Politik und gehe in die Entwicklungshilfe, nach Afrika. Ich habe ja von sechs bis 16 in Afrika gelebt, mein Vater ist immer noch dort. Ich wäre da vermutlich auch ziemlich kompetent gewesen auf meinem Feld. Ich habe mich für das Studium entschieden und in Wales, in Großbritannien, damit angefangen.«

Zuvor hatte er sich auf ein ganz spezielles Abenteuer eingelassen, um das Auslandsstudium zu finanzieren.

»Ich habe mich dann beim Bund verpflichtet. Es gab pragmatische und idealistische Gründe. Man sagt ja immer so schön: Ich bin natürlich kein Militarist. Aber ich habe eine Grenzerfahrung erwartet. Und die kam dann auch. Das ist unbezahlbar, der Blick hinter eine Maschinerie – das muss man mal gesehen haben. Ich hab schon so'n bisschen Mäuschen gespielt. Es gab damals bei der Bundeswehr noch so ein Programm, das sich integrierte Verwendung nannte. Da wurde man ein Jahr ausgebildet, und ein Jahr kam man dann ins Ausland. Das ist jetzt sehr, sehr kritisch, aber eigentlich wollte ich in ein Kriegsgebiet. Um zu wissen, wie die Hölle Krieg eigentlich aussieht. Das hat zum Glück nicht geklappt. Als Soldat kann man sich ja nicht alles aussuchen. Soldat sein ist ja krass, fast schlimmer, als Gefangener zu sein. Soldaten sind schlicht Werkzeuge, die dürfen ja nicht mal denken. Eine unfreiere Berufsidentität gibt es nicht. Du kriegst Unterwäsche gestellt, die du verwenden sollst. Und was da für Typen rumrennen! Bei Weitem nicht alle, ganz klar. Aber: Hallelujah, was da für Hornochsen eine Waffe in die Hand gedrückt bekommen. Unfassbar! Ich bin zwar katholisch erzogen worden, da ist man von Haus aus ein bisschen gehorsam. Doch das war so absurd … Du wirst dann durch die Pampa geschickt von Typen, Offizieren, die oftmals menschlich nicht in Ordnung sind. Mit ganz perfiden politischen Ansichten. Es wimmelt ja nur so von Rechten.«

Offiziell ist eine rechtsextreme Gesinnung natürlich verboten, gezeigt wird sie definitiv nicht offen. Aber der karamellfarbene Ismael kam mehr als einmal mit subtilem Rassismus in Kontakt.

»Man muss als Farbiger lernen, damit umzugehen, genauso wie man als Frau leider lernen muss, mit Sexismus umzugehen. Es war eine sehr einsame Zeit, unglaubliche Alkoholexzesse. Ich war in Holland stationiert bei der NATO. Und du kriegst als 18-Jähriger 2.000 Euro im Monat. Damit konnte ich mir das Studium in England finanzieren. Aber verheerend, wenn die Steuerzahler wüssten, dass ihr Geld in die Luxusneuwagen der jungen Hauptgefreiten fließt.

Joseph Beuys zum Beispiel, bis dato wichtigster deutscher Künstler, war auch beim Militär. Auch die Erfahrung in der dritten Welt oder in einer Großküche lieferten reichlich Inspiration für mein gesellschaftskritisches Schaffen. Es ist wichtig, dass Künstler genau hinschauen und durch die Gabe, andere zu begeistern, einen indirekten Beitrag zur Verbesserung der Lebensumstände aller liefern.«

Nach dem Armee-Abenteuer studierte er vier Jahre Internationale Politik in Wales. Bereits davor hatte sich auch in seinem Privatleben einiges getan. Er war mit 21 Vater geworden, konnte das aber von Wales aus nicht so intensiv wie erhofft genießen.

»Als ich zurückkam, wollte ich quasi ein Jahr Papa nachholen.«

Aber da das Verhältnis zur Mutter so zerfahren war, klappte in dieser Hinsicht gar nichts wie geplant. Und wie so oft war aus leidenschaftlicher Liebe impulsiver Hass geworden. Der Kampf, seine Tochter regelmäßig sehen zu dürfen, und seine Ohnmacht darüber, dass es nicht funktionierte, stürzten Ismael in das, was man im Boulevard gerne als »schwere Lebenskrise« bezeichnet.

Aus dieser depressiven Phase heraus half ihm seine kreative Überproduktivität,

2006 landete er schließlich an der Kunstakademie in München.

»Damals wurde ich vom inzwischen verstorbenen Professor Andreas von Weizsäcker als Student angenommen. Ein Traum wurde wahr. Das Gebäude mit seinen Werkstätten, praktischen und theoretischen Möglichkeiten war beeindruckend für jemanden, der in einem Land groß geworden war, in dem es höchstens HB-Bleistifte ›Made in China‹ gab. Nach dem Tod meines ersten Professors, in der Klasse für Papier und recycelte Materialen, wechselte ich zur abstrakten Bildhauerei bei Professor Magdalena Jetelová. Dann kam ich zur Malerei bei Jean-Marc Bustamante aus Paris, wo ich nun als Meisterschüler mein Diplom mache.«

Neben seinem Afro und dem breiten Grinsen ist vor allem seine Stimme Ismaels schönstes Markenzeichen. Man kann sich richtig vorstellen, wie er als Daddy seinen Töchtern die Welt erklärt oder auch abends in der Galerie anhand seiner Bilder veranschaulicht, was für ihn die Welt im Innersten zusammenhält. Absolute Warmherzigkeit, daran denke ich bei Ismael rückblickend zuerst, obwohl er sich selbst durchaus auch als willkürlich bezeichnet.

Modisch ist die Sache für ihn klar. Eines Tages hatte er keine Lust mehr, sich jeden Tag überlegen zu müssen, welche Klamotten farblich zusammenpassen. Kurzerhand stieg er auf die Einheitsfarbe Schwarz um, was, wie er selbst zugibt, die Entscheidung trotzdem nicht wesentlich erleichterte, da es ja auch in Schnitt und Form gewaltige Unterschiede gibt. Er kreiert auch gerne mal das ein oder andere Stück selbst. Bei Accessoires darf es dann gerne bunt sein. Er zeigt mir zum Beispiel einen witzigen Prototypen der »Krawattentasche« – eine Tragetasche aus alten, manchmal zweifelhaft gemusterten Krawatten.

Dass Kunst nicht das gewinnbringendste aller Gewerbe ist, ist ja allgemein bekannt.

Auch Ismael ist noch am Ausknobeln, wie er seinen Kühlschrank füllt.

»Irgendwo muss das Geld ja herkommen, ich möchte meinen Töchtern einiges ermöglichen. Und auch mir mal gute Farben kaufen. Immer nur mit Trash zu arbeiten erfüllt einen ja auf Dauer auch nicht. Für die nächste Zeit ist jetzt erst mal mein Umzug in die Heimatstadt Berlin geplant.«

Ich erzähle ihm, dass auch ich die bayrischen Berge hinter mir lasse, um in der Hauptstadt mein Glück zu versuchen, und die nächste Stunde reden wir eigentlich nur über mich und therapieren meine Ängste vor der preußischen Kreativmetropole.

»Berlin braucht dich!«, meint Ismael. Und es freut mich sehr, das zu hören, obwohl ich mir natürlich sicher bin, dass das ganz realistisch gesehen nicht so ist. Sich mit musischen Künsten in Berlin durchzuschlagen ist so ziemlich der unindividuellste »Alternativweg«, den man als junger Mensch momentan gehen kann. Trotzdem hilft das altbekannte Künstler-Ego aus der Misere:

»Die Aufgaben, die man sich im Leben stellt, haben schon eine Gleichwertigkeit. Ein Künstler hat ein anderes Aufgabenfeld als zum Beispiel der Bäcker. Und zu dem Aufgabenfeld des Kreativen gehört sein Super-Ego.«

Während andere ihren Job nicht unbedingt als Small-Talk-Waffe Nummer eins benutzen würden, sprechen Kreative am allerliebsten über ihr tägliches Geschäft und natürlich sich selbst. So weit das stereotype Bild – ein bisschen Wahrheit ist auf jeden Fall dabei. Beruf muss im Fall des Künstlers immer auch Berufung sein. Die Trennung zwischen Privatmensch und Büromensch wäre unsinnig und würde der gesellschaftlichen Aufgabe des Schöpfers entgegenwirken.

Menschen wie Ismael verlangen sich ständig eine intellektuelle und praktische Auseinandersetzung mit dem Zeitgeschehen ab, sie suchen sich fortwährend neuen Input und beziehen dazu Stellung.

»Was vor hundert Jahren vielleicht noch als befremdlich in gewissen gesellschaftlichen Kreisen erschien, ist heute selbstverständlich: die Anwesenheit von Frauen. Für mich als Feminist ist das eine der größten Errungenschaften des letzten Generationswechsels. Ich habe mal ein Projekt gestaltet in der arte-Show, in dem ich Regierungsdokumente im Stil der Ausländerbehörde erstellt und verändert und auf rosafarbenes Papier gedruckt habe. Als Globalist hoffe ich, dass das Phänomen ›Ausländer‹ bald ebenso zumindest aus den ersten Gedanken der Menschen verschwindet wie früher die Rollenverteilung der Geschlechter.

Das ist ein weiterer ganz persönlicher Grund, in meiner künstlerischen Arbeit das globale Format A4 so vehement zu propagieren. Zudem würde ich die Vielfalt anführen, sowohl des Ausdrucksstils – realistisch zeichnen bis abstrakt kollagieren – als auch der darin vertretenen Gedanken. Diese scheuen sich nicht, problematische Themen aufzugreifen.

Was im Vordergrund steht, ist aber erst mal die konzeptuelle Arbeit um das Format DIN A4, denn diese Idee verbindet all diese ambivalenten Bestreben. Als kleines Format ist es eine Position, die dem Wettkampf um ›größer und mehr‹ entgegensteht, als ›demokratisches‹ Format. Es entzieht sich Besitzansprüchen und lässt alle möglichen Inhalte zu, ist daher regelrecht offen für alles: Ich finde es spannend, möglichst viel zuzulassen, ohne eine feste Position zu verlieren.«

Es lebe die Freiheit, es lebe die Kunst!

26. PORTRÄT: FINN JÄGER

EINER FÜR ALLES

Philipp über Finn Jäger, Filmer & DJ, Jahrgang 1990, Hamburg

Es ist Freitagabend, die Einkaufstüten dehnen sich unter dem Gewicht von Alkohol und Mische, die Freunde sind eingeladen, Konfettibomben und Knicklichter liegen bereit, und ab zwölf geht's los in Richtung Club. Eine nahezu jedem bekannte Situation. Weniger bekannt dagegen ist, wie viel vor einem solchen Abend getan und geplant wird, damit diese Art von Ausgehoption überhaupt besteht. Eine Party ist für die meisten eine exzessiv ausgelebte Zeit, über deren Umstände und Planung man sich selten Gedanken macht. Doch ist oft genug dieser Aspekt essenziell, positiv wie negativ. Wer in einer Stadt wie Hamburg dafür zuständig ist, dass einerseits die Electro-Partys in den bekanntesten Clubs laufen, dann noch vermehrt selbst auflegt, und vor knapp zwei Jahren anfing, dafür zu sorgen, dass es die Eindrücke des Abends in qualitativ hochwertiger Film- und Fotoproduktion zu sehen gibt, der hat natürlich eine andere Sichtweise auf die für das Partyvolk selbstverständlichen Veranstaltungen und Leistungen eines solchen Abends.

Zur Analye derselben sitze ich mit Finn Jäger, 22, im Haus III & 70 (73) am Schulterblatt in Hamburgs noch-nicht-ganz-aber-immer-mehr gentrifiziertem Schanzenviertel, einem Ort, an dem die Kreativwelt der Stadt seit Langem ihr Zuhause hat.

Es ist früher Abend, Finn treffe ich draußen, als er mit einem gemieteten Fahrrad an mir vorbeibraust, und kurz darauf bestellen wir zusammen einen Kaffee gegen die aufkommende Herbstkälte der Hansestadt. An der Bar kennt man sich, Finn arbeitet selbst hier neben dem Studium und sowieso ist das gesamte Café so etwas wie sein erweitertes Wohnzimmer. Seit er 15 ist, bewegt er sich in Hamburgs Electro-Szene, die neben all dem regelmäßigen Beef um nahezu alles Vorstellbare im Grunde eine große Familie ist, sich gegenseitig genauso viel Liebe wie Häme gönnt, aber wenn es dann um den Spaßfaktor und die Musik geht, meist mit sich übereinkommt. Eben wie beim obligatorischen allwöchentlichen Streit mit den kleinen Geschwistern. Erst Hiebe, dann Liebe.

»Hi, ich bin Finn, bin in der Electro-Szene unterwegs, veranstalte jetzt Partys seit einem Jahr, fotografiere und filme seit Ende 2010 mit FITOGRAFIE Events in und um Hamburg und lege inzwischen auch wieder auf, weil ich durch die ganze Partymacherei auch darauf wieder Bock hatte«, stellt er sich einleitend vor.

»Angefangen hat es nebenan in der Roten Flora um 2004, 2005 rum, wo ich mit 15 als Drum-'n'-Bass-DJ zum Resident wurde. Das waren noch gaaanz andere Zeiten, du wurdest oft einfach mit Gras bezahlt und solche Nummern.«

Wir schweifen ab in einen kleinen Exkurs zu den goldenen Zeiten der Hamburger Feierei, die Rote Flora direkt neben dem Haus III & 70 war ein legendärer Ort, gute Musik, gute und vor allem verrückte Menschen, man konnte seine Jacke in eine Ecke werfen, ohne Angst haben zu müssen, sie später nicht wiederzufinden, bis zu drei Floors mit unterschiedlicher Musik von Dubstep bis Après-Ski (ja, parallel!) … Kurzum, ein guter Ort, um sich im Feiern zu erproben; ein Ort, dem der Zahn der Zeit und das wechselnde Publikum schlechtgetan haben. Darin stimmen wir überein.

»Man musste sich reduzieren, hat auf den letzten scheiß Plattenspielern gespielt, 40 Euro vom Flohmarkt und solche Geschichten«, erinnert er sich und spannt den Bogen erneut etwas weiter, »so war es auch mit Kameras, ich hab mir nie das neuste Modell holen können, das kostete ein Vermögen. Meine Mum ist Fotochefin eines Modemagazins, über sie habe ich meine Affinität zu Kameras erhalten und dann mit elf angefangen, meine Nachbarn per Camcorder zu filmen. Das war Trash, aber so habe ich mir dann die Funktionsweise einer Videokamera beigebracht.«

Bereits mit zehn hielt er die erste eigene Digitalkamera in Händen, lernte ebenfalls das Entwickeln analoger Filme mit seinem Vater und informierte sich über die Funktionsweise von Blenden, Filtern und Objektiven. Über seine Mutter erhielt Finn dann mit 15 auch einen Job auf Mallorca als Assistent einer Promi-Fotografin.

»Sie hatte die Idee, auf Malle Promis wie Dieter

Bohlen und Michael Wendler aufzuspüren und abzulichten. Ich war für Fotos zuständig.«

Finn etablierte sich weiter und verdiente erstes Geld mit eher Normalem, wie Modefotos für Zeitschriften. Als dann die Zeit gekommen war, in der er sich die erste wirklich gute Cam (Canon 5D, Mark 1) zulegen konnte, nahm die Eventfotografie ihren Lauf.

»Das war 2010, die Kamera war funktional, aber auch nicht mehr. Ich habe dann angefangen, in Leipzig zu studieren, dafür erste Videos gedreht und mich in dieses Medium verliebt. Mit Fotografie war ich dann ziemlich fix durch, das beherrschte ich technisch, wollte aber wissen, wie eine Videokamera konzipiert ist. Wie kann ich das perfekte Bild wie im Kino erlangen, scharf wie Sau? Also verkaufte ich kurzum meine 5D und hab mir eine gleichwertige Kamera mit Video-Funktion geholt«, erzählt er lebhaft. So kam es im Winter 2010, dass er auf der Hamburger SK!NZ Secret Party im Docks auf der Reeperbahn die ersten Fotos schoss, um den Abend für jeden einzelnen der Anwesenden festzuhalten – und das in einer deutlich höheren Qualität als bisher, da er von dem Handwerk Fotografie Ahnung hat und nicht auf gut Glück mal links und rechts überraschten Leuten die Kamera ins Gesicht hält. Zusammen mit seinem Kamera-Buddy Tobi entwickelte er dann FITOGRAFIE, FI für Finn und TO für Tobi.

»Es gab davor schon Videos für Partys, sprich Trailer, wo zwei Mädels im Bett liegen und solche Sachen, aber in Sachen Videos von Partys waren wir in Hamburg ganz klar Vorreiter. Das kam supergut an und die Anfragen häuften sich auf einmal. Unser Geschäftsmodell ist, kurz gesagt: viel Output für wenig zeitlichen Aufwand. Es ist wichtig, alles schnell zu veröffentlichen, sprich ein bis zwei Tage danach und nicht erst einen Monat später. Da waren

wir Pioniere, und dieser Stil hat sich dann auch schnell verbreitet. Heute gibt's für jede abgeranzte Abi-Party ein mehr oder minder offizielles After-Video.«

FITOGRAFIE füllte diese Marktlücke perfekt aus, motivierte die Jungs und eine unkomplizierte, selbstverständliche Zusammenarbeit mit den Veranstaltern wurde für die beiden zum Schlüssel für die Stadt.

»Die ersten Fotos waren noch ganz popelig mit meinem Namen plus Copyrightzeichen gekennzeichnet, doch wir meinten dann eben, dass, wenn wir schon zusammen rumlaufen, wir es auch zusammen machen sollten, also machte ich Videos und Tobi Fotos. So ging es los, anfangs nur bei SK!NZ, dann haben wir mit Push the Button (Hamburger Electro-Urgestein, DJ-Kombo) einen festen Deal abgemacht bis heute, wurden weitergereicht nach Lüneburg, Kiel, sogar bis Berlin. Und wir sind norddeutscher Medienpartner von Red Bull«, sagt er nicht ohne Stolz und geht genauer auf seine Arbeit als Filmer ein.

»Ich filme ja nicht nur auf Partys und Events, sondern mache auch Musikvideos und Kurzfilme, hab jetzt gerade einen Film abgedreht als Aufnahmeleiter, mit Bettszenen und allem, was dazugehört. Ich habe da Licht, Kamera, Ton, insgesamt die Technik hinter dem Film gemanagt, Regisseur bin ich definitiv nicht, mich interessiert der technische Aspekt, und das ist, was ich kann.«

Ausschlaggebend für den schnellen und steten Erfolg von FITOGRAFIE ist der spezielle Look, den Finn mit seinem Wissen über die technischen Hintergründe seines Handwerks konzipierte. Es wird viel mit Lichtern und Reflexionen gespielt, Unschärfen, Lichtbögen, Lichtspielen im Rauch, die Widerspiegelung von Menschen in der Dynamik, die entsteht, wenn man mit 500 anderen Menschen zusammen durchdreht und sich in die ekstatische Musik fallen lässt.

»Es gibt eigentlich keinen Hamburger Club, in dem wir nicht schon waren, um zu filmen. Durch die Zusammenarbeit mit der EX!T-Partyreihe kamen wir dann nach Berlin und haben sogar Videos im Ritter Butzke gemacht, obwohl da eigentlich niemand filmen darf. Die haben unsere anderen Videos gesehen und hatten dann total Bock drauf. Das ist schon krass, wenn man extra für Videos nach Berlin geholt wird in so einen renommierten Club.«

So beflügelt, etablierte sich FITOGRAFIE auch schnell außerhalb von Hamburg und ist gefragter denn je. Gute Qualität bei wenig Aufwand und schneller Fertigungszeit sind dabei die Stärken, die sie zur ersten Wahl vieler Veranstalter machten.

»Klar, es gibt auch andere Leute, die gute Videos machen. Nur haben die ein deutlich höheres Budget und brauchen dann für den Schnitt ihre drei Wochen. Da sind wir schneller und auch einfach günstiger.«

Mit dem erfolgreichen Start kam dann die Lust, wieder vor der Kamera zu agieren und aufzulegen. In dem Hamburger Filmstudenten Leonard Witte fand Finn dann einen zusätzlichen Filmer, um wieder mehr Zeit und Raum dafür zu haben, selber für die Beschallung des Abends verantwortlich zu sein.

»Ich hatte ja seit 2005 nicht mehr wirklich aufgelegt, da ich anderweitig beschäftigt war, war dann aber durch den Party-Alltag wieder heiß darauf, selber aufzulegen. Ich hab einen Freund angehauen, der auch selber produzierte, allerdings eher Hip-Hop, der hatte dann aber auch richtig Bock darauf, und so gründeten wir dann Ende 2010 Trooperz. Anfangs wollte man uns gar nicht als DJs, da ich eben als Fotograf ›verschrien‹ war, das hat sich aber inzwischen auch gelegt. Wir waren dann unterwegs mit größeren Acts, weil ich durch die Geschichte mit SK!NZ eben ganz gute Kontakte hatte.«

Zur SK!NZ Secret Party und deren Geschichte sei gesagt, dass sie in Hamburg 2010 im Docks ins Leben gerufen wurde, in Anlehnung an die originale Skins-Party, die in England 2007 zum ersten Mal aufkam, als ein Mädchen eine Hausparty unter diesem Namen veranstaltete, inspiriert von einer fulminanten Party in einer Folge der erfolgreichen UK-Serie *Skins*. Es kamen 200 Leute, es entstanden 20.000 Pfund Schaden, und bald darauf wurden unter dem Namen Skins Secret Party in den Clubs von Brighton und Leicester Partys veranstaltet, auf denen man – wie auf einem venezianischen Maskenball – verkleidet zusammen avantgardistisch feierte. Dieser Stil prägte die SK!NZ Secret Party, die erfolgreich und gewünscht opulent startete, aber durch Indifferenzen einiges durchmachen musste.

»Nachdem dann die beiden Offiziellen teils aus persönlichen, teils aus zeittechnischen Gründen ihre Position verließen, habe ich den Laden übernommen«, führt Finn weiter aus. »Als ich zusammen mit zwei Kollegen die Planung an mich nahm, war es leider so, dass die Party einen deutlichen Absturz hinter sich hatte. Es war nicht mehr innovativ und neu, sondern sehr festgefahren, die Musik war immer gleich, das Konzept zu starr, und die Leute haben durch all diese kleinen Dinge das Interesse an der Party verloren. Wir versuchen, die Sache mit neuem Konzept und mehr Herzblut wieder zum Laufen zu bringen. Größere Acts, mehr Deko, mehr von allem. Wenn das nichts wird, dann ist die Sache wohl leider erledigt. Wenn niemand schätzt, dass wir uns da wie scheiße reinhängen, hab ich da auch keinen Bock mehr drauf. Es wurde leider viel schleifen gelassen vor mir, das ist schwer wiederaufzuholen.«

Nichtsdestotrotz ist Finn auch abseits dieses Projektes in und um Hamburg am Planen und Erschaffen. So rief er das DJ-Kollektiv GIB IHM!-Records ins Leben und legt unter anderen Aliassen (Trooperz, Highterkite) erfolgreich verschiedene Musikstile auf. Eine von ihm besonders geschätzte Sache sind dabei die sommerlichen Open Airs, die in Großstädten nicht mehr aus dem Alltag wegzudenken sind.

»Auflegen und Technikbetreuung bei OAs ist immer sehr geil. Durch mein Studium bietet es sich an, dafür zuständig zu sein, denn wenige wissen mit Starkstromkabeln und Ähnlichem umzugehen, da leiste ich meinen Anteil. In Hanstedt bei Hamburg zum Beispiel haben wir ein Drei-Tages-Festival organisiert namens Muddi's Summer Session, mit DJs und Bands, da kamen dann schon an die 600 Leute, was super war, zumal wir nicht einmal Stress mit der Polizei hatten, was bei Open Airs ja eigentlich leider dazugehört.«

Bei der Anzahl an Events sind natürlich auch unzählige Geschichten passiert, die nicht immer rosig sind. Polizeieinsätze, Technikprobleme, versagende Organisations-Teams, geprellte und/oder beleidigte DJs, chaotische bis schlecht besuchte Partys und so weiter.

»Bei einer Party sitzen wir mit unserem Main-Act Haezer backstage und kriegen auf einmal mit, wie es am Eingang zu einer Schlägerei zwischen Gast und Türsteher kommt. Vorher wurden nicht die richtigen Turntables organisiert, ich musste für den Club dann die Anlage richtig verkabeln, und der Clubbesitzer wollte nicht, dass wir die Subwoofer anmachen, weil es angeblich schon genug Leistung ohne sie gab. Aber da das dann definitiv scheiße klingen würde, mussten wir noch ewig diskutieren, sollten dann nur einen Sub anmachen – so was geht gar nicht. Am Eingang wurde

Haezer festgehalten, weil niemand an der Kasse wusste, dass er es war, also sollte er auf einmal Eintritt bezahlen auf der Party, für die er eingeflogen worden war, weil keiner da was gecheckt hat. Also so was kann beispielsweise vorkommen, darf es aber eigentlich nicht, ist ja klar.«

Daraus lernte Finn. Vor jedem Projekt, sei es filmischer, fotografischer, musikalischer oder organisatorischer Natur, wird alles geplant und auf Fehler überprüft, denn eine gute Organisation erleichtert im Endeffekt alles. Doch oft sind es die Acts selbst, die mit einer selbstherrlichen Attitüde dafür sorgen, dass etwas schiefläuft.

»Wir hatten einen Act gebucht für eine SK!NZ-Party, weil der uns echt super gefallen hatte, und auf einmal hat der bei uns wirklich katastrophal aufgelegt. Ständig war der Sound weg, das Equipment war gefühlt von 1980 und teils selbst gebaut, was an sich super ist, aber in dem Rahmen nicht verzeihlich. Alles hat gebrummt, und als der Folge-Act dann nachgefragt hat, wie lange der andere noch spielen würde und wann er anfangen könne, hat der Typ einfach den Fader ganz runtergezogen und meinte: ›Ja, jetzt!‹ Nur weil er halt derbe angepisst war, dass man ihn danach fragt.

Dann kam auch noch sein Manager backstage und pöbelte rum, dass er mehr Freigetränke wolle – wirklich asozial. Das geht gar nicht«, entrüstet er sich. Dass das allerdings nicht der Regelfall ist und es auch viele korrekte Leute in diesem Business gibt, will er aber auf jeden Fall festhalten.

Finn ist mehr als der durchschnittliche DJ und Fotograf, der durch die Clubs zieht und nur darauf bedacht ist, möglich cool rüberzukommen – er ist in beiden Aspekten professioneller als der Großteil. Er ist fast so etwas wie ein Technikguru, der jede Apparatur, die er anfasst, auch versteht und effizient einzusetzen weiß. Er ist ein Macher, lässt sich selten von einem Gedanken abbringen und hat so immer eine klare und unumstößliche Meinung – sei sie negativ oder positiv, bei ihm weiß man, woran man ist. All diese Eigenschaften in Verbindung mit seiner Erfahrung im Bereich Organisation machen ihn zu einer Allzweckwaffe, die jederzeit an nahezu jedem beliebigen Ort dafür sorgen kann, dass alles rund läuft.

Also, in Zukunft zolle man den Verantwortlichen hinter Events doch etwas mehr Respekt, denn ohne die Finn Jägers dieser Welt gäbe es keine legendären Abende, an die man noch Jahre später zurückdenkt und sagt: »Wow, ich liebe den Menschen, der dafür verantwortlich war!«

JEDER SOLLTE EINEN HABEN

Katharina über Lennart Wronkowitz, Modedesigner, Jahrgang 1993, Berlin

Dass viele aus unserer Generation der Technodandys und Social-Media-Chicks zum Feiern gern mal die ein oder andere bunte Pille einwerfen, ist nichts Neues. Dabei bräuchte man gegen Alltagsfrust und für die richtige Partylaune eigentlich nur seinen persönlichen Lennart Wronkowitz im Handgepäck. Denn das lebende Antidepressivum ist nicht nur als Style-Berater brauchbar. Mit Lennart kann man sich ideal die Nächte um die Ohren schlagen, vor allem, wenn er dabei seine süßen Blitz-Hörnchen trägt.

Ihn zum Accessoire zu degradieren würde ihm jedoch nicht gerecht – man sollte Lennart auf keinen Fall unterschätzen, sonst hat man schnell das Nachsehen. Da er mit 16 zum ersten Mal im Fernsehen war, haben viele *Explosiv*-Gucker noch ein ziemlich spezielles Bild von ihm. RTL stürzte sich auf den kleinen Exoten und schickte ihn zum Beispiel mit Collien Fernandes auf den roten Teppich. Viel Rummel um den Berufseinsteiger aus Soest: eigene Shows, Kooperationen mit TV-Sternchen, eigene Streetwear-Kollektionen (zu erwerben auf: www.wronkowitz.com).

Pressemäßig ist es nun etwas ruhiger um ihn geworden, die Medien, mit denen er heute zusammenarbeitet, wie zum Beispiel EinsPlus, weniger boulevardesk. Beruflich ist Lennart immer noch voll dabei: Unser allererstes persönliches Treffen fand im Sommer 2012 statt, während er gerade ein Praktikum für seine Studium an einer Kunstuniversität in Berlin machte. Wir chillten neben Camp-David-Fans, Sonnenanbetern und bauchnabelgepiercten New-Yorker-Girlies am Wannsee, und ich war sofort schwerst verliebt. Und auch in der Zeit danach passierten uns gemeinsam so viele witzige Dinge, die mich allesamt auch noch Monate danach schmunzeln ließen.

Zum Beispiel als wir im White Trash waren und Lennart sich nicht allein aufs Männerklo traute, weil dort als Hörspiel die schaurige Geschichte vom *Ghost of Canterville* abgespielt wurde. Oder als wir uns während einer südamerikanischen Tanzeinlage – die sich hart an der Grenze des Jugendfreien bewegte – von Kanadiern mit essbarem Konfetti bewerfen ließen. Unvergessen auch eine »Wild Wedding«-Feier, bei der wir uns schwankend durch das Clublabyrinth schlugen, Lennart in weißen Kniestrümpfen einen auf Chauvinist machte und die Mädels als Partybitches benutzte.

Bevor wir gemeinsam die Chancen und Gefahren in Berlin austesten konnten, bastelte jeder von uns zu Hause an der eigenen Vision: »Mit 12 Jahren habe ich angefangen, Models aus den Otto-Katalogen meiner Mutter abzumalen. Mit der Zeit habe ich eine Passion dafür entwickelt, die Figurinen mit eigenen Kreationen zu bemalen. Schnell kam ich zum Entschluss, diese Zeichnungen auch in die Realität umzusetzen. Angefangen mit einfachen Taschen, dann folgten Oberteile, Kleider und Hosen, die ich erstmals für meine Schwestern angefertigt habe. Später folgten dann kleine Auftragsarbeiten bis hin zu meiner ersten eigenen Kollektion, die in den Verkauf ging.«

Lennart kultivierte also schon als Kind seine Unkonventionalität – sehr sympathisch! Meine Eltern im Bad Wörishofer Kurort-Idyll in der bayrischen Heimat hätten sich vermutlich eine Lehramtsstudentin mit Münchner Mädchen-WG und häuslichen Ambitionen für die Zukunft gewünscht. Bekommen haben sie eine abenteuerlustige Nachtschwärmerin mit Leidenschaft für gute Geschichten, die sich nach dem Abi nicht schnell genug in die berüchtigte Metropole Berlin verflüchtigen konnte.

Und es könnte keinen besseren Begleiter durch den Hauptstadtdschungel geben als Lennart. Speziell für dieses Interview treffen wir uns kurz nach der Fashionweek in meinem nigelnagelneuen Apartment in Kreuzberg.

»Während der aktuellen Fashionweek hatte ich aus zeitlichen Gründen leider nicht die Möglichkeit, eine eigene Show auf die Beine zu stellen, dafür habe ich die Woche genutzt, um neue Kontakte zu knüpfen – ist ja immer so und in der Branche absolut vonnöten. Außerdem konnte ich mich auf den Modemessen ein bisschen inspirieren lassen.«

Lennarts Entwürfe sind unprätentiös und tragbar. Aber eben immer auch ein bisschen verrückt oder anrüchig, gerne auch beides.

Einmal nahm er den rockigen Knochentrend als Vorlage und mixte ihn mit Neonfarben, sodass sich einem beim Betrachten des Kollektionsshootings eine starke Kannibalismus-Assoziation aufdrängte.

Fast jeder kennt einen der großen Modefürsten – Karl Lagerfeld, Giorgio Armani, Jean-Paul Gaultier. Und fast keiner hat auch nur ein einziges Kleidungsstück dieser hochpreisigen Haute Couture im Schrank. Andersherum kennt fast keiner auch nur einen H&M-Designer, mich eingeschlossen. Aber fast jeder hat haufenweise H&M-Klamotten. Mützen, mit denen wir auch im kältesten Winter die witzigsten Raucherpausen erlebt habe. Jacken, in denen wir romantische Herbstspaziergänge unternommen haben. Kurze Kleider, in denen wir endlose Sommernächte durchgetanzt haben. Und Unterwäsche, in der wir bei manchen Leuten Frühlingsgefühle geweckt haben. Und obwohl wir in der Massenmode von H&M, Zara oder Mango unser Leben verbringen und unsere eigene Alltagskunst, unser Selbstkonzept und später auf Fotos unsere Erinnerungen mit ihr verbinden, werden die Schöpfer viel zu wenig gewürdigt. Nur weil etwas auf size zero zugeschnitten und publicityträchtig von Bar Refaeli vorgeführt wird, ist es eigentlich nicht wertvoller als die finanziell schüler- und studentenfreundliche Kettenmode.

»Ich sehe das ähnlich, es ist doch viel cooler, auch normale Leute erreichen zu können. Denn aus dem Untergrund kommen die neuen Trends – und meistens werden sie am Anfang von sparsamen Kreativen und Studenten getragen.

Ich finde es immer toll, wenn sich modebegeisterte Menschen mit ihrem Stil nicht zu ernst nehmen. Mode soll Spaß machen, und das sollte dein Gegenüber auch spüren. Ich liebe es, schlichte Kleidungsstücke mit trashigen zu kombinieren. Das ergibt einen individuellen Stil der trotzdem alltagstauglich ist«, beschreibt Lennart seine Kombination aus »La dolce Vita« und dem ernsthaften Modestudium.

Im Sommer haben wir viele tiefsinnige Gespräche über Liebe und Toleranz, Lennarts Angst vor dem Tod und die Endlichkeit im Allgemeinen geführt – und natürlich über den ersten großen Nestflug. Denn Lennart entwischte nur wenige Monate vor mir in die Hipstermetropole.

»An Berlin reizt mich vor allem, dass man so rumlaufen kann, wie man Bock drauf hat. Ich erlebe hier nicht das Gefühl von absoluter Ausgrenzung, wenn ich Skinny Jeans und 15-Zentimeter-Wedges in der Bahn trage. In meiner Heimatstadt war das leider Alltag. Deshalb genieße ich jeden Tag in Berlin aufs Neue und freue mich darüber, Teil dieser Stadt geworden zu sein!«

Egal ob im Club oder beim TV-Abend, mit Lennart sammelt man immer glückliche Momente.

»Glück bedeutet für mich, den Moment zu genießen. Wenn ich zum Beispiel eine Modenschau plane, geht so viel drunter und drüber. Änderungen in der Präsentation werden kurzfristig vorgenommen, nichts läuft hundertprozentig so, wie man es sich vorgestellt hat. Und dennoch bin ich in dem Moment glücklich, wenn alles glattgelaufen ist. Solche Geschehnisse schätze ich sehr und denke auch gerne an sie zurück.«

Er hat für mich das, was man eine schöne Seele nennt. Klar, er kann auch mal die Diva raushängen lassen oder obszöne Scherze machen. Aber meistens wahrt er Contenance und diese ganz spezielle, ihm eigene körperliche Anmut. Vor allem in Glitzerleggins!

»Man glaubt es kaum, aber privat versuche ich, Fashionistas eher zu meiden. Ich liebe es, mich mit Leuten aus anderen kreativen Bereichen zu umgeben. So kann man sich austauschen und sich gegebenenfalls andere Arbeitsweisen abschauen!«

Die paar Freunde, die ich von ihm kenne, sind auch alle richtig cool. Normale (so würde Mama es ausdrücken), gleichaltrige Jungs und Mädels. Da Lennart und ich zusammen das hier so verlockende Nachtleben kennenlernen durften, haben uns die Nächte definitiv enger zusammengeschweißt als die Tage. Ist ja auch klar, die Dunkelheit gehört uns, am Tage sind wir freiwillige Sklaven früh beginnender Arbeit. Aber wenn man das liebt, was man tut, dann kommt man auch damit klar, mal nur drei Stunden zu schlafen.

»Mir ist es natürlich wichtig, dass ich Spaß bei der Kollektions-Entwicklung habe! Wenn ich den nicht hätte, würde mit Sicherheit auch der Ehrgeiz fehlen, die Entwürfe in die Tat umzusetzen. Ich möchte mich bei der Tragbarkeit meiner Mode gar nicht festlegen. Das ist auch der Grund warum ich Unisex-Kleidung entwerfe. Ich möchte die Grenze zwischen männlicher und weiblicher Mode brechen. Der Trend bleibt eh bei der Androgynität. Von daher bin ich zuversichtlich, dass die neue Generation keinen Wert mehr auf traditionelle Geschlechterrollen legen wird.«

Wir essen noch ein paar meiner Nudelexperimente und schauen nebenher fern. Dazu ein Schlückchen Holundersekt. Egal in welcher Lebenslage – das Leben ist immer bunter, wenn Lennart dabei ist. Jeder sollte einen haben!

28. PORTRÄT: KARSTEN BECKER

ENTHUSIASTEN AN DIE MACHT!

Philipp über Karsten Becker, Ingenieur, Jahrgang 1981, Hamburg

Hätte ich einen Physiklehrer mit Karstens kommunikativen Fähigkeiten gehabt, wären meine Klausuren wohl mit weniger Ratlosigkeit vonstattengegangen. Wir sitzen in seinem Büro an der Technischen Universität Hamburg-Harburg, welches wie ein Wunderland für Tüftler anmutet. Platinen, Chips und ein fernsteuerbares Miniaturmodell des Rovers für die Google-Lunar-X-PRIZE-Mondmission, an dessen Bau er als Koordinator des Elektronik-Teams derzeit beteiligt ist, machen das Büro zu einem Spielplatz für Große. Mit Begeisterung werde ich in die elegante Steuerung per Touchpad eingeführt, drehe alsbald erste Runden und bin auch sofort Feuer und Flamme. Karsten ist Teil der von unserem Protagonisten Robert Böhme ins Leben gerufenen Part-Time-Scientists, die uns so sehr interessieren, dass wir noch mehr über die Motivation und Menschen hinter diesem Projekt wissen wollten. So viel sei vorweg verraten: Das klischeehafte Wissenschaftlerbild der Männer in weißen Kitteln bröckelt im Folgenden erheblich.

»Es stimmt, dass die initiale Motivation hinter den Part-Time-Scientists der Lunar-X-PRIZE war, doch hat das inzwischen nicht mehr *den* Stellenwert bezüglich unserer Arbeit. Wir sind natürlich uneingeschränkt begeistert dem Projekt gegenüber und wollen irgendwo sicherlich gewinnen, aber in den knapp drei Jahren, die ich jetzt dabei bin, habe ich gemerkt, dass unsere Arbeitsweise uns persönlich einfach so viel Spaß macht, dass die Motivation schlicht von uns kommt und wir kein schillerndes Ziel verfolgen müssen, um unsere Vereinigung aufrechtzuerhalten. Es geht inzwischen um den Enthusiasmus, den wir aufbringen, und die kreative Energie, die wir daraus zu generieren wissen«, eröffnet er mir mit ausdrucksstarken Gesten und einem bestechenden Ausdruck in den Augen die Intention hinter der freiwilligen Arbeit, die er und das ganze Team Tag für Tag leisten. »Wir haben viel Spaß, und es steckt auch sehr viel Spieltrieb hinter unseren Schöpfungen. Ohne den wäre es ja nur halb so witzig!«

So spricht er und beweist mir diesen dann umgehend mit der Anekdote um den Piezo-Summer auf einer neben mir liegenden Platine.

»Wir haben beim Basteln entdeckt, dass auf der Platine ein kleiner Lautsprecher ist – der Piezo-Summer da links«, zeigt er euphorisch und wendet sich dann dem Computerbildschirm zu. Ein paar Mausklicks später ertönt der *Imperial March* aus *Star Wars*, und ein enthusiastisches »Ist das nicht einfach geil?!« entfleucht dem strahlenden Karsten. »Stell dir dazu vor, wie der Rover einen dunklen Flur entlangfährt … Super!«

Karsten ist definitiv der vollblütigste Wissenschaftler, der mir untergekommen ist. Ich erwische mich dabei, wie ich immer wieder mit dem Blick an diversen technischen Geräten hängen bleibe und bewundernd darauf starrend verharre.

»Es ist bei dem Entwicklungsprozess immer wieder klasse, wenn du an einem Abend aufhörst zu arbeiten, am nächsten Tag dann weitermachst, und ein paar Stunden später kann der Rover dann wieder mehr – besser lenken oder eben Musik spielen«, sagt er lachend und verweilt kurz mit einem liebevollen Blick auf dem Modell des Rovers. Zu den Part-Time-Scientists kam er aufgrund ihrer ansprechenden Arbeitsphilosophie, die so gar nichts mit dem typisch deutschen Nörglertum zu tun hat, sondern problemorientiert und erfrischend anders gerade solche Projekte ins Auge fasst, deren Abschluss andere schon in den Wind geschrieben haben.

»Es heißt immer: Wenn es das noch nicht gibt, dann ist das auch nicht machbar, sonst hätte das ja schon wer gemacht. Das empfinde ich als schade und wirklich selbstbeschneidend vom wissenschaftlichen Ansatz her. Bei uns ist das so, dass wir – während wir arbeiten – das Problem kennenlernen und es dann so gut wie möglich umstellen und lösen. Wir sind keine Jammerlappen, die nach jeder auftauchenden Schwierigkeit erst mal den Lötkolben niederlegen. Es gibt dieses Arbeitsmodell schon lange, meist angewandt in der Entwicklungsbranche, das sogenannte ›Spiralmodell‹. Man arbeitet sich von den anfänglichen kleinen Problemen kontinuierlich zu den wesentlicheren hoch und nimmt diese als Teil des gesamten Projekts an, ohne dabei den Kopf zu verlieren.«

Dass sie nicht die ESA oder NASA sind, ist Karsten natürlich bewusst, man kann nicht für jeden Arbeitsschritt Unsummen an Zeit und Geld verschlingen, sondern muss schlank und ökonomisch arbeiten.

»Bei den großen Raumfahrtunternehmen ist es oft so, dass alleine die Planung des ersten Modells mehrere Hundert bis Tausend Seiten Text und ein Budget im Millionen-Euro-Bereich umfasst. Dafür haben wir weder Zeit noch Geld, da wir privatfinanziert sind, was heißt, dass neben Sponsoring von Firmen auch unser eigenes Kapital in die Arbeit fließt. Doch mit unserem Ansatz von wegen ›Ja, das ist arschschwer, aber wir fangen schon mal an‹ haben wir viele Zulieferer von Teilen für uns gewonnen und so Unterstützung erlangt, die wir uns nur mit Geld nicht leisten könnten. Denn bei einem Erfolg wäre alleine der Werbewert für diese Unternehmen schon den Aufwand wert, den sie uns zukommen lassen.«

Aus Kostengründen mussten auch gestalterische Kompromisse gefunden werden. Der Rover durfte eine bestimmte Größe nicht überschreiten, da sonst alleine die Kosten für die Trägerrakete auf das Zehnfache gestiegen wären.

»Unsere Rakete ist eine russische Interkontinentalrakete aus Sowjetzeiten, die man auch für den Transport der meisten kleinen Satelliten nutzt. Wir nehmen quasi den Atomsprengkopf raus und packen unsere Mondmission rein«, scherzt er in seiner Begeisterung – generell scherzt er öfter als man es, Sterotypen bemühend, von einem Wissenschaftler erwarten würde. Der wohl wichtigste Leitfaden, der die Part-Time-Scientists von anderen Gruppierungen gleicher Gesinnung abgrenzt.

»Es geht uns inzwischen auch sehr stark um die Begeisterung der jungen Generation für Technik und deren Wirkungsweise. Dafür muss man vor allem den Aspekt des Spaßes hinter dieser diffizilen Arbeit hervorheben und diesen auch leben. Wir sind so was wie die netten Leute von nebenan, die an einer historischen Mondmission arbeiten. Es kommen viele Studenten und Interessierte vorbei, um unsere Arbeit zu betrachten, und die erreichen wir viel besser, wenn wir nicht Formeln und Schaltkreise herunterleiern, sondern ihnen vermitteln, wie viel Freude die Entwicklung uns bereitet. Der Funken soll schließlich überspringen. Es soll offenbarer werden, dass hinter magisch anmutenden Techniken schlicht und ergreifend Menschen stecken, die mit hoher Ingenieurskunst dafür sorgen, dass etwas funktioniert.«

Er bemängelt, dass der Jugend das Interesse an Hintergrundinformationen abhandenkommt. Jeder benutzt nur die Spielereien des 21. Jahrhunderts, doch sich wirklich mit ihnen auseinandersetzen und sie verstehen – das möchten nur wenige. Deshalb ist Karsten auch ein überzeugter Fan des Chaos Computer Clubs, einer Hackervereinigung, die sich unter anderem damit befasst, die Geheimnisse neuer technischer Geräte wie zum Beispiel denen des iPhones zu lüften, jedes einzelne seiner Bauteile zu benennen und zu erklären. Eine Mentalität, die lange nicht alle Menschen haben.

»Die Leute werden immer mehr nur zu Konsumenten, die kaufen und das dann so akzeptieren. Kaum jemand nimmt sich ein Gerät mal zur Brust und schraubt es auf, schaut ins Innenleben und erforscht die Funktionsweise. Ich habe mein Interesse für Technik selber auch nur dadurch erlangt, dass ich früher allerhand Geräte aufgemacht und inspiziert habe, das fand ich immer irrsinnig cool. Da setzen wir an, wir wollen wieder mehr darauf drängen, dass die Menschen sich ihrer technischen Umwelt bewusst werden und sie vor allem verstehen. Doch das ist auch so ein Ding der deutschen Mentalität. Unser Erfindungssinn geht immer weiter unter. Wir sind eher gut darin, Produkte anderer Nationen zu bemängeln und sie dann zu verbessern. Vor allem die Amis sind, was das angeht, deutlich hemdsärmliger. Die sagen dann eher: ›Jo, das können wir schon irgendwie zusammenbauen‹, und das funktioniert dann auch am Ende. Die schaffen das eigentlich immer, nur ist dem Deutschen diese Art der Arbeit nicht filigran genug – und da setzt er dann an, meckert und verbessert.«

Ein weiterer Punkt, der Karsten ein Dorn im Auge ist, ist der Umstand, dass für Mord und Totschlag Billionen ausgegeben werden, der Gesellschaft etwas gebende

Projekte der Wissenschaft aber selten auf breite finanzielle Unterstützung treffen.

»Es gibt so viele unnütze Ausgaben auf der Welt, die auf historische Verfehlungen zurückzuführen sind, und diese machen uns jetzt langsam zu schaffen. Der Waffenmarkt und das Bankenwesen werden mit Geldern nur so zugeballert und reißen uns immer weiter in den Abgrund. Für visionäre Entwicklung ist dann das Budget immer unfassbar schmal, und bei Wahlversprechen der Politik wird dann zugunsten einer Steuererleichterung schnell mal ein Projekt wie unseres von der Agenda gestrichen, so nach dem Motto: ›Ach ja, stimmt, da war ja diese Mondmission, aber die hatten wir ja eh nie wirklich abgesegnet, canceln wir die.‹ Das ist frustrierend, und wir wollen beweisen, dass man auch ohne als Jojo der Politik zu fungieren etwas Derartiges umsetzen kann. Deshalb sind wir auch zu einer GmbH geworden und können jetzt als Unternehmen agieren, unsere Investoren und Partner auf einer unternehmerischeren Ebene ansprechen und aus eigener Kraft dafür sorgen, dass wir unser Projekt gewuppt kriegen.«

Nicht jammern – machen! Das ist es, was die aus allen möglichen Ländern und Berufssparten kommenden Mitglieder der PTS antreibt und sie immer wieder dazu bringt, über sich hinauszuwachsen und dem eingerosteten Bürokratieapparat tapfer gegenüberzutreten.

»Alleine wenn man sich vorstellt, was es bedeutet, wenn ein Objekt auf einem seit über 40 Jahren nicht mehr von Menschen betretenen Himmelskörper landet und dort etwas erkundet. Welche Erkenntnisse man dann wieder erlangt, das ist einfach der Wahnsinn. Ich weiß noch genau, wie ich bei der ersten Marsmission im Internetcafé saß und verzweifelt versuchte, mit dem damaligen Internet die Bilder, die der Rover dieser Mission machte, herunterzuladen. Dieses Interesse am Entdecken bereitet mir jeden Tag aufs Neue Freude. Wenn ich auf dem Weg ins Büro bin, freue ich mich jedes Mal tierisch darauf, was unser Rover dann wieder Neues und Aufregendes am Ende des Tages kann und so vielleicht eines Tages knapp 365.000 Kilometer entfernt einsetzen wird.«

Als ich Karsten verlasse, ist bereits Dunkelheit über den Komplex der TUHH hereingebrochen. Ich schaue auf dem Rückweg zur Bahn immer wieder in den Himmel und überlege, wie faszinierend es sein muss, den auf mich scheinenden Mond mit einem selbst konstruierten Gefährt erkunden zu können. Die Part-Time-Scientists und in diesem Fall vor allem ihr beeindruckendes Mitglied Karsten Becker haben mich inspiriert, mir den Glauben daran gestärkt, dass es noch Leute gibt, denen es wichtig ist, dass der Spaß an ihrer hochkomplizierten Arbeit im Vordergrund steht. Jeder ist bei ihnen willkommen, und Karsten betonte zum Schluss noch einmal, dass er jedem, der sich für das Thema interessiert, stundenlang Rede und Antwort stehen würde, wenn er ihn in seinem Büro besucht.

In Zeiten von möglichst vollständiger Abschaffung von Open Source ein Kleinod mit dem Prädikat »besonders wertvoll«. Aber nicht erschrecken, wenn auf einmal das Flurlicht verlischt und ein den *Imperial March* spielender Rover langsam auf dich zufährt. Das ist dann wohl ein seine fünf freien Minuten vollkommen auskostender Karsten, der den ultimativen Traum jedes Fernsteuerfans auslebt.

DER KÖRPER-REBELL

Katharina über Eike von Stuckenbrok, Artist & Regisseur, Jahrgang 1989, Berlin

Nach einem beruflichen Termin mit Necla Kelek, einer deutschtürkischen Sozialwissenschaftlerin und Islamkritikerin, erwische ich gerade noch den Bus und entfliehe eilig in eine von Berlins schönsten Parallelwelten. Das Kater Holzig an der Spree empfängt mich normalerweise weit nach Mitternacht mit seinen dunkel wummernden Nachtmelodien.

In meinem Businessoutfit fühle ich mich ziemlich deplatziert, als ich durch den menschenleeren Außenbereich stöckele und nach einem kurzen Irrweg durch das bunte Treppenhaus im Katerschmaus, dem Restaurant unterm Dach, lande.

Gleich am Eingang stolpere ich über Eike von Stuckenbrok und seine illustren Freunde. Die offene Körpersprache, der wache Blick, die ungezwungene Location – mein erster Eindruck, noch bevor überhaupt Worte fallen, wird von einer unfassbar sympathischen Lässigkeit bestimmt.

Nachdem Phil und ich das von Eike inszenierte Artistik-Stück *Dummy* in Essen gesehen hatten, war uns klar, dass wir ihn auf jeden Fall für unser Buch gewinnen mussten. Das Zusammenspiel aus Technik und Körperkunst, die raffinierte Bühne, der elektronische Klang – so nahe am Zeitgeist, so anziehend und fesselnd war ein Kulturabend selten gewesen!

Eine klare Definition für diese Mischung aus Akrobatik, Theater und Tanz gibt es nicht, und das ist auch gut so. Die Freiheit des Schöpfers duldet keine Willkür über sich.

»Ich könnte ausrasten, wenn mich jemand als ›Turner‹ bezeichnet.«

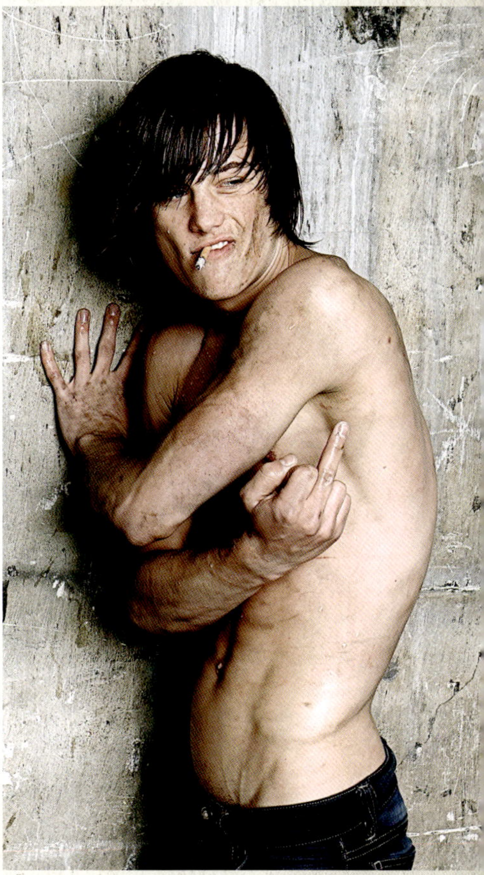

Selbst wenn es gut gemeint ist, »Turner« ist einer der letzen Begriffe, die den Extremleistungen von Eike und seinem Team gerecht werden würden. Die üblichen Floskeln von der Kämpfernatur, vom »großen Traum, der *einen* Chance« würden ihm wohl eher schwer über die

Auf die staatliche Artistikschule bin ich auch zufällig gestoßen. Davor hatte ich überhaupt nichts damit am Hut. Ich war zwar immer sehr sportlich – skaten und so –, aber Zirkus und das alles fand ich ganz schrecklich. Trotzdem hat es mir da gefallen, ich habe sehr viel gelernt. Aber mit Autoritäten kam ich nie wirklich klar, deshalb gab's auch immer Probleme. Meine Mutter ist auch Lehrerin, mit der komme ich super klar – aber anderen habe ich es nicht

Lippen kommen. Das, was er tut, ist für ihn Vision, er wirkt, als wäre er der Meister seines Schicksals – und das in einem Beruf, der einen eigentlich hochgradig vom Glück der körperlichen Unversehrtheit abhängig macht. Der Schmerz, die Anspannung? »Eine gewöhnliche Begleiterscheinung.«

»Aber findest *du* deine Arbeit anstrengend?«, fragt mich sein Freund Till, der als Galerist am Boxhagener Platz nach musischer Gesellschaft sucht. »Wenn du das liebst, was du tust, dann empfindest du es doch nicht als anstrengend!«

Eike bestellt sich Hasenragout und während er isst, unterhalte ich mich weiter mit Till, der zu den Menschen gehört, die so pragmatisch und überzeugt von den Dingen des Lebens sprechen, dass man selbst gleich ganz mitgerissen ist. Irgendwann kommen wir auch auf Gott und den Zufall. Letzterer auch ein ganz entscheidender Punkt für Eike: »Bei mir sind die besten Sachen immer Zufall gewesen.

leicht gemacht. Ich hatte einfach meine große Fresse, und wenn ich recht hatte und mir sicher war, dann war ich stur. Meistens zu Recht. Ich war beispielsweise zuerst auf dem Schulinternat, bin dann da aber rausgeflogen. Als ich 16 war, zog ich mit einem guten Freund zusammen.«

Vier Tage vor der Anschlussprüfung kehrte er der renommierten Institution den Rücken – es hatte Streit um die kreative Freiheit seiner Darbietung gegeben.

Der Rebell unter den Körperkünstlern gefällt sich in der Rolle des Unkategorisierbaren. Was ihm zu Schulzeiten als Ungehorsam angelastet wurde, ist jetzt sein größtes Kapital.

»Ich habe damals mit einer Nummer angefangen und mit der Zeit immer mehr ergänzt, Tanz und Theater, und irgendwann fing ich an, meine eigenen Sachen in die Produktionen einzubringen. Bis zu dem Zeitpunkt, an dem ich mein eigenes Konzept machen wollte.«

Mit seiner Kunst, für die es keine Sprache braucht, kam er schon ganz schön herum. Melbourne, Saudi Arabien, Indien.

»Das war echt chaotisch. Dass die Bühne am Ende tatsächlich stand, grenzte an ein Wunder, aber dafür habe ich mit ein paar einheimischen Typen in der Wüste Schießen gelernt.«

Zur Ideenfindung kann er nicht nur auf seine eigenen Geistesblitze zurückgreifen, sondern auch den Austausch mit Kollegen als Inspiration nutzen. Eike ist Mitglied des Berliner Künstlerkollektivs Base Berlin, eines attraktiven Kreativpools, der unter anderem Artisten, Schauspieler und Fotografen miteinander vernetzt.

»Base gibt's eigentlich gar nicht. Das sind nur eine Philosophie und ein Raum, den wir alle teilen. Und man weiß auch nie genau, wie viele es gerade sind. Man kommt meistens über Freunde in den Kreis. Und wenn man sich arbeitstechnisch gut versteht, schiebt man sich gegenseitig die Jobs zu und macht gemeinsame Projekte.«

Auch seine Freundin, mit der er im Prenzlauer Berg zusammenwohnt, ist bei Base dabei.

Zusammen mit Till und Drehzeug ziehen wir von einem der Esstische in die Rauchernische am Eingang um. Trotz körperlicher Höchstleistungen ist er weit entfernt von einem asketischen Sportlerleben, was mich sehr beruhigt.

»Ich musste nicht zum Bund, weil ich kiffe. Alkohol ist dagegen nicht so meine Droge.« Der offene Umgang mit Gras ist in dieser liberalen Ecke Berlins keine Seltenheit. »Ich mag die Leute hier, die Musik, hier lebt es sich so, wie es mir gefällt. Man darf sich selber nicht limitieren – privat und im Job. Das ist natürlich schwierig, weil die Sache mit den guten Gelegenheiten immer kompliziert ist. Einige Sachen hätte ich mir auch sparen können. Andere Entscheidungen waren zwar gut, haben mich

aber trotzdem in eine bestimmte Richtung gebracht – manchmal frage ich mich auch, ob ich meine Leiter an die richtige Mauer gelehnt habe.«

Im Gegensatz zu vielen Neuberlinern, die in der großen Metropole aus einer spießigen und lieblosen Jugend ausbrechen wollen, blickt Eike auf eine eher idyllische Kindheit zurück. »Wir hatten zwar keinen Fernseher – weshalb ich immer total scharf auf so was war –, aber das war eigentlich egal. Ich war immer draußen – Kühe, Baumhäuser, Wald, See, Kokeln, Schiffchen bauen. Ich will auch eigentlich unbedingt wieder ein Baumhaus haben. Vielleicht so auf Spanngurten zwischen Häusern in Berlin …«

Seine Augen blitzen. Und man kann sich richtig vorstellen, wie Till eines schönen Sommertages von einer SMS geweckt wird, in der ihn Eike spontan zum Bauen eines Baumhauses auffordert.

Plötzlich fischt sich ein Typ im Vorbeigehen das Diktiergerät und versucht, sich pantomimisch damit zu rasieren. Dann aber weiter im Text, auf einmal landen wir bei der Sexismusdebatte. Denn Eike, der seinen optimierten Tänzerkörper in *Dummy* stets oben ohne präsentiert, findet dann doch noch einen anstrengenden Negativaspekt seines Berufs.

»Wenn dann so Frauen nach der Show kommen und kichern und ›Ausziehen!‹ rufen, bin ich immer total enttäuscht. Wenn man so langweilige Standardsachen fragt, ist es eine Sache. Aber wenn die das alles dann auf ein bisschen Haut reduzieren und fragen ›Kann ich mal deinen Bauch sehen?!‹, finde ich das extrem dreist. Ich frage ja auch nicht: ›Kann ich mal deine Titten sehen?‹ Und das sind nicht nur kleine Mädchen. Sondern oft gestandene Frauen, hübsche Frauen, egal welchen Alters, auch Männer. Klar, gehört der physiologische Aspekt zur Show: Ich mag Sex, Ästhetik, Körper. Aber ich gebe mein Bestes, mit mehr als nur der Optik zu beeindrucken.«

Es wäre auch eine Schande, das zugegebenermaßen schnittige Team als jugendliche Chippendales-Version zu interpretieren. Wer sich davon mit eigenen Augen überzeugen will, kann das noch bis zum 21. Juli 2013 in Berlin tun.

»Meine Show, in meiner Stadt, mit meinem grandiosen Team! Auch wenn man sich aneinander reibt – es fühlt sich so an, als würde ich meine Familie in die Heimat mitbringen. Alle sind krass, alle sind gut und die totalen Freigeister.«

Kommt alle vorbei und träumt einen Abend lang davon, ein modernes Zirkuskind zu sein!

30. PORTRÄT: MIA DIEKOW

INTUITIVES UNDERSTATEMENT

Philipp über Mia Diekow, Musikerin, Jahrgang 1987, Hamburg

Eine feine Beobachtungsgabe ist es, was einem Künstler die Inspiration sichert. Und wenn eine diese Gabe hat, dann ist es diejenige, die uns an diesem frühen Mittag in einem menschenvollen und mit Stimmenwirrwarr erfüllten Café abseits der Hauptstraßen von Hamburg gegenübersitzt. Mia ist eine dieser Personen, die einen in ihren Bann ziehen und bei denen man sofort das Gefühl hat, man kenne sich schon ewig. Eine Leichtigkeit geht von ihr aus, aber auch eine sehr bestimmte Souveränität, die verrät, dass man es hier mit einem eigenen Kopf zu tun hat – über den Tisch ziehen ist bei ihr nicht drin. Zu oft hat sie ihren Zweiflern das Gegenteil bewiesen und ihre eigene Interpretation der deutschsprachigen Musik geschaffen.

Spekuliert wurde über sie schon viel – sie polarisiert, ist nicht in eine bestimmte Schublade zu stecken und somit auch nicht jedem recht. Mia wäre nicht Mia, wenn sie so etwas aus dem Konzept bringen könnte, geschweige denn dass es sie an ihrer unnachahmlich ehrlichen Art zweifeln lassen würde. Sie trägt ihr Herz auf der Zunge, und mit ihrem Herzen unzertrennlich verbunden ist die Musik – mehr der Wind unter ihren Segeln als eine Begleiterscheinung. Die ihr eigene Multikompetenz hat sie dazu verleitet, sich in jeden Prozess ihrer Produktionen einzuklinken – ein Zug, den die Legenden von morgen durch die Bank an den Tag legen. Unidirectional ist nicht mehr angesagt, schon gar nicht und eigentlich auch noch nie für Mia.

»Meine Devise ist: Machen, machen, machen! Ich habe mich, bevor ich zu dem kam, was ich inzwischen mache, in den verschiedensten Kontexten ausprobiert, um zu wissen: Das kann ich, das kann ich, das kann ich definitiv niemals und so weiter«, bettet sie uns in ihre Gedankenwelt ein, als wir im fürs Diktiergerät anspruchsvollen, diffusen Wirrwarr aus Stimmen und Geschirrklimpern unser Gespräch beginnen. Schnell wird klar, Mia ist ein Buch mit sieben Siegeln, bis unter die Deckel angefüllt mit Lebensweisheit und Erfahrung.

»Mit 15 wurde mir langsam klar, dass ich Musikerin werden wollte, das ist jetzt zehn Jahre her. Damals habe ich mein Taschengeld mit dem Einsingen von Demos aufgebessert – habe allerdings nie eigene Kompositionen vertont, sondern nur Auftragsarbeiten für andere Musiker. Hätte ich nur den Geldgedanken gehabt, hätte ich es bei den Auftragssachen belassen müssen, aber das war nicht mein Traum. Mein eigentlicher, fester Beruf bis heute startete aber schon weitere zehn Jahre vorher; damals begann ich mit Synchronisationen für Filme. Damals wie heute leihe ich zum Beispiel vielen Charakteren in Kinderformaten meine Stimme, parallel dazu sang ich im Chor.«

Zur Verdeutlichung ihrer Sprachwandlungsfähigkeit gibt sie eine unfassbar authentische Babystimme zum Besten, mit geschlossenen Augen hätte man niemals auf eine erwachsene Frau geschlossen, niemals! Dass die Person hinter einer Stimme oftmals in keinster Weise dem entspricht, den sie vertont, wurde auch für Kathi zu einer furchtbaren Gewissheit, als sie Nachforschungen über den Synchronsprecher ihres Schwarmes Leonardo DiCaprio anstellte und von Stund an damit leben musste, dass er dem Original optisch deutlich unterlegen ist.

»Seitdem macht *Titanic*-Gucken keinen Spaß mehr«, räumt sie geknickt ein, seufzt herzerweichend und fängt sich dann wieder, »aber seine Stimme ist faszinierend!«

Diese Mischung aus Faszination und Desorientierung prägte auch Mia, besonders in der für wohl jeden komplizierten Zeit um die Volljährigkeit.

»Ich hab mit 18 Abi gemacht und war damals noch komplett verwirrt, bin im Dreieck gesprungen und hab hin und her überlegt, was ich machen soll. Ich konnte ja nicht sagen: ›Hey, ich bin Sängerin, gebt mir Geld dafür‹«, legt sie lachend ihre damalige Situation dar und fügt hinzu: »Ein Musikstudium kam mir schon verlockend vor, ich wollte dafür aber lieber ins Ausland gehen, in die USA, da die Ausbildungsmöglichkeiten dort vielversprechender sind als hierzulande. Das war aber leider utopisch. Ich hatte das Gefühl, dass außerhalb von Hamburg und Berlin einfach keine wirkliche Musikszene um eine Uni herum existiert. Es gibt in Mannheim einen renommierten Studiengang, aber letzten Endes erschien es mir widersinnig, mich in eine Institution zu begeben und dafür mein inzwischen gewachsenes Netzwerk in Hamburg aufzugeben, um in einer fremden Stadt ein neues aufzubauen.«

Ganz ihrer Art entsprechend pfiff Mia also auf das, was ihr eine Musikschule hätte beibringen können, und nahm die Sache selbst in die Hand. Ihrer Meinung nach ist gute Musik nicht lehrbar, Instrumente und ihre jeweiligen Spieltechniken durchaus, aber nicht das Gefühl für Musik, welches man nur durch einen eigenen Ansatz entwickeln kann.

»In den meisten kreativen Berufen ist es irrelevant, ob du sie studiert hast. Es geht darum, zur richtigen Zeit am richtigen Ort etwas Besonderes zu können, eine Balance zwischen Eigenem und Flexibilität zu finden – je nachdem, ob du eher Künstler oder Dienstleister bist. Das ist viel wichtiger als ein Zeugnis mit irgendeinem Stempel drauf. Fleißig muss man sein, lernen, sich zu motivieren, sich selbst treu zu bleiben und trotzdem offen zu sein«, sagt sie, schaut mit dem Kopf auf ihrer Schulter wiegend aus dem Fenster und beobachtet einige Passanten.

»Ich war es eines Tages einfach leid, immer auf Instrumentalisten warten zu müssen, damit wir endlich eine Session beginnen konnten. Also dachte ich mir, dass ich selber anfange, mir alles beizubringen. Von da an hab ich die meiste Zeit im Studio meines Vaters verbracht und mir die Fertigkeiten angeeignet, die ich brauchte, um eigene Musik zu erschaffen.«

Seinerseits beim NDR-Sinfonieorchester tätig, war Mias Vater seit jeher der musikalische Pate ihrer Familie und konnte ihr anhand seiner Instrumenten- und Produktionserfahrung auf die Beine helfen. Doch gegen zu viel Hilfe sträubte sie sich auch hier wieder, die Basics waren für sie ausreichend und die Vertiefung der Materie überließ sie dann wieder ihrem eigenen Ermessen.

»Im Prinzip hat er mir den Arbeitsplatz erklärt, mir die DAW* Logic eröffnet, und von dort an waren es ich und der Computer. Durch die Audiosoftware konnte ich meiner Kreativität freien Lauf lassen, alles aufnehmen, arrangieren und wiederholen, wie ich wollte, und mich im Komponieren von Songs ausprobieren. Außerdem konnte ich meine laienhaften Gitarren- und Pianofähigkeiten kompensieren, da das ewige Wiederholen zu einem besseren Ergebnis führt.«

Wir haben inzwischen unsere italienischen Heißgetränke geleert und ziehen in der angenehmen Sonne des aufkeimenden Nachmittags von dannen in Richtung Reeperbahn, wo Mia uns ihren Lieblingschinesen zeigen möchte. Der nicht allzu lange Weg wird gemütlich abgeschlendert, es entspinnen sich Diskussionen über die instrumentellen Eigenschaften von David Garretts Spiel und seine Sex-sells-Vermarktungsstrategie, wir lachen viel – die

** Anmerkung der Autoren: Digital Audio Workstation*

Zeit vergeht wie im Fluge an diesem Tag. Es ist eine Schande, dass wir keine Gitarre dabeihaben, sonst wäre ohne Problem eine spontane Straßenjamsession entstanden – so entspannt ist die Stimmung.

Mit inzwischen gewachsenem Hunger kehren wir neben dem Docks in besagtes chinesische Restaurant ein. Eine ausführliche Bestellung später, mit allen bekannten Problemen, die man von chinesischem Essen und dessen Abbildung auf Speisekarten kennt (»Was ist denn das? Schmeckt das? Bestell du erst mal, ich probiere und entscheide mich dann.«), sitzen wir mit Stäbchen bewaffnet, mampfend und unseren kulinarischen Horizont erweiternd im Restaurant und nehmen den Gesprächsfaden von vorhin wieder auf.

»Da ich viel alleine machte, wusste mein Vater oft gar nicht, was ich da im Studio bastelte. Ich hab das auch fast immer in so Nacht-und-Nebel-Aktionen gemacht, klammheimlich, ohne dass er das mitkriegen sollte. Denn ich weiß nicht, wie es euch geht, aber ich wusste da ja noch gar nicht, ob ich gut in dem war, was ich da trieb, und deshalb tat ich mich schwer, meine eigene Schöpfung zu präsentieren. Bevor ein Text nicht fertig ist, lasst ihr doch auch niemanden da draufgucken, oder?«, entfährt es ihr mit Nachdruck und forderndem Blick. Wir bejahen. Mia grinst.

»Ich bin da eher der Understatement-Typ und hänge nichts an die große Glocke. Ich hab das ganz komisch in Berlin erlebt, wo jeder irgendwie seinen Kurzfilm gedreht hat oder 'ne Band hatte und dieses und jenes Projekt ›gemacht‹ hat, aber dann im Gespräch mit Kollegen stellte sich raus, dass der Typ Statist war oder einfach mal im Proberaum abhing. Das ist nicht meine Art. Ich fühlte mich noch nicht als Musikerin, ich experimentierte und wartete auf den Zeitpunkt, ab dem ich mich selber gut genug kannte und ausprobiert hatte, um mit meiner Musik an das Licht der Welt zu treten.«

Diese spielerische Art des Lernens, wie sie sie nennt, ist dann im Umkehrschluss auch ihr musikalischer Ansatz: möglichst wenige Grenzen und Einschränkungen gelten lassen und immer darauf erpicht sein, intuitiv und wagemutig einen Weg zu finden.

»Ich bin keine gute Musikerin verglichen mit Virtuosen, aber meine Intuition rettet mich. Ich habe trotz mangelnder Theoriekenntnisse und ohne eine musikalische Ausbildung ein inneres Gespür für Harmonien, Dynamik und Melodien«, erklärt sie, während sie etwas Fleisch in der Soße auf ihrem Teller hin und her schiebt und es dann genüsslich verdrückt. »Müsst ihr probieren, ist der Hammer!«, strahlt sie uns an und wiederholt das Prozedere. Was sie ausmacht, spiegelt sich eben auch in ihrer Musik, eine Grundehrlichkeit und eine Laisser-faire-Haltung – die Dinge im Kern durchaus ernst nehmen, aber nicht verbissen oder verkniffen herangehen. Vielmehr nutzt sie all ihre Erfahrung und formt sich daraus ihre Gegenwart. So nutzte Mia zum Beispiel ihre Eindrücke aus einer Zeit, in der sie sich mit Jazzmusikern traf und beschäftigte, um den Improvisationsansatz des Jazz auf ihre eigene Arbeitsweise zu übertragen, anstatt Zeit dafür herzugeben, andere an ihrer Spielweise rummäkeln zu lassen.

»Ich habe diesen Ansatz der Improvisation sehr verinnerlicht, habe das Radio angemacht oder zum Beispiel eine Platte von Keith Jarrett und habe dazu gesungen oder auf der Gitarre rumgezupft, bis es sich für mich richtig angehört hat. Improvisieren, der Sprung nach vorne, gibt mir viel Sicherheit und auch einfach reine Spielfreude.«

Diese Sicherheit für Melodien erleichterte ihr dann auch den Schreibprozess erheblich.

»Es ist heute so, dass ich auf Akkorde sofort eine Melodie entwickeln kann, ohne dass ich lange drüber nachdenken muss. Auch wenn ich gar nicht weiß, welchen Akkord ich da gerade spiele, scheißegal, ich finde dazu passende Töne.«

Welche Melodien sie dabei entwickelt, hängt von vielen Faktoren ab, die sie nicht alle genau benennen kann.

»Es hängt auf jeden Fall stark mit der Sozialisation zusammen, will heißen, welche Musik lief den Großteil deines Lebens im Hintergrund, wie ist dein momentaner Zustand, was hattest du letzte Nacht zu trinken? Inspiration hat viele Gesichter, und oft können auch ganz profane Dinge eine super Quelle für Ideen sein, es muss nicht immer in tiefste Tiefen gehen, um dich zu inspirieren. Quasi wie ein Fahrstuhl. Warst du dein Leben lang in einem Fahrstuhl, in dem alle mögliche Musik lief oder in einem, in dem nur traurige Musik lief – in diesem Bildnis kann man das vielleicht ausdrücken. Bei mir ist eben vieles Intuition, du sitzt irgendwo und summst vor dich hin, und auf einmal hast du 'ne Idee, die dich nicht mehr loslässt. Ob jetzt vor Bergkulisse oder auf dem Bürgersteig vorm Club ist eigentlich egal.«

Das, was ihr einfällt, verpackt sie dann in ein sehr bildliches Deutsch, eine sehr klare und tiefe Sprache geht von ihren Liedern aus, mit Schwermut ja, mit Verzweiflung weniger.

»Das Ding ist, dass das Deutsche und die Melodie keine Freunde sind. Dafür ist die Sprache einfach nicht melodisch genug, doch hat das Deutsche eine Tiefe und Direktheit, die mich mehr verzaubert als die des Englischen, wo man für vieles ähnliche Redewendungen und Ausdrücke hat. Im Deutschen kannst du zu 100 Prozent auf den Punkt kommen, und das reizt mich, die Kompliziertheit der Sprache trotz ihrer Sperrigkeit zu nutzen«, holt sie aus und gestikuliert dabei nachdenklich mit ihren Händen, als ob sie ein unsichtbares Garn aufwickeln würde. Es folgt ein Exkurs über die verschiedenen Sprechweisen der europäischen Völker, dem Mia mit inbrünstigen Nachahmungen ihre besondere Note gibt und damit wieder zu komödiantischer Höchstleistung aufläuft.

»Südeuropäer haben einen völlig anderen Stimmsitz, die singen hiiieeerrr vorrrrrne über die Nase und auch deutlich lauter und gelöster als wir Deutschen, wir haben nicht diesen bestimmten Ton, wenig tonale Vielfalt in unserer Sprechweise, wie zum Beispiel Italiener. Dieser Ton kann einen auch mal nerven, weil er so sehr gehört werden will, aber er macht dennoch Sprache wie Gesang gleichermaßen einzigartig. Er gibt dem Ganzen Wohlklang und Melodie. Wir reden in Deutschland eher hier hinten im Hals, sehr eben, fast schon monoton. Daraus trotz-

dem Emotionen und Wohlklang zu formen versuchen ist eine interessante Aufgabe.«

»Gilt aber nicht für alle – auf Sächsisch kannste nit singe«, wirft Kathi dialektelnd ein.

Als alle Teller geleert sind und wir »frische Luft« als konsenfähig erachten, verlassen wir das Restaurant und treten in den Reeperbahnfestival-Aftermath-Wahnsinn nach draußen. Da Reeperbahn und Tageslicht sich vertragen wie Kain und Abel, gehen wir schnell wieder in Richtung Nebenstraßen, wo die Zerstörung nicht allzu gegenwärtig ist. Da unser Gesprächsstoff einem unendlichen Bach gleicht, der fließt und fließt und fließt, entscheiden wir uns für eine kleine Sofabar und lassen uns, zugegebenermaßen ein wenig vollgefressen, dankbar nieder, um ein Problem zu diskutieren, mit dem sich Mia nach wie vor rumzuschlagen hat und das Kathi folgendermaßen auf den Punkt bringt: Sie ist einfach zu einzigartig.

»Ich stecke in dem Dilemma, dass ich genau in der Mitte der dualen Musikwelt Deutschlands liege. Hier gibt es Indie … und Pop. Und ich bin genau dazwischen. Manche Radiosender sagen, ich bin Pop, andere ich bin Indie, und viele spielen mich gar nicht, weil sie nicht wissen, was ich bin … Die können mich einfach in kein Format bringen.«

Und genau da scheint das Kernproblem zu liegen. Alles muss immer in einen Kontext, auf einen Nenner gebracht werden können und definierbar sein. Ein Umstand, den Mia ungern akzeptiert – dafür denkt sie zu frei und zu ungestüm.

»Ich bin ein absoluter Ästhet, mir geht es darum, dass Ohren und Augen etwas geboten bekommen, aber man legt heute mehr Wert darauf, dass man eine Sache gut und klar vermarkten kann. Das ist schade und macht es auch viel schwieriger, Fuß zu fassen in der kreativen Branche«, erörtert sie die Thematik. »Ich bin immer sehr darauf erpicht, dass ich alle meine Musiker und Mitarbeiter an Projekten bezahle. Es sind vielleicht nicht die branchenüblichen Konditionen, aber zumindest entlohne ich die Leute damit mehr als nur mit guten Worten. Klar, meine Band würde für lau spielen und hat das auch oft genug getan, dennoch ist der Markt hart umkämpft, und ich kann nicht von ihnen erwarten, dass sie sich für mich prostituieren.«

Das sagt sie so selbstverständlich daher. Ein Bandleader, der zugunsten der Kollegen auf sein Geld verzichtet – so etwas ist wohl eine Rarität in der Musikszene, in der es schnell wegen der kleinen, bunten Scheine zu schicksalhaften Streitereien kommt.

Auch beim Konzipieren ihrer Musikvideos spielte das Geld – eher das fehlende – eine wichtige Rolle.

»Wir mussten erfinderisch sein, hatten ein kleines bis gar kein Budget und wollten dennoch ein respektables und vor allem vorführbares Ergebnis erzielen. So zogen wir also filmend durch die U-Bahn, durch den Wald oder durch mein Wohnzimmer. Das war schon ganz gut, vor allem das Video zu *Pfeffer* im Baum ist uns gut gelungen. Bei *Black Beauty* gab es kein Budget von der Plattenfirma, und so haben wir dann ein einfaches Performancevideo gemacht, ich hab vor der Kamera getanzt und der Regisseur Kim Frank, ein Freund von mir, hat mir dabei wirklich den Arsch gerettet. Ich habe 2.500 Euro investiert, Teile der Produktion übernommen und eine Woche später lief es auf VIVA. Bämm!«

Für die Durchsetzung ihrer Pläne geht Mia Risiken ein, lässt sich von Problemen nicht abschrecken und übernimmt jeden unbesetzten Job zur Not auch selbst. Sie spannt Freunde ein, bastelt, malt, dekoriert, verändert, verhandelt und plant, bis sie es schafft, ihre Vision umzusetzen. Und sie schafft es.

»Es kann halt nicht immer Regen und Pyroshows geben«, lässt Kathi verlauten. Darüber hinaus steht Mias Musik auch ohne ein krass stilistisch getuntes Video auf festen Beinen und muss sich hinter keinem von den anderen hiesigen Liedermachern verstecken.

Von Mia gilt es zu lernen, menschlich wie professionell. Sie weiß, sich einzusetzen, und hat verstanden, dass ohne Fleiß selten vielversprechende Resultate erzielt werden. Sie ist fair und verständnisvoll, aber ganz bestimmt kein Weichei. Kathi und ich wollen sie kaum ziehen lassen, als wir unser Interview abschließen und uns verabschieden. Mias künstlerische Arbeit ist ebenso ein Genuss wie der private Umgang mit ihr – das ist nicht selbstverständlich. »Wir alle sind Piraten der Liebe«, sagt Kathi, »aber Mia ist unser Kapitän.«

So viel Weisheit und sympathische Bodenständigkeit werden in Zukunft definitiv noch reich belohnt, und jeder, der ihr diesen Tribut nicht zollt, kann dahin gehen, wo der Pfeffer wächst.

31. PORTRÄT: CHRISTOPHER SITZLER

HARTES HOLZ GEGEN GLASRIESEN

Katharina über Christopher Sitzler, Architekt,
Jahrgang 1989, Berlin

Menschen wie Christopher Sitzler sind der Grund, warum uns ganz Europa, ja eigentlich die ganze Welt um unsere Kunstszene beneidet. Jedes Jahr ziehen Hunderte Künstler aus ländlichen Einfamilienhäusern unter die hohen Decken der Berliner Altbauwohnungen. Im Gepäck haben sie nicht nur entfesselten Erlebnishunger, sondern auch jede Menge in den langen Jahren kleinstädtischer Geborgenheit gereiftes Talent. Damit unterwandern sie nicht nur klassische Künste, wie etwa Malerei, Musik oder Schauspielerei, sondern auch gesetztere Kreativberufe – in Christophers Fall die Architektur. Nebenbei steckt er auch noch in der Modelagentur Nest. Es gibt schlimmere Studentenjobs …

Ein bisschen Dekadenz darf dann schon sein, deshalb verabreden wir uns in der Lobby des Soho House, in dem zur selben Zeit auch George Clooney seinen Schönheitsschlaf hält. Normalerweise heißt es im Soho ja »Members only«, aber Christopher hat so eine schicke Mitgliedskarte, die es ihm erlaubt, Freunde mitzunehmen. Und so bekomme auch ich mal das berühmte Interieur zu Gesicht.

Christopher kommt kurz nach mir hereingeschneit – er trägt eine nasse Schneeflockenschicht auf den dichten Locken mit sich herein. Mit seiner trockenen Art und der ruhigen, manchmal sarkastisch klingenden Stimme nehme ich ihn sofort als angenehmen Gesprächspartner wahr.

Zudem riecht er gut, was mir gleich zu Beginn auffällt, als wir mit dem Aufzug nach oben ins Restaurant fahren.

Oben dominiert eine gekonnt zusammengestellte Einrichtung, die den Status eines herrschaftlichen Hotelgebäudes mit Berlins rohem Retrocharme kombiniert. Die Gäste entspannen auf den tiefen Sofas, einige ergänzen das abendliche Glas Wein mit einer Runde Schach oder Monopoly.

»Das ist auf jeden Fall eines der hübscheren Häuser hier. Berlin hat so unglaublich viel hässliche Architektur«, stellt er fest, und wir lästern über den furchtbaren Glasriesen der Deutschen Bahn am Potsdamer Platz. Glasfronten sind für Christopher ohnehin ein Reizwort.

»Wenn man von zeitgemäßer Architektur spricht, denken die Menschen immer gleich an möglichst aufwendig verglaste Bauten. Weil das angeblich Offenheit suggeriert. Aber für mich ist das ein Trugschluss, weil auch Glas undurchlässig ist, da kann man nicht durchlaufen. Ich liebe es, mit den Materialien und ihren entsprechenden Eigenschaften zu spielen. Der Homogenität von Beton oder der Natürlichkeit von Holz beispielsweise. Vor allem Eiche, aber dabei bitte nicht an den rustikalen Bauernschrank denken!«

Nach dem Abi war er zunächst in ein BWL-Studium hineingeschlittert, das er ein Jahr später, nach einem spontanen Entschluss, zugunsten der Architektur abbrach.

»Meinen Geburtsort nahe Karlsruhe habe ich schon sehr früh hinter mir gelassen. Meine Identität war nicht mit der Lebensweise dort vereinbar. Ich bin mit 16 von zu Hause weg und zu einem damaligen Freund in die nächstgrößere Stadt gezogen – das hat mich schnell erwachsen werden lassen.«

Eine ganze Pubertät und vier Semester Architektur in Karlsruhe später, wechselte er an die TU Berlin. Eine Umstellung, da

die Leitlinien hier stärker vorgegeben sind und somit die experimentelle Freiheit etwas eingeschränkter ist.

»Um seinen eigenen Kopf durchzusetzen, muss man einfach richtig überzeugend sein. ›Architekt‹ ist ja nicht umsonst ein geschützter Berufsbegriff. Man durchläuft das Studium bis zum Master und ist anschließend noch zwei Jahre Architekt im Praktikum. Ein Bauprojekt ist natürlich immer mit enormem finanziellen Aufwand verbunden. Gerade Aufträge der öffentlichen Hand müssen in erster Linie bestimmte Normen und Auflagen erfüllen. Deshalb sind diese Aufträge oft mit großen Einschränkungen verbunden, besonders in Deutschland.«

Aber Christopher hat auch gelungene Gegenbeispiele auf Lager. »Ich liebe die Neue Nationalgalerie. Vom ersten Schritt hinein bis zum Ziel hat man das Gefühl, in einem Labyrinth zu wandern. Was spezielle Persönlichkeiten betrifft, finde ich Peter Zumthor total interessant. Der macht wahnsinnig viel mit ortsgebundenem Material. Dafür ist er sehr sensibel. Seine Persönlichkeit ist wahnsinnig stark, er kam auch von der Bildhauer-Schiene. Und dieses Künstlerische bemerkt man immer noch in seinen Konzepten. Das Kunstmuseum Kolumba in Köln ist von ihm oder die berühmte Schweizer Therme in Vals. Dort hat er durchgesetzt, dass die Zeiteinheit das Jetzt sein soll – deshalb sollte es keine Uhren geben.

Dennoch kamen streckenweise Beschwerden von Thermengästen, die eine Uhr wünschten. Er hat sich dann darauf eingelassen, eine einzige zu installieren. Auf einem in den Boden eingelassenen Messingstab ist jetzt ein ungefähr Armbanduhr-großes Zifferblatt zu finden. Dieses Gefühl von Zeitlosigkeit kenne ich selber nur, wenn ich gerade ganz tief in meiner Arbeit versinke – oder glücklich am Feiern bin.«

Für den Absacker fahren wir in meine Wohnung. Im Gegensatz zu Jonas Meyer, einem gemeinsamen Freund (siehe Kapitel *Der Schatz der Sehnsucht*), schätzt Christopher die praktischen Vorzüge der klassischen Platte.

»So viel Funktion, und wenn man relativ weit oben ist, hat man keine grauen Hinterhöfe, sondern einen fantastischen Ausblick!«

Nach einer kurzen Kostümparty mit Feuerwehrhelm und Polizeimütze – dazu zwinge ich fast alle meine Besucher – fahren wir in einem gläsernen Aufzug in die Solarbar, die sich am Anhalter Bahnhof im 17. Stock befindet. Bei diesem Ausblick kommt man schon mal ins Schwärmen. Ein paar Minuten lang ist auch die ungewisse Zukunft eine schöne Voraussage.

»Klar, das mit dem Modeln ist momentan ganz nett, macht auch Spaß – aber ich habe keine Angst vor dem Älterwerden. Ich freue mich auf jeden Lebensabschnitt! Mit fünfzig möchte ich mein eigenes Architekturbüro haben, gefestigt im Leben stehen, in einem hübschen Apartment, zum Beispiel in New York, leben. Mir ist wichtig, dann genug zu verdienen, um mir gewisse Annehmlichkeiten ermöglichen zu können. Dafür übernehme ich auch gerne Verantwortung für Angestellte.

Freiheit ist mir, glaube ich, nicht ganz so wichtig. Viele Leute ziehen ja nach Berlin, weil sie denken, dass sie dann freier sind. Endgültige Unabhängigkeit hat nichts mit Geld oder einer Stadt zu tun – und eigentlich kann man sie kaum erreichen.«

32. PORTRÄT: TRONJE THOLE VAN ELLEN

MIT STIFT UND PINSEL

Philipp über Tronje Thole van Ellen, Designer & Maler, Jahrgang 1990, Hamburg

Es liegt vielleicht an den exotischen Straßennamen, wie Osakaallee, Singapurstraße und Magellan-Terrassen, an dem Mix aus futuristischer Bauweise und traditioneller hanseatischer Hafenarchitektur oder an dem frischen Wind, der das ganze Jahr durch die Gassen pfeift, dass die Hamburger Hafencity zum Anziehungspunkt für eine neue Generation von jungen Kreativen geworden ist, die ihre Visionen hier in die Tat umsetzen. Ein Refugium für all diejenigen, denen die etablierte Kunstszene zu viel geworden ist, ein Ort, an dem die jeweiligen Projekte für sich stehen und in einem angemessenen, ehrlichen Rahmen ausgestellt und diskutiert werden können – wenn etwas scheiße ist, wird das definitiv zur Sprache gebracht. Das kann hart sein, bringt einem aber persönlich mehr als nur ein verhaltenes »Ja, ist ganz okay«.

Durch diesen stetigen Prozess bildet sich ein harter Kern heraus, der aus denen besteht, die ihr Handwerk verstehen und dann selber wieder nach anderen Kreativen suchen, um diese zu pushen. Hier ist es ein freundschaftliches Miteinander, das die Besonderheit dieses Ortes ausmacht, ein klarer Vorteil gegenüber größeren Städten wie Berlin. Es ist schlichtweg nicht so überlaufen und ausgeschlachtet, bietet mehr Möglichkeiten, wahrgenommen und vor allem respektiert zu werden. Man kennt, schätzt und reflektiert einander.

Es ist ein verregneter Abend, FC-St.-Pauli-Kampfwetter. Kathi, ihre Freundin Isabel und ich treffen Tronje an einer der insgesamt 2.500 Brücken Hamburgs, direkt am Übergang zur Hafencity. Unser Ziel ist ein Restaurant neben einer der zahlreichen kleinen Galerien, die sich hier tummeln. In einer von ihnen fertigte er ein Wandgemälde im Rahmen des Art & Fashion Festivals 2012. Auf dem Weg wächst unsere Gruppe auf fünf Leute an, da Tronje noch einen Kollegen trifft, der sich uns kurzerhand anschließt, und die so entstehende Gruppendynamik sorgt für rege Kommunikation, die sich durch das gesamte Interview ziehen wird. Ein Aufeinandertreffen von zwei bayrischen Mädels mit drei Hamburger Jungs. Definitiv eine Herausforderung für Erstere, denn die norddeutsche Direktheit hat schon so mancher gestandenen Person die Spucke wegbleiben lassen. So drehen sich die Gespräche sehr schnell um eher persönliche, interkulturelle Streitigkeiten, was uns insofern nach vorne bringt, als dass wir die Kälte des Abends mit der Hitze des Wortgefechts bekämpfen können. Ohne physische Übergriffe, heil und schlotternd im Restaurant angelangt, beflügelt ob des bisherigen Gesprächsverlaufes, beginnt die Konversation, sich von uns ab- und Tronje zuzuwenden.

»In die Hafencity bin ich durchs Saufen gekommen, also Party, Tanzen, neue Leute kennenlernen. Ich habe dann mit zwei so gewonnenen Freunden hier eine Party namens Schwarzrausch/Weißrausch veranstaltet, auf der unter anderem mein Artwork ausgestellt wurde. So führte eins zum anderen, einigen Leuten gefiel das sehr gut, allen voran Stoffsüchtig, einem Mode-Label, für die ich dann Shirt-Designs entwickelt habe. Wegen dieser positiven Resonanz bin ich dann hiergeblieben und hatte die Möglichkeit, mit den bereits etablierten Ausstellern zu arbeiten, vor allem mit Cato, dem Vater einer Freundin, der mir Räume und Ratschlag zur Verfügung stellte. Mit ihm konnte ich selbstsicherer an neue Arbeiten herangehen, da ich wusste, dass ich jemanden im Rücken habe, falls ich Probleme bekomme. Ein wertvoller Umstand.«

Tronje ist jemand, der den persönlichen Kontakt sucht, der sich nicht von Fachwörtern einlullen lässt und dann an jeden selbsternannten Kunstkenner mit etwas Geld seine künstlerische Würde verkauft. Er lässt klar verlauten, dass ihm das ganze Fachgedöns erheblich auf den Sack geht und ihm mehr damit geholfen sei, eine klare und verständliche Antwort oder Anfrage zu bekommen. Er ist ein ehrlicher Mensch, wenn es um ihn und seine Fähigkeiten geht, kein Freund großer, aber dafür substanzieller Worte. Diese Eigenschaft ergänzt sich exzellent mit dem vorherrschenden Ton seines Arbeitsumfeldes hier in der Hafencity. Er ist begeistert über positive Resonanz auf seine Arbeit, würde aber deswegen niemals heucheln. Sein Talent ist ihm in die Wiege gelegt worden, er besuchte keine Zeichenkurse oder Kunsthochschule, sondern fing schon als Bub an, mehr zu malen als der Rest seiner Klasse zusammen.

»Ich konnte noch nie etwas anderes im Leben außer kreativ sein. Meine Eltern haben mich damals auch schon unterstützt, mir ihr Gefallen an meinen Zeichnungen kundgetan und an mich geglaubt. Irgendwann war es auch für meine Lehrer okay, dass ich wirklich immer gemalt habe, so schäbig wie dieses *Immer* vielleicht klingen mag. So habe ich dann auch gar nicht erst versucht, etwas anderes zu machen, sondern bin dabei geblieben«, hebt er über den Lärm einer sich am Nachbartisch vergnügenden Mädchenbande an.

»Meine Eltern waren da ganz locker und schätzen meinen freien Geist.«

Er ist gebürtiger Emder, kommt aus dem beschaulichen Küstenort an Deutschlands nord-nord-nord-östlichstem Zipfel, wo neben dem Seehafen nur Otto Waalkes und Karl Dall eine überregionale Bekanntheit erreicht haben. Genauso gut hätte Tronje auch den Beruf des Kutterkapitäns oder Fischauktionators ergreifen können, wären seine Eltern nicht vom kreativen Geist der Sechziger beseelt gewesen.

»Eigentlich wurde Tronje bei Nacht auf 'nem Deich geboren«, wirft sein Kollege Dustin ein und sorgt für kollektives Gelächter, mit dem wir dem Nachbartisch starke Konkurrenz machen.

»Ich bin dort ja *nur* geboren, wirklich aufgewachsen bin ich in und um Hamburg und das hat mich dem Kreativen definitiv nähergebracht«, klärt Tr onje prustend seine Herkunft weiter auf, trinkt einen Schluck und wendet sich der Diskussion zwischen Kathi und Dustin zu – sie sinnieren über die steuerliche Finanzierung von Waldorfschulen und verfallen mehr und mehr dem Wein. Nach ein paar Minuten steckt das Gespräch bei der Definition von Kunst und Künstler fest.

»Kunst ist, wenn du es nicht kannst, denn sonst ist es keine Kunst!«, lässt Dustin verlauten, doch trägt damit nicht gerade umfassend zur Klärung bei, woraufhin Tronje sagt: »Um ehrlich zu sein, würde ich mich noch nicht Künstler nennen, da habe ich erstens viel zu viel Respekt vor dem Wort an sich, weil das eine echte Auszeichnung ist, und zweitens, wenn man mal sieht, was andersherum inzwischen alles Künstler genannt wird, frage ich mich: Will ich da dazugehören? All diese Coversong-Artists oder wie man die schimpft. Damit kann ich nix anfangen, das hat für mich auch nichts mit Kunst oder Kreativsein zu tun.«

Es geht ihm um die Freude am geschaffenen Gegenstand. Man muss ein Werk nicht zwangsläufig verstehen, aber es muss etwas auslösen, um beim Betrachter in Erinnerung zu bleiben. Wenn das erzielt wird, nähert man sich mit seiner Arbeit Tronjes Begriff von Kunst, da sie dann für sich alleine stehen kann und eine Aussage hat.

»So geht es mir bei William Turners Bildern. Ein Vorreiter der Impressionisten. In seine Bilder kann ich mich total reinfühlen, stundenlang davorstehen und darin versinken. Einfach beeindruckend. Man spürt nahezu das Wetter auf den Gemälden. So etwas muss man schaffen, dann darf man sich Künstler nennen. Zumindest im Bereich der Malerei.«

Und hier zieht er bewusst die Grenze. Er probiert sich aus und weiß nicht, welche Talente und Fähigkeiten noch in ihm stecken. Eine Triebfeder zum Experimentieren, die er sich bewahren möchte, solange es geht. Die Malerei ist für ihn nicht einfach ein Beruf, sie ist sein persönliches Manifest, verfasst mit Pinsel und Acryl.

»Für mich ist es immens wichtig, dass ich handwerklich aktiv sein kann, weil mir das Spaß macht. Ich sitze in meinem Bett,

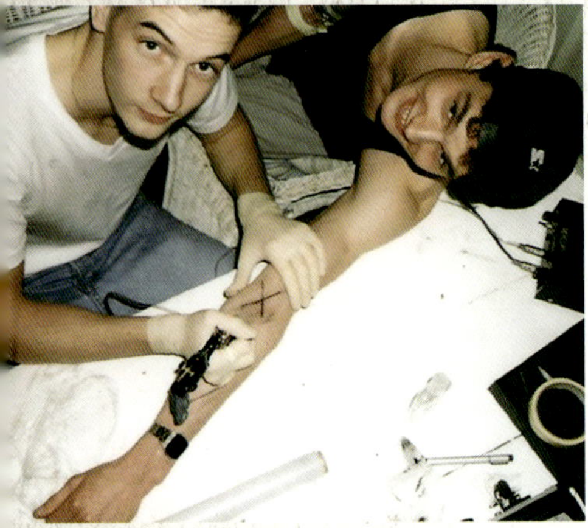

festgestellt. Viele tolle Bilder entstehen aus einem Schwung heraus, den man nur hat, wenn man tatsächlich selber Hand anlegt.«

Es kommt zu einem weiteren Wortgefecht um das K-Wort, Kathi fühlt sich angesprochen, Dustin missverstanden, Tronje und Isabel verhaken sich in einem Disput um den Sinn eines Mathematikstudiums, ich bestelle Wein und fühle, dass dieser Abend noch einiges an Diskussionspotenzial birgt. Unsere Dynamik ist entzückend. Vollkommen konträr sind da teilweise die Bilder von Tronje, die einen sehr düsteren Charme haben, oftmals abstrakte Fratzen oder scharfgezeichnete Schwarz-Weiß-Porträts von zornigen Filmrollen aus *Pulp Fiction*, *Trainig Day* und *Breaking Bad*.

»Mein Vater hat immer Angst vor meinen Bildern und macht sich Sorgen um mich«, wirft er belustigt ein. »Meine Bilder sind eben immer etwas böse und düster gehalten. Das hat nichts mit meiner Psyche zu tun, ich mag den Stil. Außerdem sind sie dadurch kontroverser und bleiben auch besser im Kopf. Ich habe lange versucht, eine Message zu verpacken, schwarze Kinder mit Fliegen in den Augen zum Beispiel. Aber dazu bin ich rein künstlerisch nicht politisch genug, ich konzentriere mich eher auf die Symbolik.«

habe einen Pinsel im Mund, die Farbe tropft, das ist alles eine sehr körperliche Sache und gehört für mich dazu. Dieser physische Aspekt ist einer der Reize am Malen, die es für mich so faszinierend machen. Ähnlich wie beim Arbeiten mit Sprühdosen, wenn dieser leichte Farbfilm auf der Hand liegt und die Fingerspitzen wie in Farbe getaucht aussehen. Das alles hat man bei virtueller Kunst nicht, da hat man nur Maus, Tastatur und eventuell noch ein Trackpad. Zu steril für meinen Geschmack, das habe ich bei meiner interessanten, aber eben genau deshalb beschissenen Web-Design-Ausbildung

Einen bestimmten Stil allerdings spricht er sich noch nicht zu, dazu ist er zu ungern festgelegt, macht neben den Bildern und Zeichnungen noch zu viele Projekte aller Art. All das nach dem bewährten Motto »so viel Output wie möglich«, um dadurch Ansehen zu gewinnen und neue Bekanntschaften zu schließen, ohne die in dem großen Flickenteppich Kunstszene wenig geht. Dabei rückten auch Designertätigkeiten in den Vordergrund, für Labels, die sein Artwork auf ihrer Mode verewigen wollten. Für ihn ein neues Metier, dem er sich mit Bravour stellte und auch immer noch stellt.

»ICH ERKLÄRE DIESEN BEREICH ZUR RAUCHERZONE!«, ruft der grandiose Barkeeper, der die Musik aufdreht und sich zum letzten Teil seiner Schicht eingroovt. Es ist gegen 22 Uhr, unsere Diskutierlust ist mitnichten verloschen und das nun einsetzende Rauchen gibt dem ganzen Rahmen eine Note der Vergangenheit, in der verwegene Gestalten wie wir in von Kerzenlicht stimmungsvoll erhellten Lokalen saßen und über die Grundfesten der Welt philosophierten. Neben uns ist der eingangs erwähnte Mädchenstammtisch inzwischen zu einem Tollhaufen geworden, und wildes Gelächter schallt herüber.

»Das ist die Musik, die stachelt jeden an!«, kommt es von Tronje, und Kathi überlegt, Tokio Hotel als Musikwunsch abzugeben, doch wird von einer demokratisch korrekten Zweidrittelmehrheit gestoppt.

»Daher rührt vielleicht auch das Aussehen meiner Bilder, ich höre echt immer aggressive Mucke beim Malen, habe jetzt gerade Noiz Rock für mich entdeckt, ganz abgefahren, bisher Ami-Hip-Hop und Dubstep, also schon düster«, erklärt Tronje und kommt dadurch gleich auf einen weiteren Gedanken zur Musik. »Cro ist gefährlich. Er ist wie alle Jugendlichen, er hat einfach gar keine Botschaft mehr, sondern ist nur ein Konsumidiot, der das Leben genießt und fertig. Das nervt und ist leider so bildgebend für die nachkommenden Generationen, die immer mehr zu Werbeflächen werden und keine eigene Aussage mehr vertreten … So eine Mentalität finde ich verwerflich, wirklich eine Schande, sich so blenden zu lassen und dadurch die Zwischenmenschlichkeit zu verlieren. Für mich ist es so: Man sollte immer etwas geben, ich für meinen Teil bin nicht reich und kann nix spenden, aber versuche immer, so freundlich wie möglich zu sein, das ist meine Spende an die Welt. Immer etwas Gutes tun und wenn es *nur* ein ›Guten Morgen‹ beim Bäcker ist. Ich freue mich ja auch, wenn mich jemand morgens nett grüßt, dann hab ich auch einen besseren Start in den Tag, das gilt für den Bäcker oder wen auch immer dann auch«, schließt er sein Resümee über soziales Miteinander und lässt die Worte ein wenig im Raum stehen, bevor er hinzufügt, »dass das allerdings gutmütiger klingt, als es mein Naturell ist. Sobald jemand meiner Freundin oder meiner Schwester dumm kommt, fahre ich aus der Haut, dafür bin ich zu sehr Familienmensch und möchte auf meine Mitmenschen aufpassen.«

Wie es sich für eine Legende von morgen gehört, ist auch Tronje ein sehr vielschichtiger Charakter, der sich nicht mit einer einzelnen Geisteshaltung zufrieden gibt, sondern die Divergenz der unterschiedlichen Haltungen miteinander korrespondieren lässt und daraus Inspiration und Weisheit schöpft. Da addieren sich schon mal Feingeist und Kater-Halbschlaf-Philosophie zu einem neuen Projekt, da die Gedanken halb wild, halb bedacht durch den Kopf wabern und einen Kreativschub erzeugen. Die Hauptsache ist, dass es nicht verkrampft oder vorhersehbar ist, was dabei entsteht.

»Stereotypen und Klischees und so weiter finde ich ganz furchtbar, und ich hoffe, dass ich keinem entspreche! Ein weiterer Ansporn für mich, so lange wie möglich so viel Kreatives wie möglich anzupacken. Für ein Klischee muss man festlegbar sein, das ist mir zu blöd. Ich bin kein Maler, denn Maler malen zum Beispiel 'ne Hauswand weiß, ich bin kein Grafiker, denn das ist fast schon 'ne Beleidigung für mich, für mich heißt das nämlich ausschließlich Auftragsarbeit, also nix mit künstlerischer Freiheit. Ich selber komme von der Street Art und fühle mich unter dem Begriff auch immer noch gut einsortiert, da das so ziemlich alles sein kann außer einkreisbar. Ich gestalte und designe, ich schaffe

Dinge, die vorher nicht da waren, ob nun Prints, Porträts oder Tags, Hauptsache, sie geben etwas wieder, was mich bewegt. Das muss kein krasses Politikum sein, es gibt Gott sei Dank keine Grenzen in der Kunst, deshalb sehe ich auch nicht ein, mir selber welche zu setzen und nur in eine Richtung zu denken.«

Ihn bewegt viel eher, »alles zu hinterfragen«, denn die Welt ist dem Menschen einiges an Antworten schuldig.

»Ich guck mir auch mal ein paar Stunden YouTube-Videos an, in denen Kontroversen aus Politik und Wirtschaft behandelt werden, nur um zu verstehen, wie die Dinge laufen oder laufen könnten. Was man da alles über die Machenschaften von Bankern und diesem Gesocks erfährt, wirklich schockierend, aber jedermann findet sich nur damit ab und gut ist. Ich bin bei Weitem kein Aktivist, doch alleine das Wissen darum ist notwendig, um sich ein klares Weltbild zu gestalten, woraus wiederum meine kreative Energie kommt.«

Mit einem so durchdachten und ehrlichen Ansatz an seine künstlerische Zukunft stehen ihm alle Türen offen. Der nächste Schritt nach Abschluss des Kommunikationsdesign-Studiums soll ein Masterabschluss in London sein, wodurch er sich internationaler positionieren will. Mit dem Verstand gesegnet, gleichzeitig als Enfant terrible und kooperatives Talent zu bestehen, wird er noch für Furore sorgen und sich gleichzeitig nix gefallen lassen. Tronje ist einer dieser Menschen, bei denen man merkt, dass er es eines Tages zu Großem bringen wird. Eine Bestimmtheit geht von ihm aus, mit der er alle seine Arbeiten angeht und für die er sich schon einiges an Respekt verdient hat. Mit einer geschickten Symbiose aus High-Fashion-Party und Vernissage (Schwarzrausch/Weißrausch) hat er begonnen und dadurch schon am Anfang eine Zielgruppe für sich erschlossen, die nur schwer erreichbar ist und in der auch das nötige Kleingeld schlummert, um damit seinen späteren Lebensunterhalt zu bestreiten.

»Ich will nicht darauf hinaus, eines Tages Bentley zu fahren und Inseln zu besitzen oder so ein Scheiß, ich will meine zukünftige Familie mit dem versorgen, was mir das Herz erblühen lässt, mit Kunst. Ganz bescheiden eigentlich.«

Wir sind inzwischen mit die Letzten im Restaurant, der Wein hat seine Spur hinterlassen, doch die stete Diskussion war so anregend, dass wir Schwierigkeiten haben, uns voneinander zu lösen. Wir verabschieden uns von Tronje, der im Gegensatz zu uns am nächsten Morgen in aller Herrgottsfrühe ein Flugzeug nach New York erwischen muss, und geleiten ihn noch ein Stück durch die Hafencity, die in ihrer abendlichen Ruhe beinahe verlassen wirkt.

»Es ist, glaube ich, nicht wirklich wichtig, von Kunst oder Nicht-Kunst zu reden. Die Personen, die am meisten darüber reden, sind wohl die am wenigsten Kreativen und verstecken sich hinter ihrer hochgestochenen Sprache«, merkt er noch an und geht dann winkend über die Straße in Richtung Bahn. Anstatt seine Energie dafür zu verbrennen, etwas zu definieren, nutzt er sie dafür, etwas Neues zu erschaffen und sich nicht dem Strom der Nörgler anzuschließen, die eh niemals zufrieden sind mit der gegenwärtigen Situation. Eine Professionalität, die schon jetzt dafür sorgt, dass er sich nicht mit den falschen Leuten einlässt, und die es ihm ermöglicht, die Dinge klar und unverfälscht zu sehen, genau so, wie sie sind.

DIE ALLTÄGLICHE POESIE DES GLÜCKS

Katharina über Julian Heun, Poetry-Slammer, Jahrgang 1989, Berlin

Bewusst harmlos, getarnt als attraktive Version von Bob Dylan, schreitet das Enfant terrible der deutschen Dichterszene über den Vorplatz von Schloss Charlottenburg auf uns zu. Hauptsächlich wegen seines fulminanten Haupthaars klärt er uns gleich zu Beginn auf: »Mein Vater ist Afrob und meine Mudder Lil' Kim.« Doch wer Julian Heun schon mal im scheinwerfergewärmten Terrarium der Poetry-Slam-Bühne bewundert hat, sieht die eloquente Verwandtschaft auch zwischen den gereimten Zeilen seiner Texte aufblitzen. Der Berliner ist nicht nur in seiner Stammbühne »Spree vom Weizen« heimisch, sondern exportiert seine Wortkunst auch regelmäßig in rhetorisch schwächere Gebiete unserer schönen Republik. Aller guten Dinge Anfang war jedoch auch bei Julian Heun in einem Szeneviertel der Hauptstadt:

»Es gab früher eine Bar im Prenzlauer Berg, als man noch in den Prenzlauer Berg ging. Und da hieß es immer ›Poetry Slam im Bastard‹. Ich hatte überhaupt keine Ahnung, was das war. Aber im Zusammenhang dachte ich: Das klingt irgendwie verwegen. Und dann habe ich mir das angeguckt, fand es ziemlich grandios und wollte das auch machen!«

Nach einigen Workshops beim bekannten Poeten-Papa Wehwalt Koslovsky traute er sich dann mal und trug einen Text über einen arbeitslosen Specht vor. »Hat natürlich eine ganze Weile gedauert, bis ich dann auch mal gewonnen habe. Am Anfang hat man natürlich Angst davor zu verlieren, aber du merkst ja auch, dass sie dich nie voll und ganz abstrafen.«

Mit der Zeit lernt man zudem, welche Tricks man in die Performance einbauen muss, um das Publikum schnell auf seine Seite zu ziehen. Julians allererster lyrischer Erguss liegt allerdings schon etwas länger zurück: »Mein erstes Gedicht habe ich neulich wiedergefunden, da war ich fünf oder so!«

»Mami, ich hab dich lieb, schön, dass es dich gibt«, vermute ich.

»Nee, es ist gar nicht so schlecht, nur etwas absurd! Ich hab es meinem Vater diktiert, da ich ja selber noch nicht schreiben konnte. Es ging um einen Pastor, obwohl ich gar nicht wusste, was das ist.«

Genau wie damals sein Vater, der Deutschlehrer ist, studiert Julian gerade Germanistik und im Hauptfach Literaturwissenschaft an der FU Berlin. »Es klappt so unterdurchschnittlich. Ich möchte irgendwie gerne studieren und es interessiert mich, aber die anderen Sachen sind wichtiger.« Trotzdem spielt die Sozialisation mit Rilke und Rimbaud eine Rolle, wenn es um diese ganz spezielle Affinität zur Sprache geht.

»Klar, mit 13 oder 14, wo man sehr viel pubertieren muss, habe ich auch mal gar nichts gelesen und Computer gespielt. Warcraft 3, ein bisschen Call of Duty, ein bisschen Counter Strike.«

Den Großteil seines Lebens hat er sich aber vom geschriebenen Wort be-

gleiten lassen. Das klingt jetzt geschwollen, aber auf so was kommt man eben, wenn man an einem Sommertag in Charlottenburg den Hofgarten belagert und neben der durchästhetisierten Flora auch Durchschnittstouris beim Schwanenfüttern begutachtet. Ein Sinnbild wahrer Harmonie im Dickicht deutscher Schlossnostalgie.

Und wäre unsere Fantasie ein bisschen mutiger, dann könnten wir uns nun vielleicht vorstellen, gerade in luftiger Adelskluft an diesem Lindenhain zusammenzusitzen und – während unser Blick über den französischen Barockgarten gleitet – mit spontaner Poesie zu kokettieren. Einige von Julians Zeilen würden durchaus in diese Atmosphäre passen:

Sinnesschwer, doch sprachgewandt,
die Schnurrbartspitzen angebrannt,
zwar depressiv, jedoch verkannt
und hochgehoben eine Hand.
Sonst nackt bis auf sein Sprachgewand,
sitzt in Berlin am Straßenrand –
ein Philosoph.
Er taucht verzweifelt und verstört
den Kopf tief in die Stadt …
Und hört.

Doch im Kontrast, und genau das ist vielleicht der Reiz, feuert er so herrlich obszöne Reime heraus, dass manche Kollegen aus dem Rapgeschäft vor Neid erblassen würden:

Von homo-trans-bi über Fischsodomie,
jeder fickt wen und sei es sein eigenes Knie.
Bis zur bräsigsten Bratze bumst jeder,
du nie.

Rap ist inspirationstechnisch in der Tat ein Thema für Julian: »Wenn ich mir einen Künstlernamen aussuchen dürfte, dann würde ich Bass Sultan Hengzt heißen. Weil es einfach der beste Künstlername der Welt ist. Kennst du die Geschichte dazu?« Bass steht für seine Musik, Sultan für seine arabische Seite und Hengzt für seine italienische.

»Ich hör schon gerne Rap, ironisch und richtig. Kollegah zum Beispiel: Sprachlich grandios und thematisch ist der bettelarm. Es ist ganz, ganz schlimm – und ganz toll!«

Plötzlich hat Julian eine Ameise in der Unterhose und auch unter meinem Kleid fängt es an zu krabbeln. Schon ist die Schlossromantik passé, außerdem bekommen wir so langsam Hunger. Zu diesem Zweck geht es Richtung Friedrichshain, wo Phil einen herausragenden Perser ausfindig gemacht haben will. Dabei stößt eine Freundin zu uns, die gerade aus Portugal hergetrampt ist und ihren europäischen Selbstfindungstrip für ein paar Tage unterbrochen hat, um mir und Phil in unserer sporadischen Buchrecherche-WG in Berlin Gesellschaft zu leisten. Während wir an den optisch nahezu identischen Cafés an der Warschauer Straße entlanglaufen und Phil sein iPhone navigieren lässt, haken wir ein paar typische Speed-Dating-Fragen ab:

»Mein Lieblingsessen? Ich weiß gar nicht, was mein Lieblingsessen ist. Seit es diese tollen Poesiealben nicht mehr gibt, muss man es nirgendwo mehr eintragen. Aber ich war gerade an der Nordsee und esse sehr gern Krabben zum Beispiel.

Die Fast-Food-Kette Nordsee, die Schweine, haben das Krabbenbrötchen aus dem Sortiment genommen. Ich bin ja ganz schrecklich viel mit dem Zug unterwegs und das Krabbenbrötchen von Nordsee an den Bahnhöfen ist ein Hauptteil meiner Ernährung. Und sie haben's mir einfach gestrichen. An den Bahnhöfen gibt's ja hauptsächlich Scheißessen, und du kannst nicht wochenlang nur Pizza Hut und McDonald's essen oder belegte Brötchen vom Bäcker.«

Dann doch lieber Dönerfleisch beim Perser am Boxenhagener Platz, und danach Bier vom Späti. Bevor sich unsere journalistische Professionalität auf dem Boden einer leeren Flasche verliert, wollen wir also noch ein paar Fakten über das Leben als beruflicher Poetry Slammer wissen:

»Die Slamveranstalter fragen einen meistens mit ein paar Monaten Vorlauf an. Einige Auftritte macht man nur für die Fahrtkosten, ansonsten schwankt die Gage zwischen 50 und 1.500 Euro pro Auftritt. Gelegentlich stelle ich mich mit witzigeren Texten auch auf Kabarettbühnen, die Läden zahlen besser, das macht aber auch weniger Spaß.

Vor dem Auftritt mache ich eigentlich nicht viel. Ich trinke vielleicht zwei Bier ... aber so Atemübungen oder so machen wir eher im Team. Da treten wir unter dem Namen Allen Earnstyzz auf. Aber ich hab mir den Namen nicht ausgedacht!«

Zusammen mit den Poetry Slammern Stefan Dörsing und Temye Tesfu macht Julian dann wirklich die Bude kaputt. Wer sich überzeugen will, kann Auszüge im Internet bestaunen oder, noch tausendmal besser, zu einem Live-Auftritt kommen. Mit viel Glück trifft man dann auch den vierten Teamkollegen, Scott Horst.

»Mittlerweile ist das okay für uns, er ist zwar ein Affe, aber das ist in Ordnung. Er tritt auf, bekommt Backstage-Pässe bei den Slams und hat ein eigenes Facebookprofil. Scott-Horst Kinski.

Er ist relativ heruntergekommen wegen seines Batteriesäuerekonsums. Na ja, und er ist Poet. Wir wissen nicht, wo er herkommt. Er behauptet, er käme aus Banana, aber das ist ja kein Land. Manchmal behauptet er auch, Poetry Slam erfunden zu haben, was manchmal richtig peinlich ist.

Tja, auf einmal war er eben da, ein Affe von der Größe eines kleinen Gorillas, und er trug ein Shirt, auf dem ›Scott-Horst‹ stand. Erst fand ich das ziemlich bescheuert, aber als ich ihn zum ersten Mal gesehen habe ... er hat einfach die putzigsten, lebendigsten Augen überhaupt. Er ist ein mieser Ladykiller. Es gibt auch einen Scott-Horst-Move: Du nimmst ihn, setzt ihn an einen Tresen, gehst kurz weg. Und nach fünf Minuten kannst du die Frauen, die sich drum rum versammelt haben, wie reife Früchte ernten.

Ich habe das persönlich natürlich nie ausprobiert ...

Manchmal ist er dann auch weg. Aber solange er morgens um zwölf wieder an der Bar steht ...«

Wenn man Philipp Glauben schenken darf, dann hingen meine Freundin Anabel und ich die ganze Zeit so fasziniert an Julians Lippen, wie die Ladys sonst nur an Scott-Horst. Das liegt vielleicht auch daran, dass man bei ihm im normalen Dialog ständig vom Unvorhergesehenen überrascht wird. Wenn man mit Julian spricht, kann man nie wissen, ob man die Antwort von Horst Schlämmer, Ahmed aus der U-Bahn oder Micky Krause bekommt. Der Wechsel zwischen den Dialekten und Stimmen ist ein Markenzeichen seines einprägsamen Slam-Stils. Im Vergleich mit anderen sieht er sich dennoch außer Konkurrenz: »Die sind ja alle schlecht, die andern, deswegen ist es okay. Aber im Ernst: Ich genieße es sehr, gute Texte zu hören. Das Gefühl der Konkurrenz unter den Slammern ist ziemlich gering, außer vielleicht bei Leuten, die das noch nicht so lange machen. Das Publikum braucht den Wettbewerb, damit die Show funktioniert und die Stimmung gut wird. Aber jeder weiß ja, dass man Gedichte nicht mit Zahlen bewerten kann. Wenn man weit gefahren ist, will man natürlich eher im Finale stehen, einfach um noch mal einen zweiten Text zu lesen. Das ist ja so eine Dramaturgie, dass man gegen Ende am meisten Applaus und Aufmerksamkeit bekommt, deshalb möchte man schon dabei sein. Untereinander ist das aber kein Ding, man feiert sich gegenseitig und trinkt zusammen hinter der Bühne.

Außer bei deutschsprachigen Meisterschaften, da wendet sich das alles. Da sind dann auf einmal alle ehrgeizig. Aber weil du das sonst nie gewohnt bist, einander so sportlich gegenüberzustehen, versuchen alle, das dann zu verstecken, weil es natürlich als uncool gilt.«

Mit Meisterschaften hat Julian bereits einige Erfahrungen gemacht, 2007 holte er den Titel des deutschsprachigen Meisters U 20, im Jahr darauf wurde er Vizemeister bei den Erwachsenen, hinzu kommen einige andere Siege im Berliner Raum und Kabarettpreise. Diesem Kampf der Künste stellt er sich mittlerweile sehr routiniert, auch wenn eine geniale Textidee aus den Weiten des kreativ begabten Geistes angeflattert kommt, weiß er schon, was zu tun ist.

»Wenn die grobe inhaltliche Idee und ein grobes Formkonzept stehen, dann fange ich an zu schreiben, immer auf dem Laptop. Auf Papier ist das ein Wust von Pfeilen und dreitausendmal durchgestrichenen Worten, die dann doch wieder dort stehen – bis es das reinste Schlachtfeld ist. Wenn ich dann glaube, er ist fertig, fange ich an, ihn auswendig zu lernen. Ich trage meine Texte vor dem Bühnentest eigentlich niemandem vor. Früher, als ich noch 'ne Freundin hatte, habe ich der die manchmal vorgelesen.

Klar, es gab alles irgendwie schon mal. Aber grundsätzlich muss ich auch das Gefühl haben, dass es die Textidee so noch nicht gab! Man sagt, die Hälfte beim Auftritt sei die Performance, die andere der Text. Dabei ist das Verhältnis eigentlich noch ungleicher. Mit einem mittelmäßigen Text, wenn du den ganz hervorragend vorträgst, kannst du die Bude kaputt machen!«

Sein Performance-Stil ist so witzig, dass er im Zusammenhang des Wechsels zwischen weicher und obszöner Wortwahl und dem desillusionierten Inhalt manchmal fast bizarr erscheint. Pathetische Liebeslyrik sucht man beinahe vergeblich, viel öfter thematisiert Julian den Großstadtschmutz der Gesellschaft, das Lügenschiff, die Sucht, sich zu verschwenden, und die Suche nach Superhelden in unserer multimedialen Mülltonne. Auch im Gespräch mit uns ist er so undurchsichtig ironisch, dass ich mir selten sicher bin, ob an der Aussage jetzt was Wahres dran ist, oder ob ich mal wieder auf den Arm genommen wurde. So bin ich mir bis heute nicht ganz im Klaren darüber, ob er jetzt eine leichte Knopfphobie hat, oder nicht.

Um im Team auf einen bühnenfertigen Konsens zu kommen, fährt Julian mit Tommy und Stefan von Allen Earnstyzz jedes Jahr ins literarische Bootcamp, dieses Jahr nach Italien. Die Zustände während seiner heißen Dichtertage in Italien stellen wir uns so ähnlich vor wie unsere aktuelle Wohnsituation: eine vorübergehende WG, die sich auf gemütliche 20 Quadratmeter erstreckt, welche von einem riesigen, pinken Plüschbett dominiert werden, das Phil und ich uns gerade mit Anabel teilen. Zu dritt eingesperrt in der Hello-Kitty-Pornohölle!

Julian lächelt bei dieser Vorstellung nur wissend.

Obwohl mittlerweile fast jeder weiß, was ein Poetry Slam ist, und die meisten Jugendlichen schon mal bei einem waren oder wenigstens ein Youtube-Video zum Thema gesehen haben, ist die mediale Berichterstattung sehr einseitig.

»Das Feuilleton ächtet Poetry Slam ein bisschen. Die deutschen Meisterschaften waren letztes Jahr in der O2-World. 5.000 Menschen bei einer Lyrikveranstaltung. Und das Feuilleton schreibt nicht drüber! Aber wenn Wurstkopf Humperdings seinen neuen kryptischen Lyrikband rausbringt, für die 20 Leute, die sich damit beschäftigen, dann gibt's erst mal 'nen ausgedehnten Artikel, das ist völlig vermessen. Und das stammt meiner Meinung nach daher, dass Leute, die im Feuilleton arbeiten, immer auch selber schreiben und anders sozialisiert sind. Die haben – ebenso wie der etablierte Literaturbetrieb – keine gesunde Einstellung zum Poetry Slam und sehen das als Bedrohung.

Es ist in den Medien jahrelang entweder *das* neue Ding gewesen, die neue Art der Literatur – was es überhaupt nicht ist. Oder die flache Scheiße, die eh nur witzig ist – was auch nicht stimmt.

Das wird sich, glaube ich, erst ändern, wenn in den Redaktionen Menschen sitzen, die was zu entscheiden haben und die selber mit Poetry Slam aufgewachsen sind. Die sagen dann: Okay, das habe ich mir früher als Student angeguckt, das kann entbehrlich sein, aber da sind auch richtig gute Sachen dabei!«

Während wir die Dämmerung über uns hereinbrechen lassen, und ich mir vornehme, endlich mal zu lernen, mein Bier selber mit dem Feuerzeug aufzukriegen, hole ich die ganz stereotypen Journalistenfragen aus der Klischeekiste.

»Bist du eigentlich ein emotionaler Mensch?«, haue ich raus und während sich Anabel und Phil in einer gemeinen Lache ergießen, prustet Julian nur: »Für diese Frage sollten sie dich eigentlich von der Journalistenschule werfen.«

Aber ich kann noch schlimmer: »Wenn du dich mit einem Tier vergleichen möchtest, welches wäre es?«

»Sylvester Stallone!«, ruft Julian sofort, und während Phil das als korrekte Antwort durchgehen lässt, bohren Anabel und ich noch mal nach. »Ich glaube … ein mongoloider Braunbär«, meint Julian, und wir seufzen bei der Vorstellung.

Dann kommen wir doch wieder zu meiner vorherigen Frage zurück: »Ich bin auf die Bühne gegangen, nachdem mich meine Exfreundin recht massiv betrogen hatte, und hab etwa zwei Monate lang vor jedem Auftritt gesagt: So, vorab möchte ich etwas machen, was mir großen Spaß macht, und zwar die neue Affäre meiner Exfreundin ausbuhen lassen.«

Und tatsächlich, wer im Netz das richtige Video findet, kann bestaunen, wie Julian »Dominik!« in den Saal brüllt und lautes Buhen zurückschallt. Balsam fürs betrogene Herz.

»Die buhen ja alle und freuen sich darüber, weil jeder so eine Figur kennt. Das ist der Neue, der dich da quasi verdrängt hat. Es geht einfach nur um die Rolle, für die ich ihn in dem Moment gehasst habe.«

Genauso untreu wie der Seelenverwandte kann auch die Muse sein.

»Inspiration ist schon manchmal 'ne Schlampe. Steigt mit den größten Spasten ins Bett und dann verschmäht sie einen.«

»Und was ist deine Hauptinspiration?«, krame ich noch so eine stereotype Frage heraus.

»Immer Sex, nur!«, antwortet Horst Schlämmer, bis Julian wieder die Kontrolle über sich erringt. »Also, mein Studium inspiriert mich nicht. Literaturwissenschaft ist sehr interessant, ein super Fitnessstudio fürs Gehirn. Man lernt 'ne Menge Hintergrundwissen, es ist aber eine andere Herangehensweise mit dieser wissenschaftlichen Brille, die Inspiration eher verhindert.

Im Gegensatz zu Busfahren, Gesprächen, Fernsehen. Leuten zuhören, vielen Leuten. Ich habe auch immer gute Ideen beim Duschen. Oder in diesem Moment, kurz vor dem Einschlafen, wo du dich ein bisschen loslässt.«

Auch die Idee zu seinem Buch *Strawberry Fields Berlin* muss irgendwo dazwischen entstanden sein.

»Wie sagt ein guter Kollege von mir immer? Beim Kacken, du Spast!«

Als wir eine Inhaltszusammenfassung erbitten, zeigt sich, dass auch Julian unter einer weit verbreiteten Schriftstellerkrankheit leidet: »Ich bin der schlechteste Zusammenfasser der Welt. Immer wenn ich versuche, davon zu erzählen, hasse ich den Roman und mich selber danach. Ihr bräuchtet sehr viel Schnaps, um mich wieder aufzurichten.«

Wir nehmen Letzteres mit Freuden in Kauf und kriegen doch noch etwas aus ihm heraus: »Es werden Hipster gejagt, sozusagen ästhetischer Terrorismus, jedenfalls von dem einen Protagonisten, der ist Boulevardjournalist. Das Gute ist, dass sich niemand angesprochen fühlt. Weil der Hipster ja nicht sagt, dass er Hipster ist. Er ist doch kein Hipster, er ist individuell!

Der andere Protagonist ist 19 und Neohippie in einer Kommune auf den Andamanen. Es ist eigentlich auch eine Liebesgeschichte und es gibt einen Toten. Und es gibt auch Sex, mehrfach! *111 Gründe, warum mein Penis zu klein ist* sollte es eigentlich heißen und bei Schwarzkopf und Schwarzkopf erscheinen.«

»Den Titel hat dir jetzt leider Philipp weggeschnappt!«, bemitleide ich ihn und Philipp meint: »Ja, davor hatte ich *111 Gründe, warum mein Dickdarm zu laut klingt.*«

Wir betrauern gemeinsam, dass wir keine geniale Crossover-Buchprojektidee zu dritt haben. Aber was nicht ist, kann ja noch werden. Doch zurück zu *Strawberry Fields Berlin*: »Was ich an dieser Stelle erwähnen kann: Es ist ein sehr, sehr gutes Buch. Im Gegensatz zu andern Büchern ist es halt gut. Die Hauptpersonen heißen Robert und Schüttler. Und zwischen den beiden entspinnt sich eine Geschichte von enormer Spannung, ein Netz der Unglaublichkeit. Die heftigste Awesomeness ist am Stizzle!«

Während Phil Julian noch ein bisschen für die Titelidee mit dem Wortspiel aus *Strawberry Fields* (Beatles-Song) feiert, schmieden Anabel und ich Pläne, ihn zu

entführen, um irgendwo eine Kommune höchsten Wortwitzes und simpelster Glückseligkeit zu gründen. Statt Morgengebet gibt es dann einen der vielen Mallorca-Schlager, die Julian Heun gerne zur Eigenbelustigung schreibt. Beglückt klatschend – wie sonst nur Erna und Werner nach zwei Litern Sangria im Festzelt – beschallen wir die Friedrichshain-Bewohner – welche eigentlich nur elektronisch-minimalistische Trendmusik ohne Text hören – in Dauerschleife mit einer besonders einfallsreichen Textzeile aus Julians Repertoire:

»Sie war 'ne richtisch goaile Alde, ich hab sie richtisch gern geknaaadert. Doch wat waaar, dat waaar und wird nie wieder seiiin!«

Standesgemäß ziehen wir in die nächste Billigkaschemme, in der neben Fußball auch der neuste Hip-Hop-Trash an die Wand gebeamt ist. Neben einer schönen großen Shisha bestellen wir uns einen 1-Liter-Coctail für 10 Euro und finden weltbewegende Sachen über Julian heraus wie: »Wenn ich ein Eis wäre, wäre ich Bottermelk Fresh Zitrone von Cornetto!« Nachdem er uns noch ein bisschen neidisch macht, indem er uns von seiner Jugend in Berlin, der frühen Sozialisation mit guten Partys erzählt, wird es doch noch philosophisch:

»Wenn du Menschen nicht fragst, was sie lieben, sondern was sie hassen … Es ist viel einfacher, darüber zu sprechen, und du kommst dir sehr schnell viel näher! Schön und gut hassen, ausgiebig hassen, ist sehr wichtig. Und es ist cooler, das Richtige zu hassen, als das Falsche zu lieben.«

Aber unsere Liebe fühlt sich gerade überhaupt nicht falsch an. Spontan in dieser euphorischen Gruppenstimmung, als wären wir schon immer zu viert gewesen, lassen wir uns weiter treiben, bis Anabel plötzlich einen Straßenmusiker entdeckt. Als wäre dieser ein Götterbote, klimpert er Bob Dylan in die Nacht. Was für ein Zeichen, wir sind alle füreinander bestimmt! Tanzende, lachende Hippies in dieser überschäumenden Kommune namens Strawberlin Fields. Anabel ist nicht mehr wegzukriegen von diesem Straßenmusiker, aber wahrscheinlich eher von diesem Moment. Wir stehen barfuß da, ganz nah an der Brücke, die sich über die S-Bahnstation Warschauer Straße spannt, Julian hat noch Bier geholt, andere Passanten stellen sich zu uns. Und plötzlich schnappt sich Phil die Gitarre und spielt und singt. Wenn das Leben ein endloser Song wäre, dann gäbe es dennoch nur ein paar Stellen, an denen man erkennen könnte: Mann, das ist ein richtiger Hit, einer für immer und ewig. Und an diesen Stellen sollte die Platte zurückspringen, wieder und wieder, für immer und ewig.

Ein paar Meter weiter stolpern wir schließlich in Monster Ronson's Ichiban Karaoke-Bar. In den kleinen, überhitzten Kabinen legen Julian und Phil gleich mit der Stimme des schwarzen Mannes los und imitieren aufs Schönste unseren liebsten Ganjaman, Shaggy! Während Anabel aus der Kabine nebenan ein paar Franzosen importiert, wickeln wir die Mikrofonkabel um unsere Körper und gönnen uns erst mal eine Runde *Boom Boom Boom Boom, I want you in my room*, bevor Julian und ich herzzerreißend *Lucky* von Britney Spears zum Besten geben. Noch schöner wird die darauf folgende Altrockmischung, während der wir auf den Lederbänken hüpfen und ein bisschen Randale machen, bevor Julian mit seiner eigenen, perfekten Herbert-Grönemeier-Version von *Mensch* die melancholischen Töne des Abends anschlägt. Spätestens bei *Liebeslied* von den Ärzten liegen wir uns alle in den Armen. Wir müssen uns quasi gegenseitig rauskehren, manchmal ist Abschied so schwer!

Und weil Julian die letzten Worte dieses Porträts sowieso viel besser schreiben kann als wir, überlassen wir die Schlussermunterung gleich ihm und einem Auszug seines Textes *Der Lass-man*:

Lass ma das da einfach machen, lass ma einfach richtig peinlich machen; klar lass ma das fahren, lass ma Spaß haben, lass ma lieber losmachen, aufmachen, lass ma einen draufmachen, lass mal richtig bauchklatschen; lass ma wie zwei Flauschkatzen, verknäult zusammen aufwachen; nach tausendfachem Auflachen, Pausbacken aufmachen, Laufmaschen rauskratzen, aus Sauflachen, Klaujachten, rauschtrachtend, rausschmachtend rausaschen, ausrasten. Bis wir wieder aufwachen.

34. PORTRÄT: DANIEL BUCZKOWSKI

NICHT KLEINER MACHEN, ALS MAN IST

Philipp über Daniel Buczkowski, Digital Artdirector, Jahrgang 1989, Bargteheide

Im Alter von 23 kann man prinzipiell an jeder Stelle des Lebens stehen. Viele studieren ihrem noch nicht gefundenen Lebensziel hinterher, andere genießen einfach die Freiheit der Möglichkeit, sich noch nicht zu 100 Prozent entscheiden zu müssen, wo es hingeht. Man ist schließlich jung genug, seine Zukunftspläne noch einmal zu revidieren und einen neuen Weg einzuschlagen. Doch birgt diese Einstellung eine Falle: die des Die-Dinge-schleifen-Lassens, des Verschiebens von zukunftsrelevanten Entscheidungen auf das berühmte »Morgen!«. Wie man auch anders im Leben Glück und Erfüllung finden kann, beweist die Erfolgsgeschichte des momentan im Bachelor-Stress steckenden Daniel, den ich in einem Café in seiner Heimat- und meiner Schulstadt Bargteheide treffe. Er erzählt mir von seinem Weg in die Werbebranche.

»Angefangen hat alles damit, dass ich früher für die örtliche Diskothek Flyer designt habe. Ich hatte da schon ein Händchen für Gestaltung, und so wurde mir nach relativ kurzer Zeit bewusst, dass ich das eigentlich nicht länger umsonst machen muss, sondern ab einem gewissen Level durchaus Geld dafür verlangen darf. So habe ich daran verdient und entschieden, dass ich das auch in Zukunft weiter so machen möchte«, leitet er die Erklärung seines Geschäftsmodells ein und durchstöbert dann die Karte nach einem Getränk.

»Ich habe nach dem Abi angefangen, am Institute of Design in Hamburg zu studieren, und habe zwei Studentenwettbewerbe gewonnen – einen auf dem Berliner Werbekongress im zweiten Semester, was laut meinen Dozenten nicht möglich sei«, erzählt er lebendig, und man kann sehen, dass das auch ihn selbst beeindruckte. »Den zweiten gewann ich im sechsten Semester. Das war der renommierte Artdirector-Club in Frankfurt, ein echt großes Event. Auf einmal stehst du da vor 400 Menschen mit drei Leinwänden im Rücken, auf einer bist du selber im Riesenformat und auf den anderen deine Präsentation. Da wird dir schon anders, aber natürlich genießt man auch die Aufmerksamkeit, die dem eigenen Projekt entgegengebracht wird.«

Allgemein ist die Etablierung in der Branche eine Sache für sich, nur noch Können ist nicht mehr wichtig, ein eigener Stil muss her.

»Heute ist jeder mit Kamera ein Fotograf und jeder mit Photoshop ist Designer. Dieses Verwaschen der Grenze zwischen professionell und amateurhaft ist eine der Sachen, mit denen der Markt zu kämpfen hat, und deshalb muss man herausstechen – mit Intuition und einem Konzept hinter seinem Design. Ohne das ist es schwierig, wirklich professionell einzusteigen.«

Es ist ein Geben und Nehmen in seinem Beruf, man muss Initiative besitzen und einfach Lust haben, sich und sein Produkt zu präsentieren. Das kommt an.

»Ich hatte im vierten Semester eine Bewerbung für ein Praktikum bei einer Hamburger Agentur namens Scholz & Friends abgeschickt – eine der besten Agenturen Deutschlands. Der Ausschlag dafür, dass ich genommen wurde, war, dass die gesehen haben, dass ich hinter meinem Produkt stand und dass ich Bock hatte. Mit so einer Motivation kommst du immer gleich 'ne Nummer besser an. Für nach dem Studium habe ich auch bereits ein Angebot für einen teils freien, teils angestellten Job in einer Agentur, so kann ich meine Arbeit und die Agenturarbeit verbinden.«

Mit dieser besonderen Anstellung hat er direkt nach dem Bachelor einen Ort, von dem aus er seine eigenen Kunden und die der Agentur betreuen kann. Außerdem arbeitet er generell lieber im Team als alleine von zu Hause aus.

»Feedback holen, vor allem in einer Teamarbeit, ist enorm wichtig. Es kann natürlich schmerzhaft sein, ein sehr ehrliches Feedback zu einer misslungenen Arbeit zu bekommen, aber für die Qualität des Endprodukts muss ich mir so viele Meinungen wie möglich darüber einholen. Kleine Sachen, die mir selber nicht auffallen, aber die bei anderen anecken und so erst zur Sprache kommen. Da bin ich sehr gründlich, ich habe mir auch schon mal zwei Wochen über einen einzigen Button auf einer Internetseite Gedanken gemacht. Wie gestalte ich den, wie genau soll er aussehen – so was. Das wird niemandem auf der Seite auffallen, aber es wird auch sicherlich keine Probleme mit diesem Button geben, er ist bis zum Schluss durchgeplant. Aber Organisation ist eh mein Ding, ich plane sehr gerne und habe immer gerne die Kontrolle über mein Tun. Es gibt ja Leute, die so ohne Plan in die Woche reinleben können, aber ich würde nach ein paar Tagen verrückt werden, wenn ich es so angehen würde.«

Daniel schätzt Intelligenz als einen sehr wichtigen Faktor in seinem Leben, etwas, das für ihn nicht mit Unordnung oder Planlosigkeit konform geht. Für seine Arbeit ist die Aufnahme der Umwelt sehr wichtig, und wenn er ständig im Stress hin und her rennen müsste, würde diese Wahrnehmung eingeschränkt.

»Das ist definitiv eine der wichtigsten Eigenschaften, die man in die Branche mitbringen muss und die auch schlecht beigebracht werden kann: das ständige Befassen mit der Umwelt, mit den kleinen Problemen und Ungereimtheiten.

Zum Beispiel frage ich mich schon lange, warum man nicht einfach eine Sammelstelle für benutzte Zeitungen in der Bahn schafft, wo alle ihre ausgelesenen Zeitungen reinlegen, damit andere sich die nicht aus dem Mülleimer holen müssen, wie man das täglich in der Regionalbahn nach Hamburg beobachten kann. Auch unter dem Aspekt ›Bildung für alle‹ sehr interessant. Über so was mache ich mir eben ständig einen Kopf, aber daraus entstehen auch die besten Ideen.«

Daniel ist ein Macher, kein Blender. Es wird zu viel erzählt und geredet für seinen Geschmack, zu wenige Leute schöpfen wirklich aus ihrem Potenzial und setzen ihre Behauptungen und Träume handfest durch.

»Ich habe mir geschworen, dass ich mir genau das Gegenteil beweisen möchte, nämlich mehr tun als reden. Auch wenn man ein erfolgreiches Projekt abgeschlossen hat, darf man sich nicht auf seinen Lorbeeren ausruhen, dann kommt man zu schnell in Verzug und lässt sich schleifen. Das ist für mich nicht drin. Ich bin sehr ehrgeizig, arbeite sehr viel und bin gerne über alles informiert. Mein Motto ist ›Early to bed, early to rise, work like hell and advertise‹. Sich immer im Gespräch halten und sich selber beweisen, dass man gut ist. Ich will nicht eines Tages von mir sagen müssen, dass ich mal gut *war*. Ich habe mir so viel selber aufgebaut, hatte niemanden, der mich da an die Hand genommen hat, sondern hab immer von mir selber aus agiert. Ich muss immer Gas geben, das ist mein Ansatz. Für mich wäre es das Schlimmste, wenn das alles auf der Strecke bleiben würde.«

Er betont, dass Erfolg kein Titel sei, den man sich aneignen und von dort an tragen kann. Mann muss immer einen Schritt weiterdenken und sich klarmachen, dass nur regelmäßiges Abliefern zu einem konstanten Erfolg beiträgt.

»Trotzdem kann man keine allgemeingültige Formel aufstellen, mit der man eine Erfolgsgarantie verspricht. Man muss in alle Richtungen unterwegs sein, ich selber informiere mich über so gut wie alles in der Welt, auch wenn das mit mir zum Teil gar nichts zu tun hat. Doch eines Tages hat man dann diese eine Information und kann sie sinnvoll einsetzen. Außerdem sollte man alle Plattformen nutzen, die man erreichen kann. Selbst wenn ein Großteil von Ansprechpartnern dein Projekt oder Konzept nicht beachtet, einer wird da sein, der sich dafür interessiert, und vielleicht ist es genau *der* eine. Es gibt eine große Plattform namens behance.com, wo sich alle Werbeentwickler und Agenturen zusammenfinden, und dort hatte eines meiner vorgestellten Projekte mehr als 30.000 Leute erreicht. Sofort stiegen die Anfragen an mich und aus dem riesigen Pool von Leuten habe ich ein paar von mir überzeugt. So läuft das dann nach und nach an, und jeder neuer Kunde ist ein neuer Teil des eigenen beruflichen Netzwerkes.«

Eines der Projekte, die Daniel besonders gern unterstützte, war ein Projekt, das in Atlanta entstand und von dort aus international um Hilfe bat.

»Es nannte sich Creatathon, eine Mischung aus ›Creation‹ und ›Marathon‹. Dabei ging es darum, 36 Stunden am Stück gemeinsam für ein gemeinnütziges Projekt zu arbeiten, in irgendeiner Form, also Videos, Kampagnen, allgemein Öffentlichkeitsarbeit. Das alles war unbezahlt und freiwillig, und ich hatte selten nach dem Arbeiten ein besseres Gefühl. Ich liebe es, wenn ein Projekt Relevanz hat, und diese Art der Arbeit hat mich wirklich berührt und mir das Gefühl gegeben, mit meinem Einsatz etwas Wichtiges beigetragen zu haben«, berichtet er mit einem breiten Lächeln und führt dann weiter seine Leidenschaft für relevante und frische Projekte aus. »Ich arbeite gerne für Start-up-Unternehmen, weil die für neue Ideen offener sind. Große und bereits erfolgreiche Unternehmen sind häufig in Strukturen eingegossen, die natürlich auch erfolgreich sind, aber weniger Raum für Verrücktes oder Neues bieten.«

Diese Freiheit ist es, die er so sehr an seiner Selbstständigkeit schätzt: die nahezu grenzenlose Möglichkeit der Zusammenarbeit, da er nicht fest an einen bestimmten Kundenstamm gebunden ist.

»Man soll generell so viel wie möglich ausprobieren, und wenn das im Rahmen des Berufes möglich ist, dann erst recht. Meine immer noch sehr geringe Erfahrung reicht von einer Kampagne eines großen Finanzdienstleisters bis hin zur Entwicklung eines neuen Erscheinungsbildes des Hauses des Sports in Hamburg, ich habe also schon in ganz unterschiedlichen Sparten gearbeitet und jedes Mal neue Erfahrungen gesammelt, die ich alle nicht missen will. Ich sage immer, dass man sich nicht daran orientieren soll, was es schon gibt, sondern daran, was es noch nicht gibt. Und um das einschätzen zu können, muss man so breit wie möglich aufgestellt sein.«

Daniel ist ein Phänomen, ein Vorzeige-Entrepreneur, der vor Initiative und Engagement nur so strotzt und sich mit feinem Geschäftssinn und dem richtigen Schuss Wagemut schon früh auf den Weg Richtung Chefetage macht. Er wirkt nicht wie 23, er ist deutlich reifer und abgeklärter, aber dabei sehr nächstenlieb und nicht hochnäsig oder überheblich. Wäre ich in unserem Interview der Chef und Daniel der Bewerber gewesen, hätte ich ihn umgehend eingestellt, damit ihn mir die Konkurrenz bloß nicht wegschnappt. Er liebt, was er tut, und das kann man mit jedem Wort spüren. Dass er zwischendurch auch mal jung sein muss und ein Wochenende lang feiert, anstatt über Konzepten zu brüten, das ist ganz klar. Er ist einer der jungen Wilden, die mit ihrer Weitsicht und Kreativität die Zukunft formen.

»Ich sehe das so: Wir, die Jungen, galoppieren auf unserem Rasen entlang, während die Alten links und rechts die Hecke in Schuss halten, damit wir nicht ausbüxen. Ganz ohne die älteren Generationen geht es eben nicht. Und das muss man auch respektieren. Doch man sollte sich niemals kleiner machen, als man ist – wenn Kritik angebracht ist, dann kritisier ich auch schon mal den obersten Chef«, bemerkt er bei unserer Verabschiedung und zieht sich den Schal gegen die abendliche Kälte zurecht.

Diese Melange aus dem Gespür für Menschen und Professionalität sollte man sich aneignen, dann gehört das ziellose Rumdümpeln endgültig der Vergangenheit an, und man kann selbstbewusst in die Zukunft sehen. Am besten so wie Daniel: zielstrebig, hart arbeitend und immer auf der Suche nach den richtigen Entscheidungen.

MEHR PURISMUS, BITTE!

Katharina über Dustin Boris Janko, Fotograf, Jahrgang 1986, Hamburg

»Herzlich willkommen zu den spätesten aller unserer Interviews bisher!«, sage ich mit weinbeseelter Zunge und strecke Dustin das Diktiergerät wie eine Siegestrophäe entgegen. Seine langen, dünnen Finger ergreifen es leicht zitternd, und er versucht, es über seinem leeren Weinglas zu platzieren. Plötzlich rutscht es hinein. Er zieht mit schallendem Gelächter an seinen dichten Locken und sagt, mit Blick auf das Diktiergerät im Weinglas: »Hey, guckt mal, das passt perfekt hier rein!«

Mitternacht ist schon lange vorbei, die Bar, in der wir sitzen, war auch schon mal voller. Unsere Gruppe, bestehend aus Dustin, Phil und meiner Freundin Isabell, pflegt seit Stunden großartig wirre Gespräche. Wir nehmen nur Kontakt zur Außenwelt auf, wenn eine Raucherpause einzulegen oder die nächste Runde zu bestellen ist.

Ganz oft waren es spezielle Menschen, die Dustin auf seinem Weg beeinflusst haben – das hört man raus, wenn er über seinen Werdegang erzählt. Während seiner – recht unglücklichen – Lehre zum Augenoptiker, in die er irgendwie hineingerutscht war, begegnete ihm in Gestalt einer älteren Kundin der entscheidende Wink des Schicksals. »Frau Wenzlaf war früher Regisseurin gewesen, und sie kam in unseren Laden, um jemanden zu organisieren, der ihrem bettlägrigen Mann zu Hause die Brille anpasste. Ziemlich skurril, und ich wollte da eigentlich auch nicht hin, doch mein Chef drohte mal wieder mit Abmahnung. Über die Zeit hinweg kam Frau Wenzlaf dann immer mal wieder im Laden vorbei, und wir haben uns interessanterweise total gut verstanden. Sie schenkte mir, als ihr Mann starb, eine Praktica PLC3. Ich spannte den Aufzug und löste sie aus. Immer wieder. Das löste wiederum starke Gefühle in mir aus, fast schon einen Ständer. Ich hab dann Filme gekauft, wollte sie aber nach deren Belichtung selber entwickeln und nicht einem depressiven Photodose-Mitarbeiter überlassen. Und so ging ich zur HAW, der Designschule in der Armgartstraße hier in Hamburg, und schrieb mich mit meinem echten Namen und einer ausgedachten Immatrikulationsnummer in die Kurse Illustration und Fotografie ein.«

Ziemlich schnell bemerkte die Leiterin des Fotolabors, dass er ein Schwindler war, aber das blieb ihrer beider Geheimnis. Ein gutes Jahr lang ging Dustin dort ein und aus, machte bei der Arbeit blau und verbrachte auch seine freien Tage in der Dunkelkammer.

»Ich habe mich noch nie so gut gefühlt wie in diesem dunklen Raum, ich fühlte mich sogar sicher und liebte den irgendwie organischen Geruch des Entwicklers. In dieser Zeit ließ ich mich manchmal nachts in der Schule einschließen, um Abzüge zu machen. Damals ist mir wieder eingefallen, wie mir mein Vater, als ich noch ein kleiner Junge war, ab und an seine Nikon FM2 in die Hand drückte, wenn ich mich selbst beschäftigen sollte, und mich damit vor die Tür schickte.

Als ich dann endlich meine Ausbildung hinter mir hatte, war klar, dass ich wohl keinen Job mehr in der Augenoptik finden würde. Meine Mutter schickte mir dann vollkommen ahnungslos ein Stellenangebot von 711rent. 711rent sind die Kings in Sachen Fotoequipment-Vermietung, die fahren das amerikanische Prinzip: Allzeit bereit, und nichts ist unmöglich, die fliegen auch nach Sizilien, um dir 'ne neue Cam zu bringen.«

Auch hier gingen seine Mittagspausen dafür drauf, mit dem umherliegenden Zeug zu experimentieren. Eine große Inspiration für Dustin war auch der Chef des Ladens, Andreas Wendler.

»Andreas prägte mich als erster Mensch in der Fotografie. Mir war klar: Nur so kann ein Fotograf sein. Hart, sehr gerecht, emotional, objektiv, sehr witzig, unberechenbar, ruhig, explosiv, cholerisch, der Boss und schützend. Aber eines Tages kam er zu mir und fragte: ›Du willst doch Fotograf werden, richtig?‹ – ›Ja. Will ich!‹ – ›Dann hast du hier deine Kündigung, bei mir wirst du kein Fotograf.‹ Wie einen Vogel, der fliegen lernen sollte, warf er mich aus dem Nest.«

Während Dustin erzählt, trommelt er mit den Bierdeckeln auf dem Tisch herum. Er erzählt immer gleich begeistert, aber sein Blick schweift je nach Thema auch mal ziemlich zornig umher.

»Dann habe ich mich bei einem Fotografen beworben, der sich als Vollidiot vor dem Herrn herausstellte. Ein verhaltensgestörter Neurotiker, der sich für eine Kreuzung aus da Vinci und Man Ray hält. Da sind viele schlechte Dinge passiert – nach einem Jahr war ich wieder weg.«

Dustin erzählt weiter, dass anschließend das Assistieren für andere Fotografen begann – ein moderner Weg, um schnell und praxisnah alles rund um die künstlerische oder kommerzielle Fotoarbeit zu erlernen. Innerhalb dieser Jobs ist er ziemlich rumgekommen, vor allem in Europa, aber auch bis nach Afrika und Amerika. Im Sommer 2011 bewarb er sich dann als Assistent bei Daniel Cramer, vielleicht die wichtigste Entscheidung.

»Daniel war es, der mir den letzten Schliff verpasste, er gab mir Liebe, er gab mir Passion, neue Kraft, Geld, Zigaretten, Bier, Arbeit, Zuspruch, er teilte meine und ich seine Ideologie des Fotografierens und über das Leben. Wir wussten auch heimlich, dass wir füreinander eine Art Bestimmung hatten – der kleine und der große Bruder, die sich immer einen solchen gewünscht hatten.

Er gab mir Mut, ein gutes Bild zu machen, ein gutes Bild zu wagen. Ich stehe ihm zur Seite, wenn er es braucht und verlangt, und er mir. Wir beide können wunderbar alleine fliegen, doch zusammen fliegen wir einfach noch besser.

Daniel ist der erste Mensch, der mich nicht einfach nur beeindruckt hat, von dem ich mir etwas abgeschaut habe, er ist derjenige gewesen, den ich immer gesucht habe. Und das ist auch nicht übertrieben.«

Phil meint, dass ihm kürzlich ein Magazin namens *Kontent*, das von Dustin herausgegeben wird, zwischen die Finger gekommen ist.

»Irgendwo habe ich ein kostenlos ausliegendes Booklet von irgend so einem Eppendorfmädchen rumliegen sehen. Die Fotos waren beschissen und das war alles noch nicht ausgereift, aber ich dachte mir: Eigentlich ist das ein interessanter Promotionzweck – dasselbe mache ich auch!

Hab dann angefangen, drüber nachzudenken: Mit zwei Fotostrecken und eigentlich könnte auch noch Lyrik mit rein.«

Immer schön, wenn sich ein Gesprächspartner so weit öffnet, dass man seine Arbeit aus dem Ganzen heraus betrachten kann. Und Dustin will erzählen, weil die Geschichten gut sind. Manchmal etwas deprimierend, gelegentlich seltsam, oft aber vor allem so speziell, dass man ganz gefesselt zuhören muss.

»Lange Zeit habe ich mich gefragt, was ein gutes Foto ist: Ein gutes Foto ist, wenn du das Gefühl erkennst. Du kannst nicht *nicht* wirken. Ob ich jetzt aufrecht vor euch

sitze oder niedergeschlagen oder völlig neutral – allein die Haltung wirkt auf euch, ohne Worte. Wenn du das verstanden hast und das auch umsetzen kannst, dann kannst du auch fotografieren. Weil du deine Modelle dann auch zu etwas bringen kannst. Sie reagieren und reflektieren den Fotografen. Du reagierst auf mein Auftreten, du reagierst auf mich, immer. Fotografie ist direkte Manipulation.

Wenn ich 'ne Kamera in der Hand habe, verliere ich mich so, paradoxerweise weil ich die Kontrolle habe. Mein Werkzeug, meine Zange, mein Hammer, mit dem ich mein Eisen schmiede, ganz ursprünglich. Da kriege ich ein anderes Gefühl und bin auch jemand anders. Dann läuft alles so, wie ich das will. Es gibt nur mich und das Model – und Stylisten und Haare, Make-up sind nur Mittel zum Zweck. Es gibt nur mich und dich.«

Ich beginne mit dem weithin bekannten Vergleich, dass man als Kreativer in einer kreativen Metropole doch auch nur ein Sandkorn am Strand ist. Aber Dustin sieht es anders: »Ich habe manchmal das Gefühl, dass ich ein Fossil bin. Und ich weiß nicht, ob noch mal der Windstoß kommt, der einen freibläst, oder nicht.«

Philipp strahlt begeistert und formt Gebetshände: »Endlich mal jemand mit einer bildhaften Sprache – großartig!«

»Wunderschön«, füge ich ganz angetan hinzu, aber das ist Dustin irgendwie zu viel. Als müsste er sich selbst von dem Sockel holen, auf den wir ihn gerade gestellt haben, wirft er ein: »Wenn mich jemand nach meiner Lebensdevise oder nach dem Sinn des Lebens fragt, dann sage ich: Ficken, ficken, du musst nur ficken! Nicht im Sinne von ›Spaß haben‹, sondern im Sinne von ›Vermehren‹! Dann erfüllst du den evolutionären Sinn deines Lebens. Der Mensch und seine Intelligenz sind die größte, die schlimmste, die schwerwiegendste Missbildung …«

Während Isabell von ihrem Smartphone aufblickt, um fassungslos den Kopf zu schütteln, unterbreche ich Dustin leidenschaftlich, erhebe mein volles Glas und rufe: »Ich widerspreche dir vehement, indem ich jetzt dieses Glas exe, weil das ein Satz ist, den ich so was von gar nicht unterschreiben kann!«

Dustin fummelt weiterhin manisch an den umherliegenden Bierdeckeln herum und fährt dann unbeirrt fort: »Normal, das ist normal, und ich erkläre dir auch warum. Und alles, was du sagen kannst – es wird *nicht* wahr sein. Ich bin sehr tolerant, allem gegenüber, aber diese Sache steht fest. Es geht nur um Vermehrung, um Arterhaltung …«

Philipp fällt mir pseudosachlich in den Rücken: »Ich weiß, worauf du hinauswillst.«

»Wir sind in der glücklichen Situation aufgewachsen …«, will ich entgegnen und damit eigentlich auf die Sinnlosigkeit von dogmatisierter Evolutionslehre hinaus. Denn: Wir müssen trotz aller Wissenschaft begreifen, dass es Dinge gibt, die wir nicht beschreiben oder gar wissen können, sondern höchstens fühlen. Die Emotion der unsterblichen Liebe oder den Tod zum Beispiel. Dem können wir mit Demut begegnen und einsehen, dass wir mit Unwissen leben – oder wir begegnen diesem Unwissen mit Arroganz, dann entsteht ein Dogma.

Doch der Ansatz zu meiner philosophischen Streitrede verhallt ungehört im Labyrinth meines Gedankenpalastes, denn Dustin sagt sofort: »Es geht nicht um deine scheiß Mutter, um deinen scheiß Vater, um deine verkackten Freunde oder sonst wen. Du bist ein Lebewesen, und das Schlimmste ist, dass du *denkst*. Frag mal eine Pusteblume. Die lässt sich nicht vom Fernseher oder von 'nem Fashionmagazin von ihrem Existenzsinn abbringen.«

»Frag doch mal 'nen Maulwurf!«, wirft Isabell trocken aus ihrer Ecke in die Runde, aber die Diskussion ist schon zu hitzig – jetzt schreien alle nur noch durcheinander. Philipp schwafelt von der Vermessenheit des Menschen, sich über alles andere zu stellen, weil er ja so etwas Sinnloses wie Zivilisation und Metropolen erschaffen hat. Dustin und Phil klatschen sich freudig übereinstimmend ab, ich referiere ungehört über Dostojewski, aber eigentlich sind wir gerade alle zu meinungsnarzisstisch, um aufeinander einzugehen. Unfassbar weit weg sind wir plötzlich vom ursprünglichen Thema unseres Zusammensitzens, aber jetzt geht es ja auch wirklich um Wichtiges. Ich fühle mich angegriffen, und alles, was Dustin entgegnet, ist sein immergleicher Erleuchtungsversuch:

»Ich erkläre es euch, weil ihr es noch nicht verstanden habt. Ich tue das nur für euch: Was unterscheidet euch von einem Tier? Dass ihr Reue empfinden könnt – ist das die Definition?«

»Reue, das ist aber schon ein wahnsinnig tiefer Griff in die christliche Weltvorstellung. Wenn wir das mit einbeziehen, und Aufklärer wie Kant, dann könnte man so ansetzen: Die Verantwortung macht uns menschlich. Und das unabhängige Streben nach dem Guten, dem Wahren, dem Schönen.«

Dustin will wieder widersprechen, doch bevor er sich wiederholen kann, woraufhin ich mich dann wiederholen würde, sagt Philipp: »Ihr reagiert beide mit Arroganz. Aber das ist ja gerade das Faszinierende am Menschen – dass er gerade noch genug Arroganz hat, um zu sagen: Ich hab recht, ich weiß mehr als du. Deshalb entwickelt sich alles auch nur so schleppend.«

Ein paar Wortwechsel später – mittlerweile sind wir schon bei den Dinosauriern angelangt – beendet eine Raucherpause glorreich den scheinbar endlosen Dialog. Die Feindseligkeit verschwindet wieder aus unseren Blicken, wir müssen keine Fundamentalisten mehr sein.

Philipp erwähnt, dass er noch zur Bank müsse, ganz speziell zu seiner, einmal quer durch die halbe Stadt. Da werden Dustin und ich uns doch noch mal einig: »Ich verstehe Menschen manchmal nicht. Sie geben so viel Geld für Drogen, Feiern, alles mögliche Scheißzeug aus – und weigern sich dann, die Gebühren für das Geldabheben an einem Automaten zu zahlen!«

Als wir wieder reingehen, verkündet der Kellner, dass ab jetzt alle im Raum rauchen dürften, und überhaupt gehe ab jetzt alles. Er stellt uns ungefragt einen Crêpe hin und wir holen noch mal Getränkenachschub.

»Ich will der berühmteste Fotograf der Erde werden!«, sagt Dustin unvermittelt, und wie er einen so anstarrt, da will man ihm fast glauben. »Ich habe auch keinen Plan B. Ich hab zwar Augenoptiker gelernt, aber ich war der schlechteste Augenoptiker der Welt. Na ja, aber du hast zum Beispiel Kontaktlinsen. Das Licht reflektiert bei Kontaktlinsen etwas kühler«, beschreibt er und unsere Blicke gehen ganz tief.

So langsam müssen wir den armen Kellner wirklich mal in seinen Feierabend entlassen. Wir schleppen uns zurück zum Kiez, und irgendjemand kommt auf die zweifelhafte Idee, jetzt noch Wodka zu kaufen. Während Dustin und Phil über Hamburger Mädchen philosophieren, suchen wir Mädchen den Weg zurück zu unserer Bleibe, dem A&O auf der Reeperbahn. Ein Wort ergibt das andere, ein Becher folgt auf den nächsten und plötzlich verteilt Dustin seine Visitenkarten an 16-jährige Niederbayerinnen auf Klassenfahrt, die vor dem Hotel eine geheime Raucherpause einlegen.

Als sich Dustin in unserem Hotelzimmer eine Zigarette anzünden will, rastet Isabell aus (zumal er kurz zuvor ihre Lieblingsmische – Orangensaft von Hohes C – weggetrunken hat). Energisch setzt sie unseren Protagonisten vor die Tür. Auch Phil sollte dieses Los ereilen, aber als sie sich ihm zuwenden will, liegt der bereits selig schnarchend in der Mitte unseres Doppelbetts. Und als wir uns ins Land der Träume verabschieden, löst Dustin beim Hinausgehen auch noch den Feueralarm aus.

WIR DANKEN ...

... unseren »Legenden«, die für uns allemal unsterblich sind.

Darüber hinaus danken wir dem Verlagsteam (vor allem unserer Lektorin Caro), das mit uns zusammen alle auftretenden Probleme in Angriff nahm und uns mit ehrlichen Worten und Meinungen eine riesige Hilfe war.

Auch den zahllosen Bekanntschaften, die uns während des Projekts begegneten, uns mit Anregungen und Inspiration beflügelten und die Gefallen an unserem Buch fanden, sei hier von Herzen gedankt – das hat uns viel Mut und Motivation gegeben!

Ein weiterer Dank geht an die Agenturen der Künstler, die sich unseres Projektes annahmen und uns mit ihren Anmerkungen maßgeblich dabei halfen, die Portäts so lebensecht wie möglich zu gestalten.

Danke an alle Freunde und an unsere Familien, die sich für unser Thema begeisterten und uns bei Schreibblockaden mit Nähe, Unterstützung und heißer Schokolade versorgten. Ihr seid die Besten! :)

Zudem noch ein Dankeschön an die persönlichen Wegbegleiter aus Bad Wörishofen, insbesondere Isabell Allgayer, Anabel Tschöpe, Marie Michalke.

Danke an Janett und Timo für die Herberge!

Küsse an Jonas Meyer für die vielen vermittelten Kontakte.

Eine Entschuldigung an das ASA-Team (Die wilde 13!) für die geistige Abwesenheit während der Endphase des Experiments. Und Niklas hat natürlich doch eine schöne Seele.

Wir haben euch alle wahnsinnig lieb!

SCHWARZKOPF & SCHWARZKOPF

GENERATION GEIL

20 JUGENDLICHE ERZÄHLEN VON IHREM LEBEN, IHREN SORGEN UND IHREN TRÄUMEN – HIER KOMMT DIE JUNGE GENERATION ZU WORT

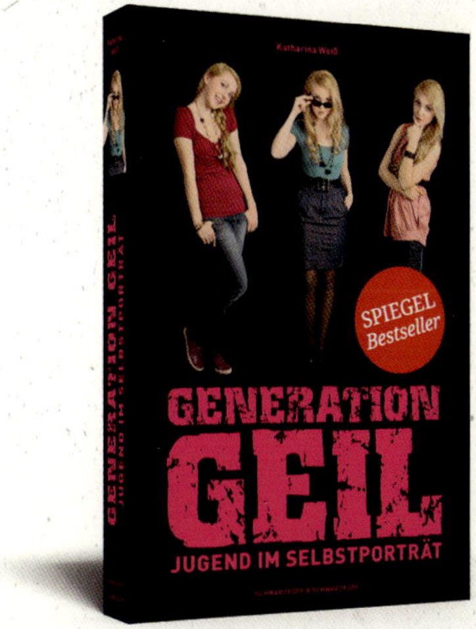

GENERATION GEIL
JUGEND IM SELBSTPORTRÄT
Von Katharina Weiß
272 Seiten, Taschenbuch
ISBN 978-3-89602-995-9 | Preis 9,95 €

»Mehr als Alkohol und Facebook. In ihrem ersten Buch rechnet die 16-jährige Katharina Weiß mit den Klischees über ihre Generation ab.« Berliner Zeitung

»20 Mädchen und Jungs ihres Alters sprechen über ihr Lebensgefühl.« 3Sat Kulturzeit

»Eine Sammlung von Gesprächen über Sex, Drogen und Gewalt, aber auch über Glaube, Liebe und Politik. Die Motivation der Autorin: Sie wollte, dass die Jugendlichen mal selbst zu Wort kommen. Und nicht die Schreckensmeldungen in den Medien als Sinnbild ihrer Generation gelten lassen.« Süddeutsche Zeitung

»Zehn Mädchen und zehn Jungs sprechen in seltener Offenheit über ihre Gefühle.« Spiegel Online

WWW.SCHWARZKOPF-SCHWARZKOPF.DE

SCHWARZKOPF & SCHWARZKOPF

SCHÖN!?

DIE UNVERFÄLSCHTE MOMENTAUFNAHME EINER GENERATION IM BEAUTY-WAHN – JUGENDLICHE ERZÄHLEN VON KÖRPERN, IDEALEN UND PROBLEMZONEN

SCHÖN!?
JUGENDLICHE ERZÄHLEN VON
KÖRPERN, IDEALEN UND PROBLEMZONEN
Von Katharina Weiß
224 Seiten, Taschenbuch
ISBN 978-3-86265-038-5 | Preis 9,95 €

»Hier erfahren Eltern eine Menge über Themen, die sonst am heimischen Esstisch eher tabu sind.« SUPERillu

»Lieber heiß als süß: Jung-Autorin Katharina Weiß präsentiert in ihrem neuen Buch ›Schön!?‹ 25 Porträts von Jugendlichen – ihren Vorstellungen, Zwängen und Leidenschaften rund um das Thema Schönheit.«
Berliner Morgenpost

»Die Autorin Katharina Weiß entlarvt die hässliche Seite des Schönheitskults.«
Berliner Kurier

»Jugendliche und ihre Körpergefühle: Die 16-jährige Katharina Weiß hat ihr zweites Buch ›Schön!?‹ vorgelegt und spricht darin mit ihren Altersgenossen über das herrschende Schönheitsideal und den Schönheitswahn.« Berliner Zeitung

WWW.SCHWARZKOPF-SCHWARZKOPF.DE

DIE AUTOREN

Katharina Weiß wurde 1994 in der Nähe von München geboren und studiert an der Journalistenschule der Axel Springer Akademie. Bisher sind ihre Sachbücher *Generation Geil, Schön!?* und *100 Dinge, die man tun sollte, bevor man 18 wird* sowie ihr Roman *Sommernachtsjugendewigkeit* bei Schwarzkopf & Schwarzkopf erschienen.

Philipp Zumhasch, Jahrgang 1991, der nach dem Abitur erst einmal eine Backpackingtour durch Neuseeland machte, lebt in der Nähe von Hamburg. Er studiert Studio- und Live-Tontechnik an der Deutschen POP Akademie und ist Musiker und Dichter. *Legenden von morgen* ist sein erstes Buch.

IMPRESSUM

Katharina Weiß und Philipp Zumhasch
LEGENDEN VON MORGEN
35 Porträts von jungen Menschen mit Visionen

ISBN 978-3-86265-216-7

Lektorat: Carolin Stanneck | Satz und Layout: Ebru Agca

BILDNACHWEIS
Coverbild: © Moritz Thau | S. 1, 2, 6: © Moritz Thau | S. 9: © Tino Sieland | S. 16, 18: © Esther Michel | S. 21, 22, 24, 25, 55, 56, 57, 58, 60: © Anouk Jans | S. 23: © Steffie Bormann | S. 27, 28: © Nils Jöhnk | S. 32, 34, 36: © Alex Adler | S. 112: © Lars Weber | S. 114: © Sabitha Saul | S. 116 © Petra Reimann | S. 149, 150, 151: © Daniel Gröne | S. 157, 158, 159: © R. Pater | S. 173: © Maximilian Motel | S. 189: © Ronja Onnen & Dustin Janko | Übrige Fotos: © Privatarchive der Interviewpartner

KATALOG
Wir senden Ihnen gern kostenlos unseren Katalog.
Schwarzkopf & Schwarzkopf Verlag GmbH
Kastanienallee 32, 10435 Berlin
Telefon: 030 – 44 33 63 00
Fax: 030 – 44 33 63 044

INTERNET & E-MAIL
www.schwarzkopf-schwarzkopf.de
info@schwarzkopf-schwarzkopf.de